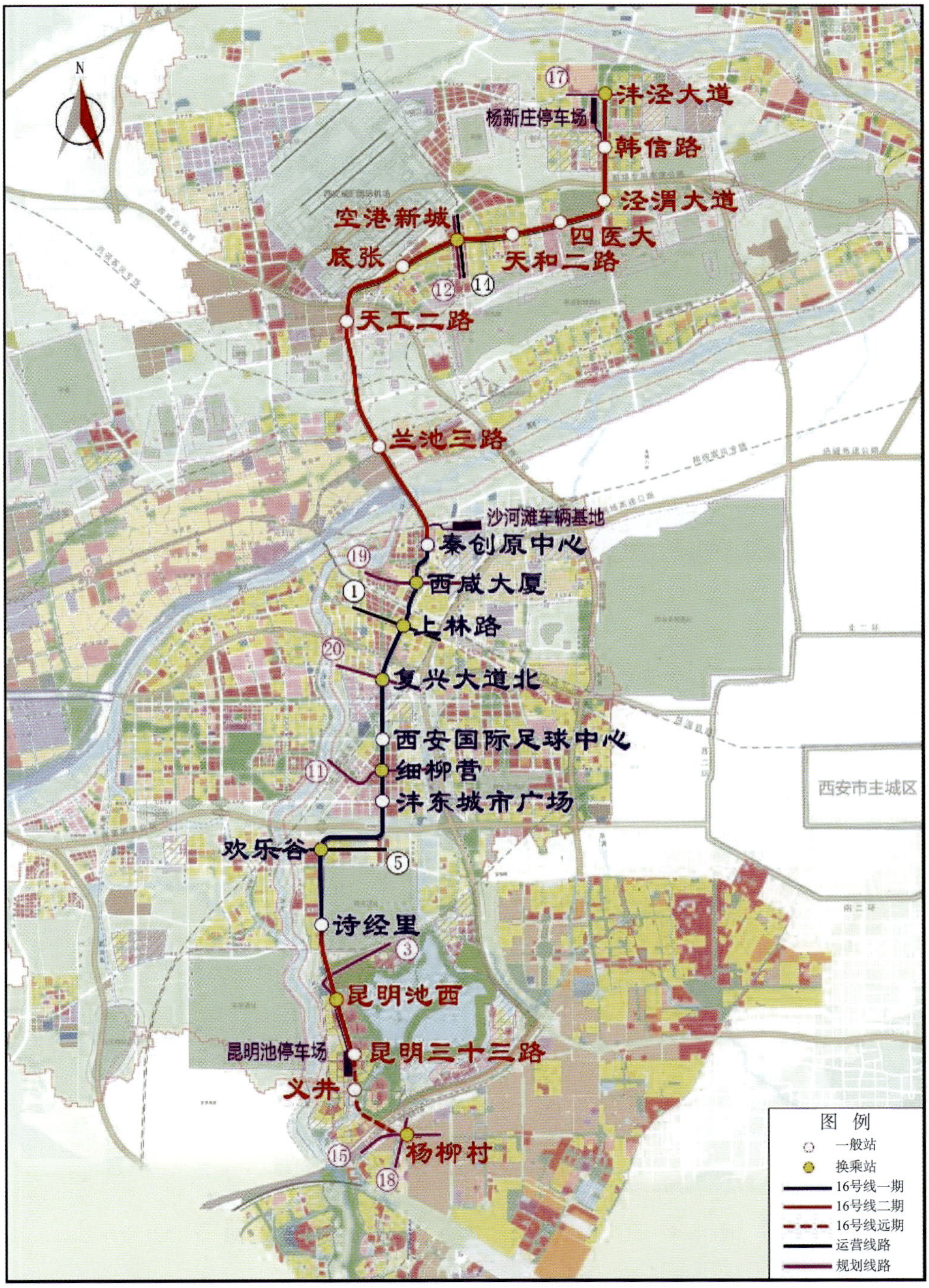

西安地铁 16 号线线路走向示意

西安地铁 16 号线列车

西安地铁 16 号线列车头部区域

列车在车辆基地

列车车厢

车厢内电子显示屏

欢乐谷站站厅层

欢乐谷站站台层

上林路站站厅层

母婴关爱室

车站智能客服中心

诗经里站时钟与导向牌

站台门

沙河滩车辆基地航拍图

车辆基地建筑群夜景

车辆基地调度中心(DCC)

停车列检库库前部位置

控制中心中央控制大厅

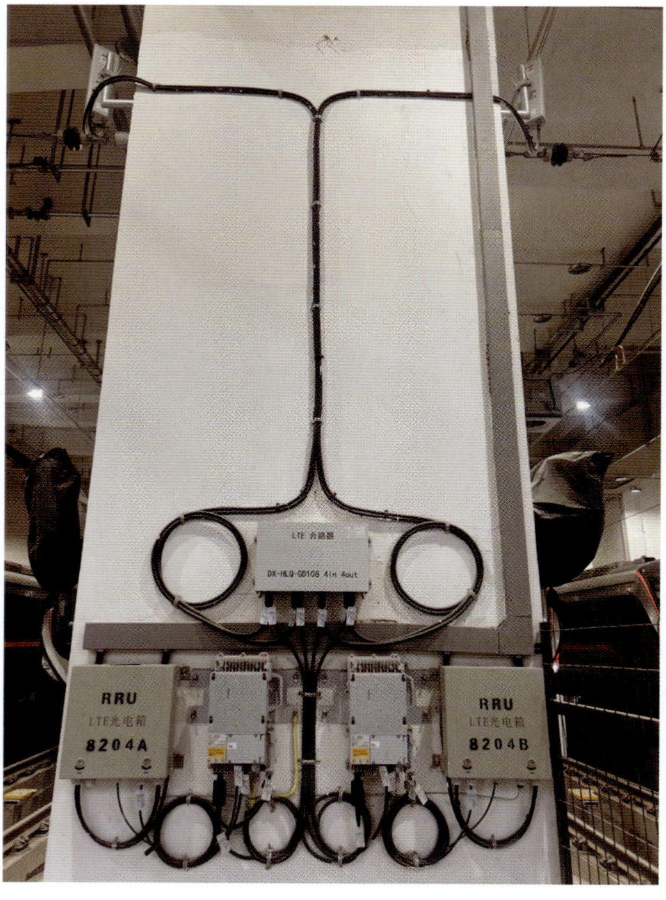

LTE 轨旁设备

隧道内线缆布放

轨旁转辙机

布线施工工艺

站台层乘客服务系统

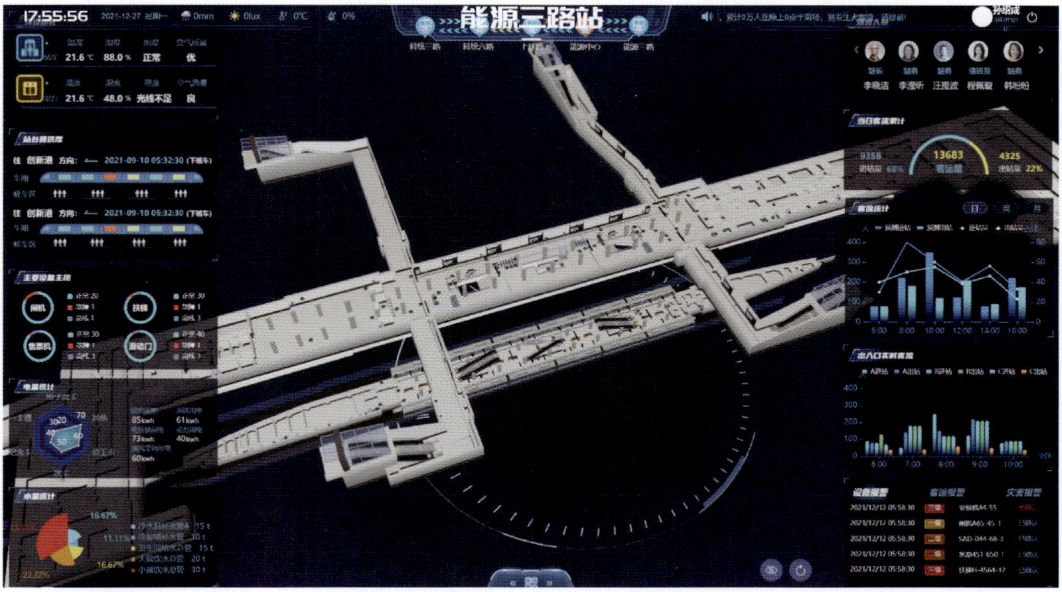

综合看板

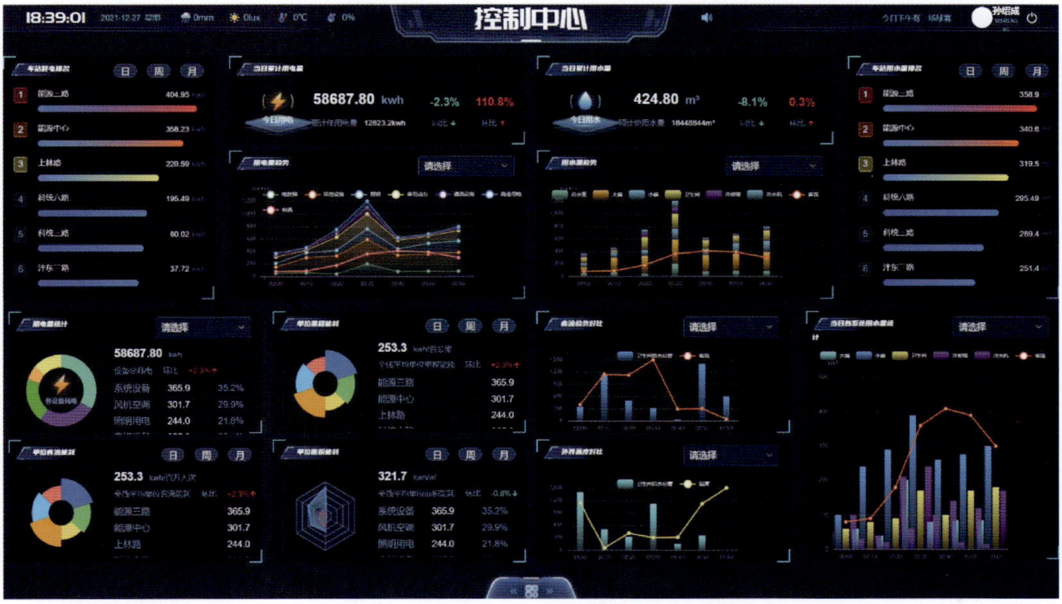

能源管理界面

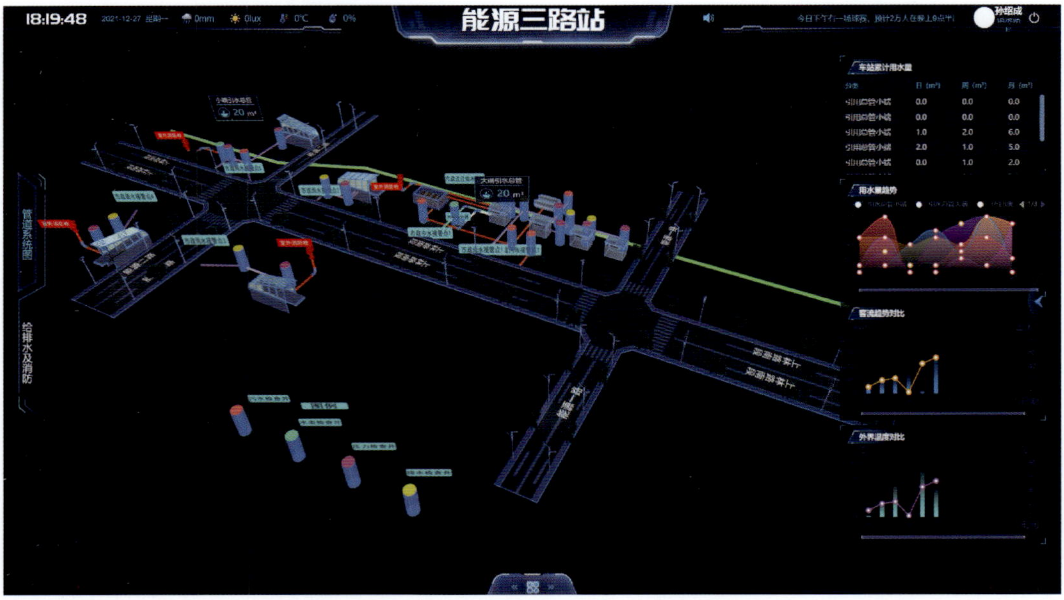

智慧水务界面

城市轨道交通全自动运行系统设计创新与实践

——西安轨道交通16号线

李团社　编著

中国铁道出版社有限公司

2024年·北　京

内容简介

本书从理论到实践，通过设计历程、接口管理、场景应用、系统方案和未来发展等多个维度，详细阐述城市轨道交通全自动运行系统的功能架构、关键技术、实施路径及运营管理模式等，全面解析我国西北地区首条城市轨道交通全自动运行线路——西安轨道交通16号线的设计、实施与运营，聚焦全自动运行系统的技术创新与实际应用。书中收录了大量创新成果，包括智慧车站建设、一键开关站及节能环保车辆基地设计等，为轨道交通数字化转型与智能化发展提供了新思路。

本书可供城市轨道交通规划设计人员、运营管理者、设备维护工程师以及关注智慧城轨和全自动运行技术的研究人员参考使用。

图书在版编目(CIP)数据

城市轨道交通全自动运行系统设计创新与实践 ：西安轨道交通 16 号线 / 李团社编著. -- 北京 ：中国铁道出版社有限公司，2024. 11. -- ISBN 978-7-113-31859-8

Ⅰ. U239. 5

中国国家版本馆 CIP 数据核字第 202455Y32E 号

书　　名：城市轨道交通全自动运行系统设计创新与实践——西安轨道交通 16 号线
作　　者：李团社

策　　划：陈小刚
责任编辑：陈小刚　　**编辑部电话：**(010)51870265
封面设计：崔丽芳
责任校对：安海燕
责任印制：高春晓

出版发行：中国铁道出版社有限公司(100054，北京市西城区右安门西街 8 号)
网　　址：https://www. tdpress. com
印　　刷：北京盛通印刷股份有限公司
版　　次：2024 年 11 月第 1 版　2024 年 11 月第 1 次印刷
开　　本：787 mm×1 092 mm 1/16　**印张：**16. 75　**插页：**8　**字数：**344 千
书　　号：ISBN 978-7-113-31859-8
定　　价：132. 00 元

编　委　会

策划与管理人员

编写人员

序　言

在城市脉络中，轨道交通扮演着连接人们生活的重要角色。作为一种安全、便捷、绿色、高效的城市交通工具，地铁承载着人们的出行需求，更承载着城市发展的未来与梦想。

西安轨道交通16号线涵盖国家级新区西咸新区的主要功能板块，支撑西咸一体化交通网络发展，助力现代化大西安新中心新轴线建设。建设单位西咸新区轨道交通投资建设有限公司秉承“精品地铁、智慧地铁、绿色地铁、人文地铁”的建设理念，坚持高起点、高标准、严要求的管理态度与经营准则，以实际行动为进一步推动中国轨道交通产业数字化转型和高质量发展，为建设交通强国提供助力。

全自动运行技术是我国城市轨道交通新线建设和既有线改造的主要技术发展方向。16号线作为西安地铁网络的重要组成部分，采用全自动运行系统和智慧地铁等先进技术，使其具有更高安全性和可靠性，实现人力资源的综合利用，减轻运营人员劳动强度，降低运营成本。作为西北地区首条全自动运行地铁线路，16号线一次性开通自动化最高等级(GoA4)，实现了列车自动唤醒、自动发车、精准停车、自动检测、自动回库及自动休眠等一系列功能，列车运行准点率、行车间隔和列车折返时间等多项运营指标得到明显提升。全自动运行系统的引入，体现了西安地铁在智慧引领、创新发展方面的领先地位，为西安市民提供了更加便捷、舒适、安全的出行体验，为城市交通管理带来了全新的可能。

在这个充满活力和变革的时代，16号线的建设不仅是西安城市发展的重要里程碑，更是中国城市轨道交通发展的一个缩影。为了不断推动轨道交通高质量发展，促进全自动运行理论和实践良性互动，《城市轨道交通全自动运行系统设计创新与实践——西安轨道交通16号线》以16号线全自动运行系统项目为背景，在系统总结经验和创新成果的基础上编写而成。全书理论联系实际，以深入浅出、通俗易懂的文字，通过五章系统总结16号线的基本情况、重难点及技术创新、接口管理、全自动场景及功能分配、系统方案和未来发展等内容。作为技术类书籍，该书不仅记录了西安地铁在追求卓越、创新发展的道路上所取得的成就和经验，更重要的是展望未来的发展方向和挑战。希望此书能够成为行业内的参考指南，激励更多的专业技术人员投身于轨道交通的研究与实践，共同推动行业的科技进步与创新发展。

陕西省科协常务副主席 

2024 年 10 月

前　言

全自动运行系统作为城市轨道交通领域的一项前沿技术，不仅是科技创新的结晶，也是未来交通发展的重要方向。《城市轨道交通全自动运行系统设计创新与实践——西安轨道交通16号线》一书，正是在这一背景下诞生的，它深入剖析了西安轨道交通16号线全自动运行项目的设计与实施经验，总结了全自动运行技术在城市轨道交通中的应用与创新。

16号线是西北地区首条全自动运行的地铁线路，作为国内全自动运行技术的典型代表之一，它承载了提升城市公共交通水平、优化市民出行体验、推动区域经济发展的多重使命。在全球轨道交通技术日益更新的背景下，16号线的建设不仅标志着西安在轨道交通领域的技术突破，更是智慧交通迈向全新阶段的重要里程碑。

本书从多角度、多层次对16号线全自动运行系统进行深入解析，详尽介绍该项目的整体设计流程，从项目初期的可行性研究、初步设计，到后期的设计联络和系统调试，每一个环节都充满了创新与挑战。全自动运行系统作为一个复杂的综合性工程，涉及多个领域的专业协同和技术融合，特别是在系统联动、安全冗余等方面核心技术的应用。系统设计不仅实现了列车的无人驾驶，还涵盖了智能列车唤醒、自动发车、精准停车、自动回库与自动休眠等多项功能。这些功能不仅极大地提高了列车运行的效率和准确性，还减少了人为操作带来的风险，为乘客提供了更加安全、舒适的乘坐体验。此外，通过智能调度系统和高度集成的运营控制中心，16号线能够灵活应对各种复杂的运行场景，包括正常运行、故障处理及应急状况，这些功能的实现不仅展现了全自动运行系统的高效性，也为智慧城市的未来交通奠定了坚实的基础。

值得一提的是，书中不仅记录全自动运行系统的技术创新，还深入探讨智慧城轨的建设理念。16号线在设计之初便融入"智慧交通"的前沿思想，采用包括一键开关站、智能客服、人脸识别、智能咨询终端等多项智慧车站新技术。这些技术的应用，不仅提升了城市轨道交通的智能化运营水平，还为乘客带来了更加便捷的出行体验。智慧城轨系统通过大数据分析、人工智能和物联网等技术手段，将城市轨道交通运营中的海量数据转化为可操作的决策信息，从而实现能耗管理优化、设备状态实时监控、智能维修和节能减排等功能。

16 号线积极践行“绿智融合”的设计理念，在节能环保方面也作出了显著贡献，特别是在车辆基地设计中，通过绿色建筑、海绵城市和可再生能源的应用，成功实现了节能减排的目标。车辆采用变频热泵空调系统、智能灯光调节系统等多项环保技术，不仅减少了运营中的能源消耗，还降低了城市轨道交通系统的碳排放量，为城市的绿色可持续发展提供了有力支持。

全自动运行系统与智慧城轨的结合，将成为未来城市轨道交通的发展趋势，为我国乃至世界轨道交通领域带来新的可能性和广阔的应用前景。16 号线通过全自动运行系统的具体应用和技术创新，展现了现代城市轨道交通系统如何通过科技手段实现更加智能、安全、高效、绿色的运营管理体系。本书通过对技术亮点和创新成果的分析，展示了 16 号线作为全自动运行项目的成功实践，可为未来的轨道交通建设提供了宝贵的参考经验。

总之，本书不仅是一部关于项目建设经验总结的技术书籍，更是一部探讨城市轨道交通未来发展的前瞻性作品。希望本书能够为轨道交通行业的从业者提供有价值的参考资料，并激发更多专业技术人员投身于轨道交通创新和实践中，为未来城市交通的可持续发展贡献智慧和力量。

编著者

2024 年 9 月于西安

目 录

第 1 章 概　　述 …… 1

1.1 工程基本情况 …… 1

1.1.1 线路概况 …… 1

1.1.2 功能定位 …… 1

1.1.3 项目大事件 …… 2

1.2 项目重难点及创新 …… 2

1.2.1 设计重难点 …… 2

1.2.2 主要创新点 …… 3

1.3 全自动设计历程回顾 …… 5

1.4 全自动基础概述 …… 8

1.4.1 系统概述及等级定义 …… 8

1.4.2 系统应用及发展情况 …… 12

1.4.3 系统特点及优势 …… 16

1.4.4 场景分类 …… 19

1.4.5 运营人员及设备设置 …… 19

1.4.6 运营模式 …… 20

1.4.7 工况定义 …… 21

第 2 章 接　　口 …… 23

2.1 接口管理 …… 23

2.1.1 管理意义 …… 23

2.1.2 接口分类 …… 23

2.1.3 相关专业 …… 23

2.1.4 相关事项 …… 23

2.2 系统接口 …… 24

2.3 专业设计接口 …… 26

2.3.1 正线建筑 …… 26

2.3.2 区间结构 …… 27

2.3.3 行　　车 …… 27

2.3.4 车　　辆 …… 27

2.3.5 车场工艺……28
2.3.6 车场建筑……29
2.3.7 信　号……29
2.3.8 综合监控(门禁)……30
2.3.9 通　信……31
2.3.10 站台门……31
2.3.11 供　电……31
2.3.12 区间给排水……32
2.3.13 控制中心工艺……32
2.3.14 工程经济……32
第3章 场　景……33
3.1 正常场景……33
3.1.1 运行计划下发……33
3.1.2 接触网送电……34
3.1.3 运营前准备……35
3.1.4 出库计划编制……36
3.1.5 列车唤醒……37
3.1.6 轨道作业……39
3.1.7 车站开启……41
3.1.8 列车出库……42
3.1.9 列车进入正线……44
3.1.10 列车区间运行……45
3.1.11 列车进站……46
3.1.12 列车发车……49
3.1.13 列车站前折返……50
3.1.14 列车站后折返……51
3.1.15 列车清客……52
3.1.16 运营调整……54
3.1.17 入库计划编制……59
3.1.18 列车入库……59
3.1.19 末班车运行……60
3.1.20 车站关闭……61
3.1.21 列车清扫……62
3.1.22 日检与维修……63

3.1.23　列车休眠 …… 64
3.1.24　场/段转线作业计划编制与下发 …… 66
3.1.25　场/段转线作业 …… 66
3.1.26　洗车作业 …… 68
3.1.27　车场其他作业 …… 70
3.1.28　登车原则 …… 71
3.2　故障场景 …… 72
3.2.1　车辆受电弓故障 …… 72
3.2.2　车辆牵引系统故障 …… 73
3.2.3　车辆制动系统故障 …… 74
3.2.4　车辆 TCMS 故障 …… 78
3.2.5　车辆辅助系统故障 …… 78
3.2.6　车载 PA 系统故障 …… 80
3.2.7　车辆烟火报警系统故障 …… 81
3.2.8　车辆走行部及脱轨检测系统故障 …… 81
3.2.9　车辆照明/空调故障 …… 82
3.2.10　车辆车门故障 …… 82
3.2.11　车辆关键微型断路器断开故障 …… 85
3.2.12　车辆馈电唤醒失败 …… 86
3.2.13　中心信号故障 …… 86
3.2.14　车载信号故障 …… 88
3.2.15　轨旁信号故障 …… 91
3.2.16　通信故障 …… 98
3.2.17　综合监控系统故障 …… 104
3.2.18　站台门滑动门故障 …… 106
3.2.19　站台门状态丢失 …… 107
3.2.20　站台间隙探测装置故障 …… 108
3.2.21　站台端门状态丢失 …… 108
3.2.22　站台门门体龟裂 …… 109
3.2.23　接触网正线失电 …… 110
3.2.24　接触网场段失电 …… 112
3.2.25　洗车机故障 …… 112
3.3　应急场景 …… 113
3.3.1　乘客紧急对讲 …… 114

3.3.2 车门紧急解锁装置触发 …… 115
3.3.3 司控台盖板打开 …… 117
3.3.4 列车电气柜门打开 …… 117
3.3.5 列车被动障碍物检测 …… 118
3.3.6 列车灭火器被取出 …… 119
3.3.7 站台紧急关闭按钮激活 …… 120
3.3.8 站台门夹人夹物 …… 121
3.3.9 车门夹人夹物 …… 122
3.3.10 车门和站台门间隙夹人夹物 …… 123
3.3.11 轨行区相关应急 …… 124
3.3.12 列车火灾 …… 126
3.3.13 车站火灾 …… 128
3.3.14 区间火灾 …… 130
3.3.15 区间水患 …… 132
3.3.16 区间疏散 …… 133
3.3.17 轨面湿滑 …… 134
3.3.18 列车脱轨 …… 134
3.3.19 列车冲突 …… 137
3.3.20 列车救援 …… 138
3.3.21 列车反方向运行 …… 139
3.3.22 端部疏散门请求装置激活 …… 140
3.3.23 大 客 流 …… 141
3.3.24 控制中心失效 …… 142
3.3.25 自然危害 …… 143
第4章 方 案 …… 145
4.1 行车组织 …… 145
4.1.1 主要设计原则及技术标准 …… 145
4.1.2 列车运行交路 …… 145
4.1.3 配线方案 …… 146
4.1.4 设计创新与实践 …… 147
4.2 建 筑 …… 149
4.2.1 建筑概述 …… 149
4.2.2 建筑方案研究 …… 149
4.2.3 防护隔离网的优化 …… 164

4.2.4　车站站台两端从有人区进入无人区的设计 …… 168
4.2.5　正线存车线提供工作人员登车的设计 …… 168
4.2.6　多职能待班室的设置 …… 169
4.3　车　辆 …… 169
4.3.1　车辆概述 …… 169
4.3.2　车辆主要技术参数 …… 170
4.3.3　车辆创新与实践 …… 171
4.4　车辆基地 …… 177
4.4.1　车辆基地概述 …… 177
4.4.2　全自动驾驶车辆基地设计原则及功能 …… 179
4.4.3　全自动驾驶相关设计变化 …… 181
4.4.4　设计创新与实践 …… 184
4.5　信　号 …… 190
4.5.1　系统构成 …… 190
4.5.2　系统功能 …… 192
4.5.3　设计创新与实践 …… 194
4.6　综合监控 …… 199
4.6.1　系统构成原则 …… 199
4.6.2　系统构成概述 …… 200
4.6.3　全自动核心接口功能设计 …… 203
4.6.4　设计创新与实践 …… 204
4.7　通　信 …… 210
4.7.1　系统功能 …… 210
4.7.2　系统构成 …… 213
4.7.3　设计创新与实践 …… 215
4.8　站台门 …… 216
4.8.1　系统概述 …… 216
4.8.2　站台门控制模式 …… 217
4.8.3　设计创新与实践 …… 218
第5章　总结与展望 …… 222
5.1　总　结 …… 222
5.1.1　行　车 …… 222
5.1.2　建　筑 …… 223
5.1.3　车　辆 …… 223

5.1.4 车辆基地 …… 224
5.1.5 信 号 …… 224
5.1.6 综合监控 …… 225
5.1.7 通 信 …… 229
5.1.8 站台门 …… 229
5.2 展 望 …… 230
5.2.1 行 车 …… 230
5.2.2 建 筑 …… 230
5.2.3 车 辆 …… 231
5.2.4 车辆基地 …… 234
5.2.5 信 号 …… 244
5.2.6 综合监控 …… 249
5.2.7 通 信 …… 250
5.2.8 站台门 …… 251
参考文献 …… 253

第1章 概 述

1.1 工程基本情况

1.1.1 线路概况

西安地铁16号线(以下简称"16号线")线路规划起于杨柳村站,向北经过昆明池、能源金贸中心,跨渭河向北串联秦汉新城、空港新城至沣泾大道站,作为一条南北向的快速客运通道,是促进西咸一体化发展及建设西安国际化大都市的坚实纽带。16号线是《关中城市群核心区城市轨道交通线网规划》24条线路中唯一一条贯穿并辐射五大新城的轨道交通线路,为新区的互联互通提供了时间和空间的便捷。

16号线串经西周王朝国都沣京、镐京遗址,秦朝咸阳城遗址,汉朝义陵、渭陵、长陵、安陵陵墓群,唐朝顺陵陵墓,沿线历史文脉富集,是中华文化的根脉之地、遗址风貌的祥和之地,为16号线赋予了文化气韵。

16号线全长45.5 km,均为地下线,设站22座,含9座换乘站(分别与1、3、5、11、12、14、15、17、18、19、20号线换乘),平均站间距2.1 km。设一段两场,即昆明池停车场、郭家庄停车场以及建成的沙河滩车辆段;设3座主变电所,其中沙河滩主变电所已建成,共享利用既有14号线艺术中心主变电所和15号线细柳主变电所;控制中心为沙河滩区域控制中心,位于沙河滩车辆段内。采用100 km/h的6辆编组B型车。

一期工程(诗经里—秦创原中心)线路长15.03 km,均为地下线,设站9座,含换乘站5座。地下标准站长245 m,宽22.7 m,轨面埋深15.84 m。区间平均埋深约15 m,最大埋深约33 m,位于上林路站—能源中心站区间。工程总投资105.88亿元,已于2023年建成通车运营。

1.1.2 功能定位

结合《关中城市群都市区城市轨道交通线网规划》(2016版)和《西安市城市轨道交通第三期建设规划》(2018—2024年)等上位规划,16号线是都市区轨道交通线网中的一条区域快线,形成一条南北向的快速客运通道,与线网中的12、18号线共同构成西咸新区内的南北向轨道交通骨架,覆盖了西咸新区的各主要功能区域,支撑大西安新中心发展格局。同时,线路沿科技创新轴布设，对大西安新中心新轴线具有重要的引领带动作用。

16号线与线网中的1、5、11、14、19号线等多条都市区东西向的线路形成多点换乘，构建都市区快速交通体系的同时，最大程度地支持了西咸新区与各个方向的联系；同时衔接铁路南客站、阿房宫火车站，提升了对外交通枢纽的配套能力，解决大型客流集散点的交通需求。

一期工程南起诗经里，北至秦创原中心，线路位于西咸新区正在发展建设的中心区域，充分发挥轨道交通的TOD功能，带动中央商务区土地开发建设。

1.1.3 项目大事件

2019年6月12日，取得《国家发展改革委关于西安市城市轨道交通第三期建设规划(2018—2024年)的批复》(发改基础〔2019〕1049号)。

2019年12月5日，取得《陕西省发展和改革委员会关于西安地铁16号线一期工程可行性研究报告的批复》(陕发改基础〔2019〕1556号)。

2020年4月28日，取得《陕西省发展和改革委员会关于西安地铁16号线一期工程初步设计的批复》(陕发改基础〔2020〕553号)。

2020年5月，16号线一期工程项目开工建设。

2021年10月，实现全线车站封顶。

2022年1月—6月，开展全自动运行外场测试。

2022年2月14日，实现全线“洞通”。

2022年3月底，全线“轨通”。

2022年5月底，全线“电通”。

2022年7月，项目启动动车调试、综合联调、全自动功能测试、场景演练等工作。

2023年3月—6月，开展试运行。

2023年6月9日，圆满完成竣工验收工作。

2023年6月27日，项目开通试运营。

1.2 项目重难点及创新

1.2.1 设计重难点

各城市轨道交通线网规模快速增长、“高质量发展”和“交通强国”对城市轨道交通的发展提出了更高的要求。包括本线在内的轨道交通面临着运营可靠性、能耗成本、乘客服务质量、公共安全管理、设备运维等一系列重难点问题，主要体现在以下几个方面：

1. 运营安全性和高效性有待提高

传统轨道交通需司机驾驶列车，精神高度紧张，难免疏忽大意，存在误操作、操作生理性延时等问题，影响到运营安全和运营效率。司机的业务水平和队伍稳定也是重要影响因素。

2. 技术体系需要升级

全自动运行系统实现了列车无人驾驶，涉及十多个子系统、数十万个采集驱动点，是直面多种不可预测突发事件的庞大复杂系统；全自动运行系统运维组织流程发生了很大变化，传统的城市轨道交通技术体系已经无法满足全自动运行系统的需求，亟待构建出新的组织架构、规章制度、场景功能等。

3. 运维能耗及管理成本偏高

轨道交通是城市耗能大户，能耗管理主要依赖人工，大量能耗数据无法被有效量化和挖掘利用，造成人力和电力的双重浪费。

4. 智慧化出行需求增长

随着线网规模的增长，轨道交通客流占整个城市公共交通客流的比重不断升高，运维部门面临着庞杂的客服问题，亟需向乘客提供“标准、安全、便捷、舒适、无障碍”的高质量服务。

5. 公共安全管理需求升高

由于轨道交通业务场景的多样化，其表现出的视频分析事件信息也随之呈现多样化，传统的面向单一类别的视频分析技术无法实现基于场景的事件监测及预警分析，针对复杂场景无法进行实时预警分析及诊断。

6. 设备运维手段单一

既有线路系统设备维护工时成本大，不能有效预警，日志数据规模越来越大，人工无法发现故障规律，依靠人的主观能动，不确定性大。全自动运行系统线路的日志规模呈几何倍数增加，急需改善传统运维模式，用智能化的维护手段提升设备维护水平。

7. 前期运营需求不明确

除以上当前轨道交通线路普遍存在的问题外，16 号线还有其特殊性。本线由西咸新区轨道交通投资建设有限公司负责建设，由西安市轨道交通集团公司运营分公司负责运营。在本线建设过程中，西安城市轨道交通尚未形成与全自动运行系统相匹配的运营规则，且运营部门介入相对较晚，给前期设计工作带来困难。

1.2.2 主要创新点

1. 西北地区首条全自动运行线路

根据城市轨道交通发展趋势，以集约化、智能化、高效化、安全化为原则，16 号线采用全自动运行系统，按照 GoA4 等级建设。本线是西安及西北地区第一条开通运营的全自动运行系统线路,在西安地铁建设史上具有开创性、引领性。本项目构建了35项智慧城轨和78大类全自动运行场景,提出了轨道交通全自动运行组织架构和体系化的运维管理模式,制定了五大类共120余册规章制度,实现了无人驾驶、故障检测、灾害预警等功能,为智慧城轨和全自动运行系统轨道交通建设和运营提供了指导,为产业化奠定了基础。

2. 最"智慧"的地铁

智慧地铁并非从零开始建设一个全新系统,而是围绕地铁核心业务在数字化、智能化基础上进行的智慧化赋能过程。西安地铁从一期建设项目(1、2、3号线)中应用自动化设备开始,经过二期建设项目(4、5、6、9号线)的不断精进,发展到三期建设项目智慧化地铁大范围应用,14号线是全国首条线路级智慧地铁,16号线结合智慧城轨与全自动运行系统的实际需求和工作流程,适当增设各类软硬件设备,对各类数据进行梳理和综合再利用。

16号线一期工程采用一键开关站、语音购票、人脸识别、智能咨询终端等多项智慧车站新技术,是西安和西北地区既有和在建线路中智能化程度最高的线路。16号线智慧车站综合运管平台设置了面向全专业的故障管理维护系统,实现移动终端工单派发及各类故障信息的采集,便于运营维护沟通、协助、远程指挥,提高运营管理水平、效率,提高应急事件处理能力,实现节能降耗,提高机电设备运转效率、维护效率,降低运维成本,提高服务水平,提升地铁形象。

3. 绿色节能的智能车辆基地+上盖开发

16号线车辆基地按照绿色建筑、海绵城市、干热岩供热等节能环保为原则开展设计,是西北首个全自动运行线路车辆基地,充分体现了生态化、绿色化、智能化理念,同时通过车辆基地上盖开发,实现土地资源价值最大化。上盖盖板是西安地区审批手续最完备的上盖开发工程,是隔震新规范实施后按照新规范标准建成的首个盖板工程。

4. 以轨道交通为引领的立体复合地下空间网络

16号线一期工程在大轴线地下空间综合利用工程规划范围内有4站4区间与地下空间进行一体化开发建设,同时与西咸新区能源金贸区起步区二期南北绿廊及地下空间项目进行结合建设,通过轨道交通串联,实现新轴线沿线的活力贯通,整合多种地下功能元素,强化站点周边地上地下空间复合利用,实现"空间开发"与"轨道交通"的双赢。

5. 车辆设备技术创新

车体由不锈钢组成,车体整体造型以"展翅高飞"为灵感主打科技感、现代感的风格,腰线采用淡朱砂,与西咸新区生机活力、日益蓬勃、超越创新的发展相匹配。车辆采用沣水蓝装饰风格的内饰,设置防滑耐磨座椅、客室拉手吊环,并配备安全锤、乘客紧急报警、可视化对讲等安全设施。

车辆采用智慧地铁技术,敞开式司机室设计,完成高压、牵引、制动、信号等关键电路的优化及规范设计,实现国内B型不锈钢车的紧急逃生门首次设置在前端中部的成功应用。

车辆设计最高运行速度 100 km/h，平均旅行速度 45 km/h。车辆配备了变频热泵空调、智能灯光调节系统、走行部在线监测系统、智能运维系统、被动障碍物探测系统、弓网监测系统、逻辑控制单元、主动障碍物探测系统、智慧车窗等系统，为列车的安全、节能、舒适运行提供了有力的保障。

6. 智慧车场

全自动驾驶车辆基地作业综合管理系统，从作业人员管理、检修作业计划自动生成和自动派发、无纸化作业手续办理到车号识别、显示调度、安全联锁、视频监控、安全防控，再到人员定位、智能巡检一体、作业评价等作业质量管理，实现无人区作业综合管理系统，提高作业人员安全、检修效率及检修质量。

智能巡检机器人对车底进行全景扫描、关键部件拍照，通过智能算法及故障分析系统对关键部件进行判断，并提供诊断结果。人工日检作业方式，检修一列车车底需要 2 人，作业时间为 50～60 min，采用机检配合人工复检后，作业时间为 30～40 min，人员减少为 1 人。有效缩短检修时间，提高检修效率，降低人工成本。

通过各个子系统的深度融合，在沙河滩车辆基地搭建以车辆在线智能诊断子系统、全自动驾驶作业管控子系统、轨旁在线检测子系统和智能列检机器人故障诊断子系统为主要功能构架的车辆检修智能运维系统，探索出了智慧车场雏形。

1.3 全自动设计历程回顾

16 号线一期工程全自动运行系统设计工作贯穿了可行性研究、总体设计、初步设计、招标设计、合同谈判及设计联络、系统实施及调试、试运行、开通运营等整个项目的建设期。

1. 可行性研究

2019 年 7 月—10 月，组织相关专业开展可行性研究工作、编制《西安地铁 16 号线一期工程（沣东小镇～能源三路）可行性研究报告》（以下简称《可研报告》）。10 月，《可研报告》技术标准做了重要调整，按照全自动运行的运营组织模式和功能需求，对车辆基地、正线车站等相关土建方案和工艺进行适应性调整和优化。

2019 年 10 月 21 日—23 日，在西安市召开《可研报告》评估会，16 号线一期工程采用全自动运行系统，按 GoA4 等级建设。

2019 年 12 月 5 日，陕西省发展和改革委员会下发《陕西省发展和改革委员会关于西安地铁 16 号线一期工程可行性研究报告的批复》（陕发改基础〔2019〕1556 号），同意建设。

2. 总体设计

《可研报告》评估会后，总体院迅速组织设计骨干人员，与相关单位多次配合与修改方案，经过2个多月的奋战，按照节点要求完成总体设计评审文件。在2020年1月15日—17日的评审会上，参加评审会的各位专家对总体院项目组的各项工作表示高度认可，予以通过。

3. 初步设计

（1）全自动专题设计

2019年12月—2020年2月，全自动运行系统总体组组织全自动各相关专业开展实地调研、讨论研究、行业技术交流等工作，确定16号线全自动运行系统主要技术方案，完成了《西安地铁16号线一期工程全自动运行系统专题设计》（以下简称《专题设计》）。

2020年2月22日，召开了《专题设计》专家评审会，专家组同意并通过了《专题设计》。

（2）智慧地铁专题设计

2019年12月—2020年2月，智慧地铁系统总体组组织综合监控、通信、AFC、梯门、机电、建筑各相关专业开展实地调研、方案讨论、行业交流等工作，确定16号线智慧地铁的主要技术方案，完成了《西安地铁16号线一期工程智慧地铁专题设计》。

（3）初步设计

在可行性研究工作的基础上和专题设计的指导下，全自动运行相关专业（车辆、通信、信号、综合监控、站台门系统、车辆段工艺、土建等）展开初步设计相关工作，完成各专业初步设计文件及概算的编制。正线车站对站台两端从有人区进入无人区的方案做了专门设计，对设有存车线的车站设计了工作人员登乘方案。

2020年2月，召开了《西安地铁16号线一期工程（沣东小镇～能源三路）初步设计》咨询及咨询专家审查会。

2020年4月9日—10日，召开了《西安地铁16号线一期工程（沣东小镇～能源三路）初步设计》评审会。

2020年4月28日，陕西省发展和改革委员会下发《陕西省发展和改革委员会关于西安地铁16号线一期工程初步设计的批复》（陕发改基础〔2020〕553号），批复中明确列车运行自动化等级采用GoA4级。

4. 招标设计

2020年6月—10月，在前期工作的基础上，组织开展全自动运行核心系统用户需求书编制计划、编写要求等专题讨论会，完成信号、车辆、通信、综合监控、站台门5大核心系统用户需求书和施工招标技术规格书。2020年9月25日，组织召开了“西安地铁16号线一期工程通信、信号、综合监控、站台门、电扶梯系统用户需求书专家审查会”，会议同意并通过评审。

2020年9月—10月，组织全自动相关专业讨论研究，编写《西安地铁16号线一期工程全自动运行运营场景说明书（初稿）》，构建正常运营场景、故障运营场景、应急运营场景共计

70个，并于2020年10月16日组织召开《全自动场景说明书》专家咨询会。

5. 合同谈判及设计联络

2021年，完成全自动各核心系统招标、合同谈判及设计联络工作，具体如下：

2021年3月19日，完成信号系统设备和全自动一致性协调方招标工作，卡斯柯信号有限公司担任16号线一期工程信号集成商和一致性协调方。2021年4月10日，完成信号系统合同谈判，5月—9月召开并完成信号系统设计联络会。

2021年2月4日，完成通信系统招标工作，由深圳市中兴系统集成技术有限公司担任16号线一期工程通信集成商。4月10日完成通信系统合同谈判，6月—9月召开并完成通信系统设计联络会。

2021年4月9日，完成车辆系统招标工作，由中车长春轨道客车股份有限公司担任车辆系统供货商、株洲中车时代电气股份有限公司担任牵引系统供货商。5月7日完成车辆系统合同谈判，6月—9月召开并完成车辆系统设计联络会。

2021年6月29日，完成综合监控、站台门、车辆段工艺系统招标工作，由同方股份有限公司担任综合监控系统集成商、方大智创科技有限公司担任站台门系统供货商、陕西建工安装集团有限公司担任车辆段工艺设备供货商。7月—10月分别完成各专业的合同谈判及设计联络。

在全自动核心系统设计联络过程中，设计、一致性协调方、设备集成商、西咸新区轨道交通投资建设有限公司等各方共同讨论完成了全自动相关专业的具体实施方案、专业接口，讨论形成全自动运行场景文件(设计联络版)。

6. 系统实施及调试

2022年，全自动核心系统进入系统实施阶段，主要开展并完成全自动专题、外场测试、现场设备到货及安装、施工配合、单体调试及综合联调等工作。

一致性协调方牵头，开展运营专题、场景分配等技术工作和文件编制，主要工作是：完成关键系统设施设备维保方案、试运营初期运营管理模式建议方案、全自动运行运营规则(GoA4)、运营规章制度的编写；积极推进各核心设备系统调试，内容覆盖所有场景功能分配，全自动运行功能得到全面测试。

2022年1月—6月，于车辆厂开展外场测试工作，包括：外场测试线核心专业设备安装及单体调试、列车型式试验、列车信号设备安装检查及静态测试、信号系统动车测试、核心专业接口测试、全自动运行功能测试等。

2022年2月—10月，开展核心系统设备安装及单体调试工作，完成控制中心、车站及区间设备安装施工、车辆段设备安装施工和各核心系统单体调试。

2022年7月—2023年3月，开展动车调试、全自动场景验证工作，包括信号专业动车调试及核心专业接口功能测试、全自动运行功能测试、联动测试及场景验证测试等。

7. 试运行

2023 年 3 月—6 月，开展空载试运行工作，主要工作是通过不载客运行对运营组织管理和设施设备系统的可用性、安全性和可靠性进行检验。

8. 开通运营

2023 年 4 月—6 月，开展初期运营前安全评估相关工作，包括专家评审组现场踏勘、系统测试、全自动场景测试、运营准备情况检查等，项目顺利通过初期运营前安全评估。2023 年 6 月 27 日，16 号线一期工程开通初期运营。项目开通以来，各系统运行正常，全自动运行各项指标处于国内领先水平。

1.4 全自动基础概述

全自动运行系统是以现代信息及自动化技术提升运营服务水平，增强系统装备的功能和性能为目的的新一代城市轨道交通系统。全自动运行技术在世界城市轨道交通建设中已被大量应用，在未来轨道交通领域也具有广阔的应用空间。在城市轨道交通建设中，采用全自动运行技术，能够进一步增强系统装备的功能和性能，进一步提升轨道交通安全与效率。

1.4.1 系统概述及等级定义

1. 概述

全自动运行系统(FAO)是基于现代计算机、通信、控制和系统集成等技术实现列车运行全过程自动化的新一代城市轨道交通系统。相比传统城市轨道交通系统，全自动运行系统引入了自动控制、优化控制、人因工程等领域的新兴技术，进一步提升自动化程度，具有更安全、更高效、更节能、更经济、更高服务水平的突出优点，已成为城市轨道交通技术的发展方向。

国际公共交通协会(UITP)将列车运行的自动化等级(GoA)划分为 5 级：

GoA0：无 ATP 防护，目视下的人工驾驶；

GoA1：ATP 防护下的人工驾驶；

GoA2：半自动列车运行(STO)，司机监督下的 ATO 驾驶；

GoA3：有人值守下的列车自动运行(DTO)；

GoA4：无人值守下的列车自动运行(UTO)。

全自动运行系统 FAO 包含自动化等级 GoA3 和 GoA4，即全自动运行系统运行模式包括有人值守下的列车自动运行(DTO)和无人值守下的列车自动运行(UTO)。

2. 术语

(1)自动化等级　grade of automation

GoA分为五级,人工驾驶为GoA0和GoA1,ATO为GoA2,DTO为GoA3,UTO为GoA4。

(2)全自动运行系统　fully automatic operation system

运行在有人值守的全自动运行(DTO)或无人值守的全自动运行(UTO)模式下的城市轨道交通系统。

(3)蠕动模式　creep automatic mode

全自动运行模式下列车当因车辆网络故障或车辆网络与信号网络之间通信故障等时,列车停车后,在无司乘人员干预下,由中心调度人工确认后,采用备用接口在信号系统的防护下直接控制车辆的牵引制动系统低速运行至站台。

(4)站台开门/关门联动按钮　platform open/close button

设置于站台上,实现车门与站台门联动打开/关闭的按钮,可用于车门与站台门再开门/关门等。

(5)清客确认按钮　passenger clearance confirmation button

设置于大小交路折返站站台上,实现列车乘客清客后确认功能。

(6)车门对位隔离站台门　door fault isolate PSD

车门故障被隔离后,列车运行至站台后自动隔离对应的站台门,站台门对位隔离后不执行开门动作。

(7)站台门对位隔离车门　PSD fault isolate door

站台门故障被隔离后,列车运行至站台后自动隔离对应的车门,车门对位隔离后不执行开门动作。

(8)人员防护开关　staff protect key switch

设置于室内或轨旁,为运营及维护人员进入全自动区域提供安全防护。人员防护开关激活后,全自动运行系统为其建立安全防护分区,分区内的列车立即停车或保持静止状态不发生移动,分区外的列车不允许进入分区内。经过分区列车及调车进路立即关闭,经由安全防护分区的所有列车及调车进路始端信号机不允许开放。

(9)跳跃　jog

全自动运行系统控制列车低速小距离运行的模式,适用于车辆未精确停车情况下再次精确对标。

(10)休眠　sleep

对停放于停车列检库、正线停车线或终端折返线指定区域的列车,对除休眠唤醒单元及车地通信设备外的整列车设备进行断电的一种作业。

(11)唤醒　wake up

对休眠列车上电并完成上电自检、静态测试等的一种作业。

(12)雨雪模式　rain/snow mode

一种用于应对雨雪等恶劣天气下的运行模式。该模式下全自动运行系统通过限制列车最高运行速度、降低牵引制动力、加大列车间隔等策略来提高恶劣天气下的列车运行安全。

(13)被动障碍物检测　obstacle detection

一种检测车辆发生撞击障碍物的设备。检测到障碍物后,进行障碍物报警并触发车辆紧急制动停车。

(14)列车紧急呼叫装置　emergency call device on board

安装于车辆客室区域内的紧急呼叫装置,在特殊情况下,由乘客操作该装置。列车紧急呼叫激活后,全自动运行系统应做出反应,系统应联动中心与乘客进行通话,同时联动车载视频监视系统。

(15)休眠唤醒单元　sleep and wake up module

一种列车设备,可控制全自动运行列车进行唤醒、休眠等。

3. 专业术语缩写

ACS (access control system) 门禁系统

AFC (automatic fare collection) 自动售检票

AM (automatic train operating mode) 列车自动驾驶模式

AP (access point) 无线接入点

ASD (automatic sliding door) 滑动门

ATC (automatic train control) 列车自动控制

ATO (automatic train operation) 列车自动运行

ATP (automatic train protection) 列车自动防护

ATS (automatic train supervision) 列车自动监控

BAS (building automation system) 环境与设备监控系统

BMS (business management system) 计费管理系统

BOCC (back-up OCC) 备用控制中心

CAM (creep automatic model) 蠕动模式

CBTC (communication based train control) 基于通信的列车控制

CCTV (closed circuit television) 闭路电视监控

CI (computer interlocking) 计算机联锁

CM (automatic train protection mode) 受控人工驾驶

CTCS (Chinese train control system) 中国列车运行控制系统

DCC (depot control center) 车辆段控制中心

DCS (data communication system) 数据通信系统

DCU (door control unit) 门控单元

DMI（driver machine interface）　车载人机界面
DTO（driverless automatic train operation）有人值守下的列车自动运行
EB（emergency brake）　紧急制动
EED（emergency escape doors）应急门
EPC（evolved packet core network）　核心网
ERP（enterprise resource planning）　企业资源计划
ESB（emergency stop button）紧急关闭按钮
ETH（ethernet in vehicles）　车载以太网
EUM（emergent unrestricted model）　非限制人工驾驶模式
FAM（fully-automatic train operating mode）　全自动运行模式
FAO（fully automatic operation）　全自动运行
FAS（fire alarm system）　火灾报警系统
FEP（front end processor）　前端处理器
FIX（fixed door）　固定门
GoA（grade of automation）　自动化等级
HMI（human machine interface）　人机界面
IaaS（infrastructure-as-a-service）　基础设施即服务
IBP（integrated backup panel）　综合后备盘
IMS（image monitoring system）　视频监视系统
IOM（intelligent operation & maintenance）　智能运维监测
ISCS（integrated supervisory control system）　综合监控系统
LATS（loca automatic train supervision）　本地(车站)ATS
LC（line controller）　线路控制器
LCB（local control box）　就地控制盒
LCU（logic control unit）　逻辑控制单元
LTE（long term evolution）长期演进
LTE-M（long term evolution-metro）　地铁长期演进系统
MCU（multi control unit）　多点控制单元
MRO（maintenance repair and overhaul）　企业信息化支持
MTBF（mean time between failure）　平均无故障运行时间
MTTR（mean time to repair）平均修复时间
MVB（multifunction vehicle bus）　多功能车辆总线
NCC（network control center）　线网指挥中心
NMS（network management system）网络管理系统

NTP（network time protocol） 网络时间协议
OA（office automation） 办公自动化
OCC（operating control center） 控制中心
OPS（overview projection system） 大屏幕系统
PaaS（platform-as-a-service） 平台即服务
PA（public address） 广播
PCB（platform close button） 站台关门联动按钮
PED（platform end doors） 端头门
PIS（passenger information system） 乘客信息系统
POB（platform open button） 站台开门联动按钮
PSC（platform screen door central interface panel） 站台门中央控制盘
PSCADA（power supervisory control and data acquisition system） 电力监控系统
PSD（platform screen door） 站台门
PSL（platform screen door local control panel） 站台门就地控制盘
PWM（pulse width modulation） 脉冲宽度调制技术
RAD（radio communication） 无线通信
RAMS（reliability availability maintainability safety） 可靠性、可用性、可维护性、安全性
RF（radio frequency） 无线扩频通信
RM（restricted manual driving mode） 限制人工驾驶模式
RRM（remoted restricted manual driving mode） 远程限制运行模式
SaaS（software-as-a-service） 软件即服务
SPKS（staff protection key switch） 人员防护开关
STO（semi-automatic train operation） 半自动列车运行
TACS（train autonomous circumnavigation system） 列车自主运行控制系统
TC（trailer car） 带司机室拖车
TCMS（train control information system） 列车控制及监控系统
TETRA（terrestrial trunked radio） 陆上集群无线电
UTO（unattended train operation） 无人值守下的列车自动运行
VCU（vehicle control unit） 车辆控制单元
VOBC（vehicle on board controller） 车载控制器
ZC（zone controller） 区域控制器
云 ML（microsoft azure machine learning） 云机器学习

1.4.2 系统应用及发展情况

目前，我国城市轨道交通全自动运行系统发展日渐完善和成熟，大部分有城市轨道交通

的城市均有已运营或正在建设的全自动运行线路。据相关部门统计，截至 2023 年底，中国内地已运营、在建城市轨道交通全自动运行系统的城市有北京、上海、深圳、广州、西安、武汉、成都等 29 座，线路共计 98 条，线网规模达 2 957.76 km；其中已运营线路有 46 条，运营里程达 1 304.81 km；在建线路有 52 条，在建里程为 1 652.95 km。

1. 已运营线路数据

根据表 1-1，从开通全自动运行线路里程看，上海位居首位，已开通运营 6 条全自动运行线路，共计 204.6 km；北京位居第二，开通了 7 条线路，共计 155.56 km；广州排名第三，开通了 4 条线路，共计 151.5 km。

表 1-1　2023 年中国内地城市轨道交通已运营全自动运行线路统计

城市	地铁线路	长度/km	开通时间	时速/km	GoA 设计等级	运营自动化等级
上海	上海浦江线（原上海轨道交通 8 号线三期）	6.64	2018/3/31	80	GoA4（APM 胶轮）	GoA4（APM 胶轮）
	上海 10 号线一期	35.2	2010/4/10	80	GoA4	GoA4
	上海 10 号线二期	9.8	2020/12/26	80	GoA4	GoA4
	上海 14 号线	38.51	2021/12/30	80	GoA4	GoA4
	上海 15 号线	42.3	2021/1/23	80	GoA4	GoA4
	上海 17 号线	35.3	2017/12/30	100	GoA3	GoA3
	上海 18 号线一期	36.85	2020/12/26（南段） 2021/12/30（北段）	80	GoA4	GoA4
北京	北京首都机场线	28.1	2008/7/19	95	GoA3	GoA3
	北京燕房线主线	14.4	2017/12/30	80	GoA4	GoA4
	北京大兴国际机场线	41.36	2019/9/26	160	GoA4	GoA2
	北京首都国际机场旅客捷运系统	4	2008/2/29	58	GoA4（APM 胶轮）	GoA4（APM 胶轮）
	北京 11 号线西段	4	2021/12/31（西段）	100	GoA4	GoA2
	北京 11 号线西段剩余段	1.4	2023/12/30	100	GoA4	GoA2
	北京 19 号线一期	20.9	2021/12/31	120	GoA4	GoA2
	北京 17 号线南段	16.5	2021/12/31	100	GoA4	GoA4
	北京 17 号线北段	24.9	2023/12/30	100	GoA4	GoA4
广州	广州 APM 线（珠江新城旅客自动输送系统）	3.9	2010/11/8	60	GoA4（APM 胶轮）	GoA4（APM 胶轮）
	广州 22 号线	67.4	2022/3/31	160	GoA4	GoA3
	广州 18 号线首通段	58.3	2023/1/7	160	GoA4	GoA3
	广州 7 号线二期	21.9	2023/12/28	80	正线 GoA3， 停车场 GoA4	GoA3

续上表

城市	地铁线路	长度/km	开通时间	时速/km	GoA设计等级	运营自动化等级
深圳	深圳6号线支线一期工程	6.13	2022/11/28	120	GoA4	GoA4
	深圳12号线	40	2022/11/28	80	GoA4	GoA4
	深圳14号线一期	50.34	2022/10/28	120	GoA4	GoA4
	深圳16号线	29.2	2022/10/29	80	GoA4	GoA4
	深圳20号线	8.43	2021/12/28	120	GoA4(TACS)	GoA4(TACS)
	深圳机场全自动旅客捷运系统(APM)	2.6	2021/12/7	80	GoA4(APM胶轮)	GoA4(APM胶轮)
武汉	武汉5号线一期	35.2	2021/12/26	80	GoA4	GoA4
	武汉5号线二期	2.61	2023/12/30			
	武汉11号线	20	2018/10/1	100	GoA3	GoA3
	武汉16号线一期	33.1	2021/12/26	120	GoA3	GoA3
	武汉16号线二期	4.22	2022/12/30	120	GoA3	GoA3
	武汉21号线	35.01	2017/12/26	100	GoA3	GoA3
郑州	郑州10号线	43.6	2023/9/28	100	GoA4	GoA4
	郑州12号线一期	37	2023/12/20	100	GoA4	GoA4
	郑州机场至许昌市域铁路	67.13	2023/12/28	120	GoA4	GoA4
苏州	苏州5号线	44.1	2021/6/29	80	G0A4	GoA3
	苏州11号线	41.25	2023/6/24	100	GoA4	GoA3
芜湖	芜湖1号线	30.38	2021/11/3	80	GoA4(APM胶轮)	GoA4(APM胶轮)
	芜湖2号线一期	15.78	2021/12/28	80	GoA4(APM胶轮)	GoA4(APM胶轮)
济南	济南2号线	36.4	2021/3/26	100	GoA4	GoA4
南京	南京7号线北段	13.84	2022/12/28	80	GoA4	GoA4
	南京7号线南段	21.65	2023/12/28	80	GoA4	GoA4
宁波	宁波5号线一期	27.92	2021/12/28	80	GoA4	GoA4
福州	福州4号线首通段	24	2023/9/1	80	GoA4	GoA4
成都	成都9号线一期	23.7	2020/12/18	100	GoA4	GoA4
太原	太原2号线一期	23.65	2020/12/26	80	GoA4	GoA3
南宁	南宁5号线一期	20.21	2021/12/16	80	GoA4	GoA3
重庆	重庆云巴示范线	15.4	2021/4/16	80	GoA4(胶轮)	GoA4(胶轮)
西安	西安16号线一期	15.1	2023/6/27	100	GoA4	GoA4
天津	天津6号线二期	14.4	2021/12/28	80	GoA4	GoA4
绍兴	绍兴2号线一期	10.8	2023/7/26	100	GoA4	GoA4
合计	19座城市,46条线路	1 304.81				

2. 在建线路数据

截至2023年底，中国内地有北京、上海、深圳、广州、武汉、成都、西安、无锡、杭州等24座城市正在建设城市轨道交通全自动运行系统线路，共计52条，在建里程达1 652.95 km。其中，重庆、厦门、广州、西安、上海等城市全自动运行系统在建里程均超过100 km，重庆在建里程最多，达到139.94 km。可见，未来我国城市轨道交通全自动运行线路规模仍将保持高位增长态势，为更多新技术的应用带来发展契机。2023年中国内地城市轨道交通在建全自动运行线路统计见表1-2。

表1-2 2023年中国内地城市轨道交通在建全自动运行线路统计

城市	地铁线路	长度/km	预计开通时间	时速/km	GoA设计等级
北京	北京3号线一期	20.80	2024年	80	GoA4
	北京12号线	29.30	2024年	80	GoA4
	北京新机场线北延(草桥—丽泽金融商务区)	3.50	2025年	160	GoA4
深圳	深圳13号线一期	22.50	2024年	100	GoA4
	深圳13号线二期	4.07	2025年	100	GoA4
	深圳6号线二期	4.90	2025年	120	GoA4
	深圳16号线二期	9.46	2025年	80	GoA4
	深圳12号线二期	8.05	2025年	80	GoA4
	深圳20号线二期	24.9	—	120	—
广州	广州10号线	25	2024年	80	GoA4
	广州12号线	37.6	2024年	80	GoA4
	南沙至珠海(中山)城际万顷沙至兴中段项目	47.6	—	160	—
成都	成都13号线一期	29.07	2025年	140	GoA4
	成都27号线	24.86	2024年	80	GoA4
郑州	郑州8号线	72.95	2024年	100	—
苏州	苏州6号线	36.12	2024年	80	GoA4
	苏州8号线	35.6	2024年	80	GoA4
福州	福州4号线后通段	4.4	2024年	80	GoA4
天津	天津8号线一期	18.54	2024年	80	GoA4
西安	西安8号线	49.9	2024年	80	GoA4
	西安10号线	34.6	2024年	100	GoA4
	西安15号线一期	19.15	2025年	100	GoA4
青岛	青岛6号线	30	2024年	80	GoA4(TACS)
	青岛7号线	56.6	2026年	100	GoA4

续上表

城市	地铁线路	长度/km	预计开通时间	时速/km	GoA 设计等级
东莞	东莞 1 号线	72	2024 年	120	GoA4
厦门	厦门 4 号线	44.58	2026 年	120	GoA4
	厦门 6 号线	46.17	2025 年	80	GoA4
	厦门 9 号线	44.2	2027 年	100	GoA4
徐州	徐州 6 号线一期	29.6	2025 年	80	GoA4
	徐州 4 号线一期	26.2	—	—	—
长沙	长沙 7 号线	22.3	2027 年	80	—
太原	太原 1 号线一期	28.95	2024 年	80	GoA4
合肥	合肥 6 号线一期	35.1	2026 年	100	GoA4
	合肥 7 号线一期	21	2025 年	80	GoA4
	合肥 8 号线一期	23	2025 年	100	GoA4
重庆	重庆 15 号线	70.9	2025 年	140	GoA4
	重庆 24 号线	16.4	2025 年	100	GoA4
	重庆 27 号线	52.64	2026 年	140	GoA4
大连	大连 4 号线	27.76	2027 年	80	—
济南	济南 4 号线一期	40.3	2026 年	80	GoA4
	济南 6 号线	40.1	—	80	—
杭州	杭州 12 号线	26.05	—	100	GoA4
	杭州 15 号线	41.02	2028 年	80	GoA4
	杭州 18 号线	48	—	120	GoA4
上海	上海 21 号线一期及东延伸	42.06	2027 年	100	GoA4
	上海崇明线	42.32	2028 年	120	GoA4
	上海 18 号线二期	8.01	2024 年	80	GoA4
	上海 15 号线南延伸	10.26	—	80	GoA4
武汉	武汉 12 号线	59.9	2025 年	80	GoA4
无锡	无锡 5 号线	29.5	2027 年	80	GoA4
	无锡 6 号线	24.26	2028 年	80	GoA4
常州	常州 5 号线	30.9	2028 年	80	GoA4
合计	24 座城市,52 条线路	1 652.95			

1.4.3 系统特点及优势

全自动运行系统是一项系统工程,其涉及车辆、信号、综合监控、通信、站台门、车辆基地等多个专业,各专业联系密切。全自动运行系统中传统司机的工作职能一部分由列车自动控制系统负责,另一部分则移交到控制中心去完成。传统的司机、控制中心调度员和车站值班员共同参与控制的运营控制模式，转变为以控制中心调度员直接面向运行的运营控制模式。

运营控制系统需要具有更加完善的自动控制功能和综合维护辅助功能。全自动运行系统具有以下特点：

1. 高度自动化、深度集成

全自动运行系统以行车为核心，通过信号、车辆、综合监控、通信等多系统深度集成，提升轨道交通运行系统的整体自动化水平。

全自动运行系统利用高效列车自动控制系统和以行车指挥为核心的控制系统实现智能运转的功能保障，结合人工监视、干预的机制，落实高精度列车运行的同时，减少不必要的误操作，进一步减少人为因素对运营的影响，提升运营能力。自动化程度的提高，使系统可以快速、有效地应对运营过程中的扰动，具备更强调整能力。其自动化体现在：列车上电、自检、段内行驶、正线区间行驶、车站停车及发车、端站折返、列车回段、休眠断电、洗车等全过程自动控制。

2. 充分的冗余配置

全自动运行系统的车辆、信号等关键运行设备均采用冗余技术，减少运行故障，完善的故障自诊断和自愈功能提高了整个系统的可用性和可靠性。

信号在既有设备冗余的基础上，增强了冗余配置，包括：车载控制器头尾设备冗余配置、ATO冗余配置、与车辆接口冗余配置、ATS与其他子系统通信采用四重冗余网关、主备中心冗余配置等。车辆加强了双网冗余控制，增加与信号、PIS的接口冗余配置等。

全自动运行系统中控制中心的作用远远超出常规地铁运营线路，为了防止控制中心失效影响正常运行，宜加强控制中心的配置级别。

3. 完善的安全防护

全自动运行系统实现了列车运行全过程的安全防护，具体体现在：

(1)增强运营人员防护功能：在车站及车辆段增设人员防护开关，对进入正线及车场自动化区域人员进行安全防护。

(2)增强乘客防护功能：通过对位隔离功能对乘客上下车及车内安全进行防护。

(3)扩大ATP的防护范围：对车场自动化区域内列车运行进行ATP防护。

(4)增加轨道障碍物检测功能：车上加装脱轨/障碍物检测器实现轨道障碍物检测功能。

(5)增加应急情况下的各个系统联动功能：如火灾情况下，通风、行车、供电、视频、广播的联动等。

(6)增加中心处理突发情况的防护能力：包括远程紧急、雨雪模式设置、远程复位等。

4. 丰富的中心功能

全自动运行系统中传统司机的工作职能一部分由列车自动控制系统负责，另一部分则移交到控制中心去完成，控制中心调度员需要直接面对列车进行运营指挥。因此，全自动运行系统的控制中心需具备更加丰富的控制功能，实现列车全自动运行的全面监控、详细的各设备系统监测与维护调度、远程的面向乘客的服务等。

控制中心新增车辆调度及乘客调度，实现车辆远程控制、状态监控及乘客服务的功能。车辆各系统自检及运行状态、故障情况可实时传送至控制中心，以使行车控制人员及时掌握列车运行情况，对列车运行实施有效控制。信号与综合监控、车辆等专业配合实现正常运营及故障处置情况下的相关联动控制。控制中心具备远程控制列车运行及故障处置的手段，必要时远程对列车运行实施干预。

5. 完全兼容常规驾驶模式

按照 UTO 等级建设的全自动运行系统，在常规驾驶模式的基础上，增加了 FAO（全自动运行）模式。UTO 等级建设的线路具备完整的驾驶模式，可支持从传统的 CBTC 运营应用模式平滑过渡到全自动运行运营应用模式。

全自动运行系统是形象地衡量城市轨道交通系统可靠性、安全性、可用性、可维护性先进水平的标尺。系统具备不需要配置司机列车完全自动运行的条件，是城市轨道交通技术的发展方向。其目的不是减少驾驶员/乘务员，而是进一步增强城市轨道交通系统装备的功能和性能。全自动运行系统较传统地铁控制系统，具有以下优势：

（1）提升运行组织的灵活性

全自动运行能够实现 7×24 h 不间断的运输服务，可以根据运输需求灵活地调整发车间隔，不受司乘人员的限制。全自动运行系统兼容有人驾驶 CBTC 运行模式，发生紧急情况时中心远程可随时介入处理，GoA3 等级车上人员也可随时就地处理。

（2）提高运能

全自动运行系统运行时不需要司机进行任何操作，节约司机操作时间，在保证相同有效站停时间下可降低站停时间，缩短列车追踪间隔及折返间隔，提高线路旅行速度。

（3）提高整体自动化水平，减少人为误操作

由于人为误操作导致的地铁事故时有发生，采用先进的全自动运行系统，通过切实有效的控制策略，可以防止人为误操作引起的地铁事故，大大减少事故的发生；全自动运行系统在线路和轨旁设备设计方面具备全方位防护的停车场、列检库、洗车库，防护开关、站台紧急关闭等防护安全的设备，车上具备障碍物脱轨检测设备，提供了更多的安全和防护手段。

（4）降低运营人员劳动强度，提升乘客服务质量

目前轨道交通人员，特别是司机的劳动强度已接近极限状态。全自动运行系统将使司机从重复作业中解放出来，可以承担列车巡视人员的职能，在为乘客服务的同时监视列车运行状态。

（5）节能减排

节能减排是城市轨道交通可持续发展的需求。全自动运行系统可以在单车节能驾驶的

基础上进一步实现列车的协同控制，避免集中负载。系统支持灵活地增删列车，调整高峰和平峰时期投入运营的列车数量适应运量，实现节能减排。

1.4.4 场景分类

1. 线路运行场景

(1)正常场景：按照预订计划，系统能全功能正常运营的情况。

(2)故障场景：设备故障，影响正常运营或降低服务品质，需要运营人员干预的情况(设备故障，不影响正常运营的情况不包含在故障场景中)。

(3)应急场景：由于外部突发因素(如火灾)，需要运营人员作出快速反应并安排相关人员进行处理，以避免形势进一步恶化，给乘客或行车带来潜在危害的情况。

2. 场景内容

(1)场景描述：运营过程中所面对的运营管理场景。

(2)基本流程：在特定场景下需要执行的任务。

(3)功能需求：该场景下各系统所需要具备的功能。

(4)异常处理/注意事项(正常场景适用)：发生异常时需要人工处理或需要注意的问题。

(5)备注(故障场景/应急场景适用)：对需要特殊说明进行描述。

3. 场景说明

(1)正常场景下为各系统所必须具备的功能，故障场景和应急场景下为满足特定场景所需的特定功能，与正常场景相同的功能在故障场景和应急场景省略。

(2)功能分配仅描述由于采用了全自动运行系统而增加的系统功能，常规线路就具备的功能不进行描述。

(3)前述场景已提及的新增功能，在后述场景不再提及。

1.4.5 运营人员及设备设置

16 号线一期工程运维管理模式始终围绕运营安全与服务水平的目标，借鉴新加坡地铁环线、北京燕房线、上海地铁 10 号线、成都地铁 9 号线等线路的运营理念和维护模式，确立运维一体化的管理模式，完善和优化业务管理流程，体现管理统一、专业集中、运作有序的全自动运行特点，确保 16 号线一期工程全自动运行系统运营的安全、稳定、高效。

运维人员配置的基本思路为：一是，车站人员精简。通过 OCC 集中控制与设备功能来保障车站运营，减少人工操作量，减少车站人员数量，降低人为失误率。二是，增设多职能队伍取代列车司机。在无人驾驶列车上，由多职能队伍对列车进行监视，同时为乘客提供必要的服务。当列车发生故障时，由多职能人员进行简单的故障排除或手动驾驶列车维持运营。三是，提高岗位职能复合度。组织构架中仍保有车站值班站长和站务员的岗位，但需对其岗位职责重新调整，以提高岗位职能复合度。四是，尽量精简职能管理人员，精简高效。五是，内部分工要细，要专业化，相近专业进行合并。六是，考虑非核心职能和业务外包，尽量减轻公司负担。七是，合理划分作业界面，管理精细化。

1. 控制中心调度

(1)值班主任：行调工作站(信号专业)、综合监控工作站、IMS 终端、无线列调终端、OA 工作站、调度电话终端。

(2)行调(含车辆调)：行调工作站(ATS 监控工作站)、运行图工作站(ATS 监视工作站)、车辆调工作站(信号专业)、综合监控工作站、IMS 终端、无线列调终端、OA 工作站、调度电话终端、广播终端。

(3)乘客调：乘客调工作站(综合监控)、IMS 终端、无线列调终端、PIS 工作站、OA 工作站、调度电话终端、广播终端。

(4)系统调度员(电调/环调)：综合监控工作站、IMS 终端、OA 工作站、调度电话终端、广播终端。

(5)维调：综合监控工作站、IMS 终端、OA 工作站、调度电话终端。

(6)本线电调监控正线及场段，其他调度仅监控正线。

2. 场段调度

(1)场调：行调工作站(ATS 监控工作站)、车辆调工作站(信号专业)、综合监控工作站、IMS 终端、无线列调终端、调度电话终端、电气五防终端、OA 工作站。

(2)信号楼值班员：行调工作站(ATS 监控工作站)、现地工作站、车辆调工作站(信号专业)、IMS 终端、无线列调终端、洗车机终端、OA 工作站。

(3)检修调度：车辆调工作站(与场调复用)、IMS 终端、OA 工作站。

3. 运营维护人员

(1)车站值班员：ATS 控制工作站、综合监控工作站、IMS 终端、无线列调终端、调度电话终端、OA 工作站、广播终端。

(2)站台值班人员：手持无线终端。

(3)列车司机/司乘人员(UTO 模式下可与站台值班人员、列车维修人员等岗位合并，具体根据运营需求最终确定)。

(4)维护人员。

1.4.6 运营模式

列车控制级别为 CBTC 时，具备全自动运行模式(FAM)、列车自动驾驶模式(AM)、受控人工驾驶(CM)、蠕动驾驶模式(CAM)等驾驶模式。除了以上所述的驾驶模式外，系统提供限制驾驶模式(RM)，包括正向限制模式(RMF)和反向限制模式(RMR)。在 ATC 关断的情况下，系统具有旁路列车驾驶模式（即EUM模式）。在该模式下，列车不受ATP保护，安全由司机保证。

传统驾驶模式在此不另作介绍，各模式之间转换如图1-1所示。

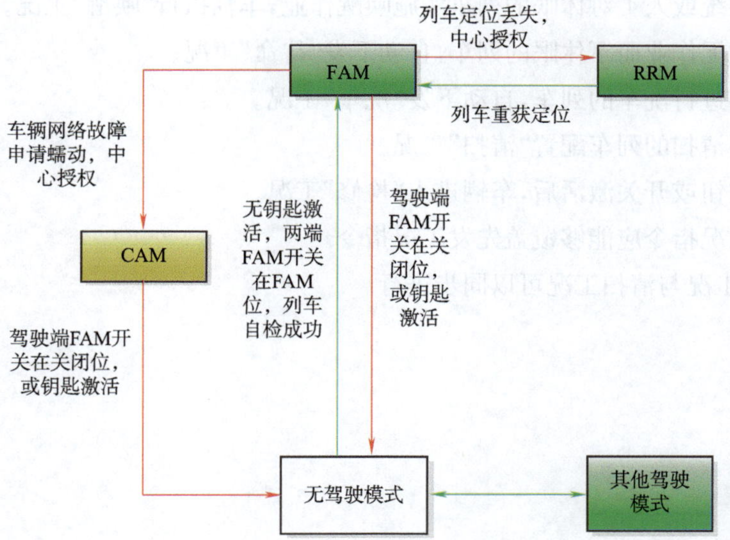

图1-1　运营模式转换关系示意

1.4.7　工况定义

工作模式与车辆设备工作状态对照见表1-3。工况定义如下：

表1-3　工作模式与车辆设备工作状态对照

工作模式	类型	信号管理	车辆上设备工作状态		
			空调/电热（可差异控制）	常用照明（亮度可调整）	紧急照明
正线运行	运营	是	开	开	开
轨道	运营	是	端车开	端车开	开
退出正线服务	运营	是	关	关	开
车场运行	运营	是	关	关	开
唤醒	准备	是	开	开	开
待命	准备	是	关	关	开
洗车	维护	是	关	关	开
清扫	维护	是（人工）	开	开	开
检修	维护	否（人工）	手动开关	手动开关	手动开关

(1)对即将进入正线服务的列车,自动下发“正线运行”工况。

(2)对退出正线服务的列车,自动下发“退出正线服务”工况,并保持列车车门关闭。

(3)对即将在车场内作业的列车,自动下发“车场运行”工况。

(4)信号系统或人工对休眠的列车实施唤醒作业,车辆执行“唤醒”工况。

(5)对暂时无作业而不休眠的列车,自动下发“待命”工况。

(6)对即将进行洗车的列车,自动下发“洗车”工况。

(7)对需要清扫的列车配置“清扫”工况。

(8)检修按钮或开关激活后,车辆进入“检修”工况。

(9)后发工况指令应能够覆盖先发工况指令。

(10)检修工况与清扫工况可以同步进行。

第2章　接　口

2.1 接口管理

2.1.1 管理意义

全自动运行系统工程是涉及土建和设备等多专业的系统性、综合性工程，应进行多专业顶层设计，使信号、车辆、综合监控、站台门、通信系统实现协同控制，从而满足全自动运行整体功能需求、全自动运行时的联动控制及应急处置要求。在全自动运行线路建设过程中，各相关专业之间需要进行相互协调、密切配合，以保证满足全自动线路的各项设计要求，充分发挥全自动的全部功能。

在常规非全自动线路成熟稳定的接口关系基础上，全自动运行线路亟需形成一致的设计接口。完整正确的技术接口，是指导、检查和验证各子系统设计的完整性、安全性、可靠性、合理性和经济性的重要文件，这不仅是选择土建工程方案，也是各设备系统确定功能和规模的依据之一，是保持系统的总体完整性和协调运作的一致性，充分发挥地铁工程整体功能、降低造价、提高效益的重要保证。

2.1.2 接口分类

全自动运行接口分为系统接口和专业设计接口。系统接口是指在设计工作过程中，专业间无直接提供资料，相关专业均按全自动运行线路标准开展设计，但在初步设计和招标设计阶段，双方需要对接和配合，确保双方初步设计文件和招标文件中有关接口内容相匹配。专业设计接口是指在设计过程中，专业间必须要互提资料和进行会签的接口。

2.1.3 相关专业

与全自动运行系统接口相关的专业主要包括正线建筑、区间、行车、车辆、车场工艺、车场建筑、信号、综合监控（含门禁）、通信、站台门、供电、区间给排水、控制中心工艺、工程经济等十四个专业。

2.1.4 相关事项

本接口内容是在16号线已实施全自动运行线路工程经验基础上的提炼，并不限定后续新建全自动运行线路相关专业之间的接口关系。新建全自动线路还应结合技术发展和当地运营特点，对全自动运行专业接口进行优化和补充。

2.2 系统接口

全自动无人驾驶系统是城市轨道交通相关机电系统协调配合的系统工程，相关团队须紧密协作，确保项目安全高效地执行。它的实现更多地依赖于核心机电系统（车辆、信号、通信、综合监控等）的深度融合，对系统架构、系统功能、接口架构、接口功能等方面进行重新规划，从而实现高安全、高可靠的自动化控制和联动。

全自动相关专业之间属于系统接口的内容，以表2-1形式体现。“接口专业”指存在全自动系统接口内容的两个专业，接口没有方向性，各专业均需按“系统接口内容”开展设计。

表2-1 全自动相关专业之间属于系统接口的内容

接口专业	系统接口内容
正线建筑与门禁	1. 正线车站站台层设备区通道应与轨行区隔离，可利用建筑布局隔离或采用隔离网隔离。 2. 由正线车站站台层公共区或设备区进入轨行区应设置与SPKS关联的门禁门，它们是最后一道且唯一可进入轨行区的门
信号与车辆	1. 新增全自动运行模式（FAM）和蠕动模式（CAM）。 2. 增加自动休眠/唤醒、对位隔离、清客、自动洗车、障碍物检测/脱轨检测、车辆设备状态监督及远程控制等功能。 3. 蓄电池容量应满足休眠状态下带电设备正常工作的时间要求。 4. 车体外须配置全自动相关指示灯和登车梯，车体端部须设置具备有人驾驶侧向瞭望功能的侧窗
信号与门禁	门禁可接收信号SPKS节点闭合信息，ISCS能将SPKS关联的门禁开关门状态信息转发给ATS
信号与站台门	站台门新增间隙探测、对位隔离等功能
信号与车场建筑车库门	停车列检库库门纳入信号系统联锁控制，满足安全完整性SL2等级
信号与洗车机	增加全自动洗车功能
信号与综合监控	全自动运行系统综合监控与信号不新增物理接口，在原有的物理接口基础上增强接口功能，主要包括： 1. ISCS接受ATS发送的“主（备）中心主控状态”信息。ATS通过该信息告知ISCS，当前主控是主中心还是备中心，只有处于主控状态下的中心发送的其他信息才被判为有效。 2. ISCS接受ATS发送的“站台状态”信息。相较于非全自动线路，“站台状态”信息中增加“站台清客状态”信息。 3. ISCS接受ATS发送的“洗车机及洗车状态”信息。ISCS根据该信息显示洗车机设备状态、洗车状态。 4. ISCS接受ATS发送的“车库门状态”信息。ATS通过该信息告知ISCS场段车库门状态。

续上表

接口专业	系统接口内容
信号与综合监控	5. ATS接受ISCS发送的"联锁联动门禁"信息。ISCS通过该信息告知ATS车站、场段SPKS相关联门禁是否被激活。 6. ATS接受ISCS发送的"风机状态"信息。ISCS通过该信息告知ATS各个风机的状态，信号系统根据此信息在中心工作站界面上显示风机状态。 7. ATS接受ISCS发送的"车站火灾"信息。ISCS通过该信息告知ATS站台公共区、站厅公共区、设备区的火灾情况，用于车站火灾场景的联动控制。 8. ATS接受ISCS发送的"区间感温光纤"信息。ISCS通过该信息告知ATS区间感温光纤的报警信息，用于区间火灾场景的联动控制
通信与车辆	1. 车辆为车载RAD、PIS主机提供电源、接地及设备安装位置。 2. 调度员可对车辆进行广播。 3. 上传/下载车辆信息，包括紧急报警信息、车场广播信息、车辆状态信息、车辆乘务信息等信息传输。 4. 可将IMS视频信息传输至地面
综合监控与通信PA	1. 在末班车到达车站前，车站PA应根据ISCS预定义广播时间表提前告知旅客该趟列车为末班车。 2. 预录广播。ISCS具备向车站下发预录广播。 3. 车站发生火灾并人工确认后，ISCS应能联动PA播放车站火灾信息和紧急疏散广播
综合监控与通信RAD	利用通信RAD车地无线传输通道，ISCS可对指定列车或全线列车进行预录广播，并接收列车广播实时状态
综合监控与通信PIS	1. 列车乘客信息服务。ISCS可对指定列车或全线列车进行紧急文本信息下发。 2. 车站乘客信息服务。ISCS具备向车站PIS下发乘客服务信息。 3. 车辆利用通信PIS车地无线传输通道，将车辆联动信息告警提示发送至ISCS
综合监控与通信IMS	1. 视频手动调用。ISCS可手动调看车载和地面IMS视频的功能。 2. 库门故障或未在规定时间内动作到位时，ISCS接收ATS转发的报警信息并联动对应的IMS。 3. ISCS自动/半自动联动告警信息对应的视频画面在IMS工作站/大屏显示，包括车门关闭/锁闭状态丢失视频联动、乘客紧急对讲按钮激活视频联动、车门紧急解锁装置激活视频联动、车门检测到障碍物视频联动、车辆端部疏散门请求装置激活视频联动、司控台盖板打开视频联动、列车电气柜门打开视频联动、列车灭火器被取出视频联动、车辆温烟组合探测器告警视频联动、车辆检测到障碍物视频联动、脱轨检测视频联动、区间水位报警视频联动、车站火灾视频联动、防淹门高水位视频联动、人防门告警视频联动、站台门告警视频联动
综合监控与通信集中告警	监控通信相关子系统的设备信息
综合监控与车辆	车辆智能运维系统负责将车辆状态信息上传给ISCS，ISCS完成对车辆智能运维信息的采集，包括不限于整车信息、车厢状态、计数信息、车门信息、疏散门信息等
综合监控与站台门	1. 接收站台门发送的状态及告警信息。 2. ISCS工作站显示站台门及间隙探测装置故障告警提示
综合监控与给排水	给排水设置区间水患监测系统，当检测到水位超限报警后，将相关信息传送至BAS，在中心调度员工作站实现报警功能

2.3 专业设计接口

全自动相关专业之间属于专业设计接口的内容，以如下表格形式体现。“接口专业”栏指存在全自动专业设计接口内容的两个专业，分前、后两栏。“接口处理”栏中“接收资料”指“接口专业”前栏专业接收后栏专业提出的接口要求，“提出资料”指“接口专业”前栏专业向后栏专业提出接口要求。“接口专业”后栏并列存在多个专业时，它们与前栏专业的接口要求是相同的。

2.3.1 正线建筑

正线建筑与其他专业的接口要求及处理见表 2-2。

表 2-2 正线建筑与其他专业的接口要求及处理

接口专业		接口要求	接口处理
正线建筑与	行车	1. 提供列车运行计划及编组。 2. 提供设置登车平台及连通道的站点。 3. 提供设置多职能待班室的站点及多职能待班室在站内具体设置位置、面积尺寸及功能要求等	接收资料
	限界	提供车站及区间风井在登车平台、防护隔离网地段的建筑限界图、道岔区加宽量	接收资料
	轨道	提供车站登车平台处的道床横断面图、轨道及铺设地段表、曲线超高表等	接收资料
	车辆	提供列车编组尺寸、车门位置及其与登车平台的关系和要求	接收资料
	车场工艺	向正线设置登车平台的车站提出登车梯长度	接收资料
	信号	提供列车在存车线上的精确停靠位置	接收资料
	门禁	提供 SPKS 关联门门禁设备安装工艺要求	接收资料
	站台门	提供站台就地控制盒安装要求	接收资料
	行车信号	提供设置了登车平台、连通道、多职能待班室的车站建筑平面、剖面图	提出资料
	限界轨道	提供设置了登车平台、防护隔离网的车站及区间风井建筑平面、剖面图	提出资料
	车站结构	提供设置了登车平台的车站建筑平面、剖面图(包含专用通道、专用直跑楼梯等)	提出资料
	区间结构	1. 提供设置了登车平台、防护隔离网的区间风井建筑平面、剖面图(包含车站分界里程处与区间疏散平台的衔接等)。 2. 提出利用区间风井通道进行人员疏散要求	提出资料
	暖通给排水 及消防动力 照明与配电	提供设置了多职能待班室的车站建筑平面、剖面图(包含多职能待班室的平面位置及尺寸)	提出资料

续上表

接口专业		接口要求	接口处理
正线建筑与	车辆车场工艺	提供设置了登车平台的车站建筑平面、剖面图(包含登车平台及防护栏杆的平、剖面位置及尺寸等)	提出资料
	门禁	1. 提供设置了 SPKS 关联门的车站及区间风井建筑平面、剖面图(包含车站或区间风井 SPKS 关联门的平、剖面位置,型号及尺寸等)。 2. 提出利用区间风井通道进行人员疏散要求	提出资料
	站台门	提供车站建筑精装修平、立、剖面图	提出资料

2.3.2 区间结构

区间结构与其他专业的接口要求及处理见表 2-3。

表 2-3 区间结构与其他专业的接口要求及处理

接口名称		接口要求	接口处理
区间结构与	正线建筑	1. 提供设置了登车平台、防护隔离网的区间风井建筑平面、剖面图(包含车站分界里程处与区间疏散平台的衔接等)。 2. 提出利用区间风井通道进行人员疏散要求	接收资料
	门禁	提供 SPKS 关联门门禁设备安装工艺要求	接收资料
		提供设置了防护隔离网和 SPKS 关联门的区间风井建筑平面、剖面图(包含区间风井 SPKS 关联门的平、剖面位置,型号及尺寸等)	提出资料

2.3.3 行　车

行车与其他专业的接口要求及处理见表 2-4。

表 2-4 行车与其他专业的接口要求及处理

接口名称		接口要求	接口处理
行车与	正线建筑	提供设置了登车平台、连通道、多职能待班室的车站建筑平面、剖面图	接收资料
		1. 提供列车运行计划及编组。 2. 提供设置登车平台及连通道的站点。 3. 提供设置多职能待班室的站点及多职能待班室在站内具体设置位置、面积尺寸及功能要求等	提出资料
	信号	1. 提供设置登车平台及连通道的站点。 2. 提供设置多职能待班室的站点及多职能待班室在站内具体设置位置、面积尺寸及功能要求等	提出资料

2.3.4 车　辆

车辆与其他专业的接口要求及处理见表 2-5。

表 2-5　车辆与其他专业的接口要求及处理

<table>
<tr><th colspan="2">接口名称</th><th>接口要求</th><th>接口处理</th></tr>
<tr><td rowspan="3">车辆与</td><td rowspan="2">正线建筑</td><td>提供设置了登车平台的车站建筑平面、剖面图(包含登车平台及防护栏杆的平、剖面位置及尺寸等)</td><td>接收资料</td></tr>
<tr><td>提供列车编组尺寸、车门位置及其与登车平台的关系和要求</td><td>提出资料</td></tr>
<tr><td>车场工艺</td><td>电客车厂家提供全自动运行下与洗车机、不落轮旋床、三层作业平台、全自动驾驶车辆基地作业综合管理系统等工艺设备的接口要求</td><td>提出资料</td></tr>
</table>

2.3.5　车场工艺

车场工艺与其他专业的接口要求及处理见表 2-6。

表 2-6　车场工艺与其他专业的接口要求及处理

<table>
<tr><th colspan="2">接口名称</th><th>接口要求</th><th>接口处理</th></tr>
<tr><td rowspan="11">车场
工艺与</td><td>车辆</td><td>电客车厂家提供全自动运行下与洗车机、不落轮旋床、三层作业平台、全自动驾驶车辆基地作业综合管理系统等工艺设备的接口要求</td><td>接收资料</td></tr>
<tr><td>轨道</td><td>提供全自动运行下的车挡形式</td><td>接收资料</td></tr>
<tr><td>信号</td><td>1. 提出对库线、转换轨、牵出线、洗车线等长度要求。
2. 提供 DCC 中设置的 ATS 工作站、SPKS 按钮盘设备数量和尺寸</td><td>接收资料</td></tr>
<tr><td>综合监控</td><td>提供 DCC 中设置的 ISCS 工作站设备数量和尺寸</td><td>接收资料</td></tr>
<tr><td>通信</td><td>提供 DCC 中设置的通信工作站设备数量和尺寸</td><td>接收资料</td></tr>
<tr><td>控制中心工艺</td><td>提出备用控制中心与 DCC 相邻设置要求,或在车场其他建筑内的设置要求</td><td>接收资料</td></tr>
<tr><td>正线建筑</td><td>提供设置了登车平台的车站建筑平面、剖面图(包含登车平台及防护栏杆的平、剖面位置及尺寸等)</td><td>接收资料</td></tr>
<tr><td>车场建筑
信号
轨道
供电
通信</td><td>全自动运行工艺总平面布置图,包括轨道有效长、电化、转换轨、有/无人区划分、隔离要求、登乘/检修清扫路径</td><td>提出资料</td></tr>
<tr><td>车场建筑
站场
轨道
信号
门禁
通信
综合监控</td><td>1. 全自动运行运用库设备平面布置图,包括下穿通道、防护分区隔离栅栏、隔离门及门禁、检查坑形式、DCC 平面布局等。
2. 全自动洗车机对各专业的接口要求。
3. 提供列车在停车列检库和场内转换轨的精确停靠位置</td><td>提出资料</td></tr>
<tr><td>正线建筑</td><td>向正线设置登车平台的车站提出登车梯长度</td><td>提出资料</td></tr>
</table>

2.3.6 车场建筑

车场建筑与其他专业的接口要求及处理见表2-7。

表2-7 车场建筑与其他专业的接口要求及处理

接口名称		接口要求	接口处理
车场建筑与	车场工艺	1. 全自动运行工艺总平面布置图，包括轨道有效长、电气化区段、转换轨、有/无人区划分、隔离要求、登乘/检修清扫路径。 2. 全自动运行运用库设备平面布置图，包括下穿通道、防护分区隔离栅栏、隔离门及门禁、检查坑形式、DCC平面布局等	接收资料
	信号	全自动运行信号房屋布置要求	接收资料
	门禁	提供SPKS关联门门禁设备安装工艺要求	接收资料
	控制中心工艺	提出备用控制中心与DCC相邻设置要求，或在车场其他建筑内的设置要求	接收资料
	车场工艺 控制中心工艺 信号 通信 门禁	提供全自动运行有关的运用库、洗车库等房屋的建筑平、立、剖面图，包括下穿通道、防护分区隔离栅栏、隔离门及门禁等	提出资料

2.3.7 信 号

信号与其他专业的接口要求及处理见表2-8。

表2-8 信号与其他专业的接口要求及处理

接口名称		接口要求	接口处理
信号与	行车	1. 提供设置登车平台及连通道的站点。 2. 提供设置多职能待班室的站点及多职能待班室在站内具体设置位置、面积尺寸及功能要求等	接收资料
	正线建筑	提供设置了登车平台、连通道、多职能待班室的车站建筑平面、剖面图	接收资料
	车场工艺	1. 全自动运行工艺总平面布置图，包括轨道有效长、电气化区段、转换轨、有/无人区划分、隔离要求、登乘/检修清扫路径。 2. 全自动运行运用库设备平面布置图，包括下穿通道、防护分区隔离栅栏、隔离门及门禁、检查坑形式、DCC平面布局等。 3. 提供列车在停车列检库和场内转换轨的精确停靠位置	接收资料
	车场建筑	提供全自动运行有关的运用库、洗车库等房屋的建筑平、立、剖面图	接收资料
	综合监控（门禁）	1. IBP盘面布置图。 2. 门禁接口配线图及接口线缆技术规格	接收资料
	通信	1. ATS向RAD提供列车位置信息和列车进出正线信息。 2. ATS向PA列车预测信息	接收资料

续上表

接口名称		接口要求	接口处理
信号与	站台门	1. 提供站台PSL箱盒安装位置。 2. 提供PSL箱盒盘面布置图及内部接线图	接收资料
	车场工艺	1. 提出对库线、转换轨、牵出线、洗车线等长度要求。 2. 提供DCC中设置的ATS工作站、SPKS按钮盘设备数量和尺寸	提出资料
	正线建筑	提供列车在存车线上的精确停靠位置	提出资料
	车场建筑	全自动运行信号房屋布置要求	提出资料
	综合监控（门禁）	1. 提出在IBP盘上设置SPKS按钮、开/关门联动按钮和指示灯等。 2. 与SPKS防护区域对应的门禁线缆接口位置及技术要求	提出资料
	通信	1. 要求提供同步时钟信息。 2. 要求提供传输通道	提出资料
	站台门	提供站台就地控制盒中开/关门按钮、清客按钮及指示灯技术要求	提出资料

2.3.8 综合监控(门禁)

综合监控(门禁)与其他专业的接口要求及处理见表2-9。

表2-9 综合监控(门禁)与其他专业的接口要求及处理

接口名称		接口要求	接口处理
综合监控（门禁）与	正线建筑	1. 提供设置了SPKS关联门的车站及区间风井建筑平面、剖面图（包含车站或区间风井SPKS关联门的平、剖面位置，型号及尺寸等）。 2. 提出利用区间风井通道进行人员疏散要求	接收资料
	区间结构	提供设置了防护隔离网和SPKS关联门的区间风井建筑平面、剖面图（包含区间风井SPKS关联门的平、剖面位置，型号及尺寸等）	接收资料
	车场工艺	全自动运行运用库设备平面布置图，包括下穿通道、防护分区隔离栅栏、隔离门及门禁、检查坑形式、DCC平面布局等	接收资料
	车场建筑	提供全自动运行有关的运用库、洗车库等房屋的建筑平、立、剖面图	接收资料
	信号	1. 提出在IBP盘上设置SPKS按钮、开/关门联动按钮和指示灯等。 2. 与SPKS防护区域对应的门禁线缆接口位置及技术要求	接收资料
	正线建筑 区间结构 车场建筑	提供SPKS关联门门禁设备安装工艺要求	提出资料
	车场工艺	提供DCC中设置的ISCS工作站设备数量和尺寸	提出资料
	信号	1. IBP盘面布置图。 2. 门禁接口配线图及接口线缆技术规格	提出资料

2.3.9 通　　信

通信与其他专业的接口要求及处理见表2-10。

表2-10　通信与其他专业的接口要求及处理

接口名称		接口要求	接口处理
通信与	车场工艺	1. 全自动运行工艺总平面布置图，包括轨道有效长、电气化区段、转换轨、有/无人区划分、隔离要求、登乘/检修清扫路径。 2. 全自动运行运用库设备平面布置图，包括下穿通道、防护分区隔离栅栏、隔离门及门禁、检查坑形式、DCC平面布局等	接收资料
	信号 综合监控 AFC 安检 杂散电流 可视化接地	1. 要求提供同步时钟信息。 2. 要求提供传输通道	接收资料
	电梯	1. 将电梯轿厢内的数字视频信号接入通信视频监视系统。 2. 为轿厢内提供紧急对讲	接收资料
	区间给排水	提供区间水位仪安装位置	接收资料
	车场工艺	提供DCC中设置的通信工作站设备数量和尺寸	提出资料
	信号	1. ATS向RAD提供列车位置信息和列车进出正线信息。 2. ATS向PA列车预测信息	提出资料
	区间给排水	提供IMS摄像头布置点位	提出资料

2.3.10 站 台 门

站台门与其他专业的接口要求及处理见表2-11。

表2-11　站台门与其他专业的接口要求及处理

接口名称		接口要求	接口处理
站台门与	正线建筑（精装修）	提供车站建筑精装修平、立、剖面图	接收资料
	信号	提供站台就地控制盒中开/关门按钮、清客按钮及指示灯技术要求	接收资料
	正线建筑（精装修）	提供站台就地控制盒安装要求	提出资料
	信号	1. 提供站台PSL箱盒安装位置。 2. 提供PSL箱盒盘面布置图及内部接线图	提出资料

2.3.11 供　　电

供电与其他专业的接口要求及处理见表2-12。

表 2-12 供电与其他专业的接口要求及处理

接口名称		接口要求	接口处理
供电与	车场工艺	全自动运行工艺总平面布置图，包括轨道有效长、电气化区段、转换轨、有/无人区划分、隔离要求、登乘/检修清扫路径	接收资料
		车场及停车库内供电单元按照功能区域进行分区	提出资料

2.3.12 区间给排水

区间给排水与其他专业的接口要求及处理见表2-13。

表 2-13 区间给排水与其他专业的接口要求及处理

接口名称		接口要求	接口处理
区间给排水与	通信	提供IMS摄像头布置点位	接收资料
	通信综合监控	提供区间水患液位仪控制箱数量、安装位置	提出资料

2.3.13 控制中心工艺

控制中心工艺与其他专业的接口要求及处理见表2-14。

表 2-14 控制中心工艺与其他专业的接口要求及处理

接口名称		接口要求	接口处理
控制中心工艺与	信号 通信 综合监控	提供OCC中设置的各专业工作站及设备数量和尺寸	接收资料
		提供中央控制大厅、大屏幕和调度桌布置图	提出资料

2.3.14 工程经济

工程经济与其他专业的接口要求及处理见表2-15。

表 2-15 工程经济与其他专业的接口要求及处理

接口名称		接口要求	接口处理
工程经济与	车辆 信号 综合监控 通信 站台门	全自动核心系统相关安全认证费用	接收资料
		全自动相关工程筹划	提出资料

第3章 场　景

3.1 正常场景

运营场景是全自动运行系统的顶层设计，场景的建立分析对于理解全自动运行线路各环节是十分重要的。构建全自动运行场景有助于理解运行需求，分配运行过程中“人、机、环”的安全风险，研究其完备性有助于提升设备故障后的系统恢复能力，降低意外情况发生概率。

3.1.1 运行计划下发

1. 场景描述

在每日固定时间（上午 4:00 或 4:30，参考），行调工作站自动推送当日正线运行计划，由行车调度员确认后，系统自动下发至 ATS 和 ISCS，行车调度员也可手动调用当日正线运行计划。

2. 基本流程

（1）已编辑好的各类正线运行计划存储于 ATS 数据库服务器，行调工作站根据 ATS 已设置好的各类日期属性，自动调用对应的正线运行计划，正常工作日默认调用上一工作日正线运行计划。

（2）行调工作站界面弹出提示，要求行车调度员确认是否选用 ATS 自动推送的当日正线运行计划。

（3）选择“是”，行调工作站推送当日正线运行计划，行调确认无误后，自动下发至 ATS 应用服务器，并发送至 ISCS。

（4）选择“否”，由行车调度员手动调用当日正线运行计划，行调确认无误后，行调工作站自动下发至 ATS 应用服务器，并发送至 ISCS。

3. 功能分配

1）信号系统

（1）行调工作站能够根据日期属性自动调用已编辑好的运行计划，并推送给行车调度员。

(2)应能在行调工作站上人工创建/修改当日正线运行计划。

(3)应能接收行调下发的正线运行计划,并能被自动匹配和调用执行。

(4)应能将当日正线运行计划发送至ISCS,运行计划有变化则随变随发。

2)综合监控系统

(1)应能接收信号系统发送的当日正线运行计划。

(2)应能根据当日正线运行计划执行相关操作。

4. 异常处理及注意事项

若行调工作站推送的当日正线运行计划有误,则需要行车调度员手动调用当日正线运行计划。

3.1.2 接触网送电

1. 场景描述

电力调度员通过ISCS向线路正线轨行区、车场与出入车作业有关区域的接触网送电。

2. 基本流程

(1)电力调度工作站应根据正线运行计划,界面弹出向线路正线轨行区、车场与出入车作业有关区域接触网的送电提示。

(2)在弹出送电提示前,ISCS应自动触发车场内预录的广播(2 min参考),将车场停车列检库区域(周月检库)的图像推送至电力调度员的IMS显示终端。

(3)若全线或部分供电分区接触网处于断电状态,电力调度员应和行车调度员确认接触网是否具备送电条件。

(4)条件具备后,电力调度员通过工作站向相应的供电分区接触网送电。

(5)全线一般仅在停车列检库设置接触网手动检修开关,该区域送电前,需人工合闸。

3. 功能分配

1)信号系统

行调工作站应能向电调工作站发送接触网具备送电条件信息。

2)综合监控系统

(1)电调工作站应能根据正线运行计划弹出向自动化区域接触网的送电提示。

(2)应能向PA发送自动触发广播的指令,向IMS发送视频联动调看指令。

(3)应能通过电调工作站确认行调工作站发送的接触网具备送电条件信息。

(4)应能通过电调工作站向相应的供电分区接触网供电。

3)通信系统

(1)PA系统应能接收ISCS的指令,自动触发车场内预录的广播。

(2)IMS应能接收ISCS的联动调看指令,将车场停车列检库区域的图像推送至电力调度员的 IMS 显示终端。

4. 异常处理及注意事项

(1)电力调度员确认接触网送电异常,通过电力调度工作站执行重合闸;若送电仍然异常,某一牵引混合变电(以下简称"牵混所")故障退出,人工确认两边接触网不带电,之后才可闭合联络开关,实现越区送电或在变电站手动处理。

(2)对于车场非自动化区域而言,车场调度员确认现场作业人员出清后,通知电力调度员送电。

3.1.3 运营前准备

1. 场景描述

当日轨道车出发前规定时间(30 min,参考),行车调度员确认线路正线轨行区、车场影响出车作业区域的检修作业点均已注销,接触网供电正常,满足当日运营条件,确认行车相关设备状态满足运营要求。

2. 基本流程

(1)相关区域的检修作业工作结束后,检修负责人报告车站值班员或车场调度员,进行作业点注销。

(2)车站值班员或车场调度员确认各自管辖区域内的作业点全部注销后,上报控制中心维修调度员。

(3)维修调度员通过 OA 系统登记注销情况。

(4)相关区域的检修作业点注销后,行车调度员通过综合监控工作站或行调工作站确认供电分区状态正常,满足当日运营条件。

(5)相关区域的检修作业点注销后,行车调度员通过行调工作站确认行车相关设备状态是否满足运营要求。

3. 功能分配

1)信号系统

(1)ATS 在行调度工作站和综合显示大屏上显示全线信号设备状态和其他相关行车设备状态。

(2)应能接收 ISCS 发送的供电分区带电信息,并在行调工作站和综合显示大屏上显示。

2)综合监控系统

应能将供电分区带电信息发送至信号系统。

4. 异常处理及注意事项

行车调度员发现不满足当日运营条件或运营要求的问题时,应及时通知维修调度员协调解决，必要时需及时上报。

3.1.4 出库计划编制

1. 场景描述

利用DCC车场派班工作站，车场调度员根据正线运行计划、当日可用车信息和车辆停放位置信息等，编制出库计划，并在每日开始运营之前（60 min，参考）发送至正线行调工作站、车场现地工作站和综合监控系统。

2. 基本流程

（1）车辆检修员向检修调度员上报当日车辆检修数据。

（2）检修调度工作站综合当日车辆检修数据、车辆设备状态、车辆履历等信息，经检修调度员操作，计算出当日可用车信息，并生成车辆检修计划和清洗计划。

（3）检修调度员确认后，检修调度工作站将当日可用车信息和清洗计划发送至车场派班工作站。

（4）车场派班工作站依据接收到的相关信息，经车场调度员操作，生成当日出库计划，并将计划发送至正线行调工作站、车场现地工作站和综合监控系统。

3. 功能分配

1）车辆

（1）应配置车辆设备管理系统，将车辆设备信息经通信系统搭建的数据传输通道，传送至地面车辆设备管理系统。

（2）车辆设备管理系统与检修调度工作站在DCC存在接口。

（3）车辆设备管理系统应能将车辆设备状态信息发送至检修调度工作站。

2）车场工艺

（1）应在车场DCC设置检修调度工作站，工作站应能接收车辆设备管理系统发送的车辆设备状态信息。

（2）检修调度工作站与信号ATS系统在车场信号设备室存在接口。

（3）检修调度工作站应能接收信号ATS系统发送的车辆停放位置等基础信息。

（4）检修调度工作站应能完成车辆检修数据录入、车辆设备状态查看、车辆履历管理、车辆检修修程管理、车辆编组及车辆走行里程管理、车辆检修计划管理和清洗计划管理等。

（5）检修调度工作站应能将车辆设备运行健康状态信息、当日可用车信息和清洗计划发送至车场派班工作站。

3）信号系统

（1）应在车场DCC设置车场派班工作站，工作站应能接收控制中心行调工作站下发的正线运行计划。

(2)应在车场信号设备室设置前端处理器,处理与检修调度工作站的接口。

(3)车场派班工作站应能接收经由 ATS 应用服务器中转、检修调度工作站发送的当日可用车信息和清洗计划。

(4)车场派班工作站应能显示车辆停放位置信息。

(5)车场派班工作站应能综合正线运行计划、当日可用车信息、车辆停放位置信息等,经确认后,生成当日出入库计划,并允许人工修改。

(6)出库计划应具有列车车组号、实际股道位置、车次号、出入库时间等信息,可导出、打印。

(7)车场派班工作站应能将当日出库计划发送至正线行调工作站、车场现地工作站和综合监控系统。

4)综合监控系统

应能接收信号系统发送的出库计划。

5)通信系统

(1)应能提供由车辆至地面车辆设备管理系统的传输通道。

(2)应能提供车辆设备管理系统至车场 DCC 检修调度工作站的传输通道。

4. 异常处理及注意事项

当日可用车数量不满足正线运行计划的需求时,车场派班工作站弹出报警提示,车场调度员应与检修调度员进行联系解决。

3.1.5 列车唤醒

1. 场景描述

根据正线运行计划由信号系统或人工对车场或正线休眠区的列车实施唤醒作业,包含以下三种方式:

(1)远程自动唤醒:信号系统按计划自动发送唤醒指令。

(2)远程人工唤醒:根据计划行车调度员远程人工发送唤醒指令。

(3)本地唤醒:人员登车按压车辆上电按钮。

车载设备上电自检成功后进行联合测试,联合测试通过后列车具备全自动运行能力。

2. 基本流程

行车调度员在列车自动唤醒前通过行调工作站界面确认需唤醒列车为休眠工况。

(1)信号 ATS 系统根据出库计划提前一定时间向列车发送唤醒指令,或由行调远程人工向列车发送唤醒指令,判断列车是否上电激活,并将结果上传至行调和车辆调工作站。

(2)列车上电后开始自检,并由信号车载设备将自检结果上报行调和车辆调工作站。

(3)列车完成上电自检后进行联合测试,信号车载设备将联合测试的完整信息上报行调和车辆调工作站。

(4)信号 ATS 系统向唤醒成功的列车下发“待命”工况。

(5)信号 ATS 系统向处于“待命”工况下的列车下发出库计划。

3. 功能分配

1)车辆

(1)应具备可以被远程/本地休眠唤醒的功能。

(2)具备向信号车载设备反馈列车低压上电状态的功能。

(3)上电成功后应能执行车辆各设备的自检。

(4)车辆各设备自检完成后将自检结果发送至 TCMS,并由 TCMS 将各设备(含专用无线车载台和车载 PIS)自检结果汇总至信号车载设备。

(5)车辆自检完成后,车辆各设备响应信号车载设备的控制指令,一同执行联合测试以及反馈相应的测试结果。

(6)响应信号 ATS 系统发送的工况指令。

(7)在唤醒失败后响应远程/本地休眠指令。

(8)应将车辆 TCMS 信息实时发送至信号 ATS 系统。

2)信号系统

(1)应配置休眠唤醒模块,具备休眠唤醒功能。

(2)具备显示列车工况状态信息及向列车发送工况指令的功能。

(3)具备远程或人工发送唤醒指令的功能。

(4)根据列车反馈的上电状态,具备判断列车是否上电激活的功能。

(5)信号车载设备具备自检功能,并能主导联合测试。

(6)信号车载设备将列车自检结果及联合测试的完整信息汇总后上报行调和车辆调工作站。

(7)唤醒成功的列车应能自动进入 FAM 模式,对唤醒失败的列车发送远程或本地休眠指令。

(8)应配置车辆调工作站,能显示列车 TCMS 发送的实时信息。

3)通信系统

(1)列车上电后专用无线车载台进行自检,并向列车 TCMS 反馈自检结果。

(2)在 OCC 无线调度台上显示无线车载台的相关状态信息。

(3)列车上电后 PIS 车载设备(含车辆 PIS 屏)进行自检,并向列车 TCMS 反馈自检结果。

4. 异常处理及注意事项

(1)夜间人工检修动车后,司机应确保列车停回动车前的休眠位置。

(2)车辆调若发现列车的显示不是休眠工况，需人工确认原因，可远程人工进行休眠。

(3)行调需确认出库计划在规定时间成功激活并下发。

(4)当需要唤醒非出库计划列车时，应由行调执行远程人工唤醒。

(5)出库计划对应列车无法被唤醒时，行调需及时调整计划。

(6)列车唤醒过程中不得有人员上下列车或倚靠车门。

(7)若远程自动唤醒失败，行调可远程人工休眠列车后再发送唤醒指令。

(8)若远程自动唤醒失败，优先尝试远程人工唤醒，仍然失败的情况下，可派工作人员登车查看，执行本地人工唤醒或报修。

3.1.6 轨道作业

1. 场景描述

在正式运营列车出库前的规定时间，编排为轨道作业的列车被提前唤醒，完成车次信息的初始化后进入“轨道”工况，根据出库计划由信号 ATS 系统自动或由车场人员人工远程打开车库门，司机经授权后登上轨道车，以 CM 模式驾驶列车出库进入正线运行，不停站不开门，运行正线线路的一整圈或半圈，停靠在端站或指定车站的站台，由司机转换为 FAM 模式，列车按照正线运行计划投入正线运营，列车进入“正线运行”工况并打开车门，司机可从客室门下车。

2. 基本流程

(1)根据出库计划，信号 ATS 系统将唤醒的首列车作为轨道车，并向唤醒成功的列车下发“轨道”工况，打开指定车门。

(2)根据出库计划由信号 ATS 系统自动或由车场人员人工远程打开车库门。

(3)若库门打开存在问题，综合监控系统应能联动 IMS 将问题库门的图像推送至行车调度员的 IMS 显示终端。

(4)列车被唤醒成功后，车场调度员向司机授权，由车场工作人员激活 SPKS 防护后，司机经指定车门登乘列车，并打开驾驶台盖板。

(5)司机激活驾驶台，选择 ATP 模式，关闭车门，并通知车场调度员恢复 SPKS 等待发车。

(6)信号 ATS 系统根据出库计划自动触发出库进路或由人工为轨道车办理出库进路。

(7)信号 CI 系统检查车库门打开、SPKS 未被激活等联锁条件满足后，开放出库信号。

(8)司机手动鸣笛(根据需要)，手动驾驶轨道车出库。

(9)司机人工驾驶列车运行，分别按停车列检库内限速、车场内限速控制车速，正线不停站不开门。

(10)轨道车经过站台时，应触发站台跳停广播，联动 PIS 显示跳停信息。

(11)轨道完成后，司机将列车停靠在端站或指定车站的站台，将列车升级为FAM模式，合上驾驶台盖板。

(12)列车与正线运行计划相匹配，投入正线运营，由信号ATS系统自动或行调人工向其下发“正线运行”工况。

(13)列车车门打开，司机可从客室门下车。

3. 功能分配

1)车辆

(1)司机可通过车门外解锁装置打开车门，解锁装置的高度应能同时满足登车平台人员和地面人员操作需求。

(2)通过解锁装置打开的车门不能自动关闭，可在客室外复位车门外解锁装置。

(3)列车外应设置模式状态指示灯，灯亮表示非FAM模式，灯灭表示FAM模式，灯闪表示即将发车。

2)信号系统

(1)应能针对轨道车下发工况指令并打开指定车门。

(2)具备自动触发打开停车列检库库门的功能，库门故障或未在规定时间内动作到位时，信号ATS系统应能进行报警，且将问题库门信息转发至ISCS。

(3)行调工作站具备显示停车列检库库门状态(打开且锁闭、关闭且锁闭)、故障信息、旁路信息、控制模式信息的功能。

(4)应在车场DCC设置IBP盘，具备操作和显示SPKS的相关功能，具备分区域SPKS防护功能。

(5)应能(或联动ISCS)触发列车和站台的PA广播和PIS显示信息。

(6)应在车场信号设备室设置FEP，处理与车场库门设备的接口。

3)综合监控系统

依据接收到的问题库门信息，ISCS应能联动IMS将相应库门的图像推送至行车调度员的IMS显示终端。

4)通信系统

(1)接收并执行ISCS视频联动指令，将问题库门的图像推送至行车调度员的IMS显示终端。

(2)接收并执行信号系统触发指令，PA在站台和列车进行跳停广播，PIS在站台显示跳停信息。

5)车库门

(1)具备安全完整性SL2级认证。

(2)应能将车库门状态(打开且锁闭、关闭且锁闭)、故障信息、旁路信息、控制模式信息发送至信号系统。

(3)具备远程自动、远程人工、本地人工控制模式。

(4)具备人工旁路库门状态的功能。

(5)库门故障或未在规定时间内动作到位时,应能报警,并将故障信息发送至信号系统。

(6)车场库门设备与信号 ATS 系统在车场信号设备室存在接口。

4. 异常处理及注意事项

(1)若司机发现线路异常时应及时停车或按压紧急关闭按钮令列车紧急制动,并向行调汇报,等候进一步处理指令。

(2)轨道车运行应覆盖当日整个正线运行交路。

3.1.7 车站开启

1. 场景描述

(1)根据正线运行计划,在本站轨道列车到来前 30 min(参考),综合监控工作站界面弹出站台门测试确认提示,经车站值班员确认后,进行站台门开门关门测试。

(2)根据正线运行计划,在本站运营列车到来前 30 min(参考),综合监控工作站界面弹出开站确认提示,经车站值班员确认后,自动开启的系统和设备有出入口卷帘门、电扶梯、电梯、照明、通风空调、PIS 、AFC 等;确认系统设备工作状态正常的有 FAS、BAS、IMS 等。

2. 基本流程

(1)根据正线运行计划,在本站轨道列车到来前 30 min(参考),综合监控工作站界面弹出站台门测试确认提示,经车站值班员确认后,进行站台门开门关门测试。

(2)在弹出站台门测试确认提示前,ISCS 自动触发站台层预录的广播,将站台门区域的图像推送至车控室 IMS 显示终端。

(3)根据正线运行计划,在本站运营列车到来前 30 min(参考),综合监控工作站界面弹出开站确认提示。

(4)车站值班员点击确认后,各机电系统设备进入预设工作模式。

(5)BAS 按照顺序分组开启出入口卷帘门、电扶梯,开启每处设备前,联动监视对应设备处的 IMS,将该区域图像推送至车控室 IMS 显示终端,并在 ISCS 工作站界面弹出该处设备开启确认提示,该处设备开启完成后,按照设定的程序开启下一处设备。

(6)若某一处的出入口卷帘门或电扶梯,当日计划不开启或发生故障无法开启,经确认后,按照设定的程序开启下一处设备。

(7)BAS 控制电梯升降至出入口层。

(8)BAS 控制开启公共区照明正常运行模式、公共区通风空调正常运行模式等。

(9)PA 自动播放开站广播。

(10)PIS 开启并显示乘客导向信息。

(11)AFC系统由待机模式切换为正常工作模式。

3. 功能分配

1)综合监控系统

(1)应具备轨道车和运营列车到来提前提醒功能,提前时间可配置。

(2)应具备一键开启车站功能。

(3)应能向PA发送自动触发广播的指令,向IMS发送视频联动调看指令。

(4)车站值班员可通过ISCS工作站监控FAS、BAS、IMS、PA、PIS、AFC、ACS等设备。

2)通信系统

(1)PA系统应能接收ISCS的指令,自动触发站台层内预录的广播。

(2)IMS应能接收ISCS的联动调看指令,将站台门、电扶梯和出入口卷帘区域的图像推送至车控室的IMS显示终端。

(3)PIS应能接收ISCS的指令,开启并显示乘客导向信息。

3)站台门系统

应能接收ISCS的指令,进行站台门开门和关门测试,并将测试结果反馈至ISCS。

4)动力照明与配电系统

应具备按模式分组开启、关闭功能。

5)AFC系统、电扶梯、电梯系统、出入口卷帘

(1)应能接收ISCS的指令, AFC系统由待机模式切换为正常工作模式。

(2)应能接收ISCS的指令,执行相应设备的开启。

4. 异常处理及注意事项

(1)当存在影响车站运营的重大问题时,通过专用电话及时向行调报告。

(2)根据正线运行计划,本站今日全部跳停,应向公众告知本站今日不开放。

3.1.8 列车出库

1. 场景描述

列车唤醒成功后,完成车次信息的初始化,进入“待命”工况,根据出库计划由信号ATS系统自动或由车场人员人工远程打开车库门,信号ATS系统自动办理停车列检库至出场信号机处的进路,出库前鸣笛(根据需要),列车以“车场运行”的工况越过出场信号机,运行至转换轨。

2. 基本流程

(1)信号ATS系统确认列车唤醒成功后,为列车分配车次号或目的地号。

(2)根据出库计划由信号ATS系统自动或由车场人员人工远程打开车库门。

(3)若库门打开存在问题,综合监控系统联动IMS将问题库门的图像推送至行车调度

员的 IMS 显示终端。

(4)信号 ATS 系统根据出库计划自动触发进路或由人工为列车办理出库进路,自动激活列车对应运行控制端。

(5)信号 CI 系统收到办理出库进路命令后,办理出库进路,检查车库门打开、SPKS 未被激活等联锁条件,条件满足后,开放出库信号。

(6)信号 ATS 系统向“待命”出库列车下发“车场运行”工况。

(7)列车获得移动授权,信号 ATS 系统控制车辆鸣笛(根据需要),启动列车,监控列车分别按停车列检库内限速、车场内限速运行至转换轨。

3. 功能分配

1)车辆

(1)应能根据信号 ATS 系统指令鸣笛(时间 2 s,参考)。

(2)应能执行信号 ATS 系统工况指令。

(3)接收信号车载设备的运行指令,并执行相应动作。

2)信号系统

(1)应能自动为列车分配车次号或目的地号。

(2)具备自动触发打开停车列检库库门的功能,库门故障或未在规定时间内动作到位时,信号 ATS 系统应能进行报警,且将问题库门信息转发至 ISCS。

(3)行调工作站具备显示停车列检库库门状态(打开且锁闭、关闭且锁闭)、故障信息、旁路信息、控制模式信息的功能。

(4)应能自动触发、办理出库进路,自动激活列车对应运行控制端,向列车下发工况指令。

(5)应能以 FAM 模式自动发车和运行,并监控列车在不同区域的运行速度。

3)综合监控系统

依据接收到的问题库门信息,ISCS 应能联动 IMS 将相应库门的图像推送至行车调度员的 IMS 显示终端。

4)通信系统

接收并执行 ISCS 视频联动指令,将问题库门的图像推送至行车调度员的 IMS 显示终端。

5)车库门

(1)具备安全完整性 SL2 级认证。

(2)应能将车库门状态(打开且锁闭、关闭且锁闭)、故障信息、旁路信息、控制模式信息发送至信号系统。

(3)具备远程自动、远程人工、本地人工控制模式。

(4)具备人工旁路库门状态的功能。

(5)库门故障或未在规定时间内动作到位时,应能报警,并将故障信息发送至信号系统。

(6)车场库门设备与信号 ATS 系统在车场信号设备室存在接口。

4. 异常处理及注意事项

(1)当日出库计划下发出现异常时,车场调度员可人工手动重新下载出库计划。

(2)若发车状态与出库计划发生偏移,行调可人工干预调整。

3.1.9 列车进入正线

1. 场景描述

根据正线运行计划,列车由转换轨或正线休眠区自动进入正线运行。

2. 基本流程

(1)信号 ATS 系统自动为运行至转换轨的出库列车或正线休眠区已唤醒列车匹配正线运行计划,自动为正线休眠区列车分配车次号。

(2)信号 ATS 系统根据正线运行计划自动为列车办理进入车站的进路,转换轨列车不停车运行,正线休眠区列车自动发车。

(3)信号 ATS 系统自动向将进入正线服务的列车下发“正线运行”工况指令。

(4)列车接收工况指令后自动开启空调、照明、PIS 等服务设施,空调控制分为冷暖和自动模式,照明有感光控制等。

(5)列车自动进站。

3. 功能分配

1)车辆

应能将车辆调所需信息实时传送至信号 ATS 系统。

2)信号系统

(1)应设置车辆调度工作站,能显示列车 TCMS 发送的实时信息。

(2)应能显示列车驾驶模式、运行状态、早晚点等运行信息。

(3)应能根据正线运行计划自动控制列车以不同速度模式运行。

(4)应向 ISCS 发送列车运行状态信息。

(5)应能显示接触网供电分区供电状态。

(6)应能自动为运行至转换轨的出库列车或正线休眠区已唤醒列车匹配正线运行计划,自动为正线休眠区列车分配车次号。

(7)应能自动向将进入正线服务的列车下发“正线运行”工况指令。

(8)应能以 FAM 模式运行列车。

(9)应能接收站台门发送的状态信息。

3)综合监控系统

(1)应能接收信号系统发送的列车运行状态信息。

(2)应能将接触网供电分区供电状态发送至信号系统。

4)站台门

应能向信号系统发送站台门的状态信息。

4. 异常处理及注意事项

(1)行车调度员应确认车次号正确,否则需人工为列车分配车次号。

(2)车辆调度员应确认列车在执行“正线运行”工况,否则需人工处理。

3.1.10 列车区间运行

1. 场景描述

列车在 FAM 模式下,从正线某一站自动运行至下一站。

2. 基本流程

(1)列车根据正线运行计划自动运行,行车调度员通过行调工作站对全线列车的运行情况进行监视。

(2)信号车载设备自动触发车载 PA 和 PIS 自动播报预到站和到站信息。

(3)信号 ATS 系统应触发站台广播,联动站台 PIS 显示预到站和到站信息。

(4)当 CBTC 列车在区间停靠超过 4 min(参考),非 CBTC 列车在区间停靠超过 5 min(参考),信号 ATS 系统向 ISCS 发送阻塞信息,行调工作站界面弹窗报警,环调工作站界面弹窗提示,环调确认要执行的模式信息。

(5)经环调确认后,ISCS 将会自动触发列车阻塞模式。

(6)根据需要可由乘客调通过乘客调工作站,向指定列车人工下发 PA 和 PIS 信息,以安抚乘客。

3. 功能分配

1)车辆

(1)具备接收乘客调、行调、环调向列车进行人工广播的功能。

(2)具备紧急对讲或可视对讲的功能。

(3)根据 VOBC 的触发,进行车载广播和显示,播报次数可定义。

(4)具备 OCC 调度调看列车实时视频画面的功能。

2)信号系统

(1)VOBC 应能触发车载广播和显示信息。

(2)信号 ATS 系统应能触发站台广播,联动站台 PIS 显示信息。

(3)应能向 ISCS 发送阻塞信息。

(4)具备区间停车弹窗报警功能。

3)综合监控系统

(1)应设置乘客调度工作站,具备对全部列车或指定列车进行人工广播与发布乘客紧急文本信息的功能。

(2)当接收到信号系统发送的阻塞信息时,具备弹窗提示,经确认后触发列车阻塞模式。

(3)应能通过IMS调看列车的实时视频画面。

4)通信系统

(1)根据VOBC触发信息,车载PIS进行显示和播报,播报次数可定义。

(2)应能接收信号ATS系统发送的信息,触发站台广播和站台PIS显示信息。

(3)具备乘客调、环调向列车发送紧急文本信息的功能。

(4)应能通过无线调度台与车载台实现对车内乘客广播和紧急对讲。

(5)应具备通过通信PIS提供的通道,实现视频可视的功能。

(6)IMS应具备接收并执行ISCS视频联动的功能。

(7)具备响应ISCS指令调看列车实时视频画面的功能。

4. 异常情况及注意事项

(1)当列车实际运行时间与正线运行计划时间发生偏离时,在列车到站时,信号系统根据列车偏离值和正线运行计划,自动调整列车在下一个站间的运行等级,自动缩短或延长列车的停站时间,以使列车实际运行时间尽可能地接近运行计划。

(2)当列车早/晚点时间超出限定值时,信号系统不对列车运行时间进行自动调整,此时需要人工对正线运行计划进行调整。

(3)当列车收不到工况有效位时,空调、照明维持上一工况。

3.1.11 列车进站

1. 场景描述

列车进站前,站台和列车分别进行进站信息广播,列车自动对位停车。若准确对位停车,进行自动开门作业;若首次对位停车失败,列车自动以缓慢跳跃方式重新对位停车。

2. 基本流程

(1)满足以下条件后允许FAM/CAM列车进站停车:

①列车运行目标点已授权至列车在站台区的精确对标停车点。

②信号系统收到站台门关门且锁闭信息。

③对应侧站台紧急关闭按钮未按下。

④对应侧SPKS开关处于非防护位。

(2)列车进站前,列车和站台分别进行进站信息广播。

①车载PIS/PA播放列车进站信息,包括到站名称、开门侧、换乘线路等。

②站台 PIS/PA 播放列车进站信息。

(3)进站后,列车自动对位停车。

①列车进站停车,在停车窗内停稳后,VOBC 向 ATS 发送停稳信息,ATS 显示停稳状态并触发车载和站台 PIS/PA 进行到站信息广播。

②若列车进站停车欠标超过 5 m,VOBC 控制列车继续运行对位停车。

③若列车进站停车欠标未超过 5 m,VOBC 向 ATS 发送未停稳信息,行调工作站界面报警,ATS 发送跳跃指令,VOBC 控制列车向前自动调整对标。

④列车进站过标 1 m 自动施加紧急制动,停车后未超过 5 m,VOBC 向 ATS 发送未停稳信息,行调工作站界面报警,ATS 发送跳跃指令,VOBC 控制列车向后自动调整对标。

⑤列车自动以缓慢跳跃方式重新对位停车,同一方向的跳跃最多可尝试 3 次(参考),3 次未能对位后,VOBC 将不再允许跳跃,控制列车紧急制动不缓解,行调工作站界面报警,由行调确认是否运行到下一站,或者安排多职能人员登车人工处理(手动对位或运行至下一站)。

⑥列车进站过标 1 m 自动施加紧急制动,停车后超过 5 m,VOBC 控制列车紧急制动不缓解,不允许退行,向 ATS 发送过标 5 m 信息,行调工作站界面报警,由行调确认是否运行到下一站,或安排多职能人员登车人工处理(手动对位或运行至下一站)。

⑦以上欠标、过标或跳跃过程,根据需要由 ATS 自动触发站台 PIS/PA,触发车载 PIS/PA,ATS 将相关信息发送至 ISCS,乘客调可向列车进行语音广播,同时进行站台人工广播。

(4)列车在站台对位停车后,自动打开有效侧的车门及站台门。

(5)停站时间内,保持车门和站台门开启。

(6)停站时间结束后,自动关闭车门和站台门。

3. 功能分配

1)车辆

(1)车载 PIS/PA 应能根据信号指令进行显示和播报。

(2)应能接收 VOBC 的运行指令并执行相应动作。

(3)应具备接收 OCC 调度向列车进行人工广播的功能。

(4)应做零速冗余,实现当信号系统及制动系统任一系统故障,仍然可向车辆提供零速。

(5)应能接收 VOBC 发送的开关门指令,并配合 ATP 系统使车门和站台门保持同步开关,并一次开、关门到位。

(6)在 FAM/CAM 模式下应能自动处于“全自动开、关门”模式,不受车门模式选择开关的影响。

(7)在车门开、关门前应能通过声光报警提示车门即将打开、即将关闭。

(8)车载 PA 广播时机如下:

进站广播:在列车进站前一定时间(60 s,参考),VOBC 向 TCMS 发送触发信号,车载

PA 开始广播。

到站广播：当列车确定停稳后，VOBC 向 TCMS 发送触发信号，车载 PA 开始广播。

离站广播：在列车驶离站台一定时间（1 s/5 s，参考），VOBC 向 TCMS 发送触发信号，车载 PA 开始广播。

起点站 VOBC 仅触发离站广播，终点站 VOBC 仅触发到站广播，无人折返过程 VOBC 不触发任何广播。

2）信号系统

（1）应能触发车载和站台 PIS/PA 的显示和广播信息（预到站、到站、过标 5 m）。

（2）应能显示列车停稳、列车到站未停稳状态和报警信息。

（3）应具备欠标继续运行、欠标跳跃、过标跳跃、过标退行、过标运行到下一站的功能。

（4）当控制列车以缓慢跳跃方式对位 3 次仍未能准确对位时，应能在行调工作站界面报警，并将报警信息发送至 ISCS。

（5）应能在列车停稳后，自动发送有效侧站台的站台门和对应车门的开门指令，并实现站台门和车门同步开关。

（6）应能显示站台门和车门的开关门状态。

（7）站台最小停站时间可以配置。

（8）设置开、关门联动按钮和清客确认按钮，集成于站台控制盘中。

3）综合监控系统

（1）应能接收信号系统发送的列车运行状态信息。

（2）应能接收站台门发送的状态及告警信息。

（3）应具备通过 IMS 调看站台和列车的实时视频画面。

4）通信系统

（1）应能接收信号 ATS 系统发送的信息，触发站台广播和站台 PIS 显示信息。

（2）车载 PIS 应根据 TCMS 指令进行显示。

5）站台门

（1）应能向信号系统发送门状态及对位隔离信息。

（2）应能向 ISCS 发送门状态及告警信息。

（3）应具备站台门与车门的对位隔离功能及提示功能（蜂鸣、语音或画面提示可选）。

（4）应具备开启、关闭过程中输出声光报警功能。

（5）应能配合信号和车辆实现站台门和车门同步开关，并一次开、关门到位。

（6）应能根据信号系统指令执行开、关门操作，在无法接收到信号系统指令时，应能根据设置在站台的控制盘指令或车控室内 IBP 盘指令执行开关门操作。

（7）应设置站台控制盘，并集成信号开、关门联动按钮和清客确认按钮。

（8）应设置站台门间隙探测装置，应能对车门与站台门的间隙进行障碍物探测，具有障碍物探测报警及旁路功能。

(9)应能执行信号再开关门指令。

(10)站台门的应急门应合理设置,当列车对位不准时,可通过打开应急门和其对应的车门,使乘客下车。

4. 异常情况及注意事项

(1)列车以 AM、CM、RM 模式运行过程中,若方向手柄回零位,列车立即实施紧急制动。

(2)FAM 模式运行过程中(非零速),处于非跳跃状态时,信号输出方向向前,车辆应锁定方向向前;处于跳跃模式下,车辆采用信号输出的方向。

(3)进站条件检查不满足,列车将在站外停车,如紧急关闭按钮电路短路且无法恢复。

(4)行调、环调和车站工作人员应通过工作站监控列车和站台门关门情况,有故障告警时及时处理。

3.1.12 列车发车

1. 场景描述

停稳后进入发车倒计时,列车同步打开车门和站台门,乘客上下车完毕,列车同步关闭车门和站台门,列车停站时间结束,列车从站台自动发车。

2. 基本流程

(1)列车停稳后,发车倒计时开始算起,列车同步打开车门和站台门,乘客上下车完毕,列车同步关闭车门和站台门,依据正线运行计划,列车停站时间结束。

(2)发车时间到且满足如下条件后,列车自动发车:

①进路开放。

②车门及站台门关闭且锁闭。

③紧急关闭按钮未被按下。

④SPKS 人员防护开关未被激活。

⑤无扣车操作。

(3)车载 PIS/PA 播放列车离站信息。

3. 功能分配(信号系统)

(1)车载信号人机界面应能显示发车倒计时信息。

(2)应能根据正线运行计划自动排列列车发车进路并开放信号。

(3)当进路已建立,因上述条件关闭而取消授权,条件恢复后,应能进行信号重开操作,超过 3 次后报警需人工介入。

4. 异常处理及注意事项

(1)车门或站台门因故不能关闭时,列车不能发车,行调应通知车站人员现场检查和处理;当车门或站台门故障消除后,须经人工确认才能发车。

(2)行调或车站工作人员可根据需要调整列车运行,如扣车或提前发车。

(3)当行调取消了FAM模式授权,列车停站不发车,等待多职能人员上车。

3.1.13 列车站前折返

1. 场景描述

根据正线运行计划,列车在车站某一侧站台进行上下客作业,并完成控制端转换和匹配新的车次号,适时关闭车门自动发车。

2. 基本流程

(1)列车进站前播放终点站广播。

(2)列车进站停稳后,同步打开车门和站台门,触发到终点站PIS/PA,乘客上下车。

(3)与此同时,VOBC先后完成与ZC的注销、进行列车控制端转换、与ZC申请移动授权,并根据正线运行计划匹配新的车次号,换端期间车门和站台门应保持打开状态。

3. 功能分配

1)车辆

(1)在换端期间需保持车门打开状态。

(2)应能根据列车端部激活状态控制头尾灯。

2)信号系统

(1)应能根据正线运行计划自动触发站前折返进路。

(2)应能在站台自动转换列车控制端,且保持FAM模式及"正线运行"工况不变。

(3)应能显示车门和站台门的开门状态。

(4)应能在换端后自动匹配新的车次号。

(5)应向ISCS发送列车临时运行状态信息。

3)综合监控系统

应能接收信号系统发送的列车临时运行状态信息。

4)通信系统

(1)根据VOBC触发信息,车载PIS/PA进行显示和播报。

(2)应能接收信号ATS系统发送的信息,触发站台广播和站台PIS显示信息。

5)站台门

在换端期间需保持站台门打开状态。

4. 异常处理及注意事项

(1)列车处于站台折返轨,根据正线运行计划已办理了通过进路,由于运营调整,要求列车折返时,需要远程人工换端、取消进路以及排列新的进路,并通过车站 PA 和车辆 PA 人工广播通知乘客。

(2)列车处于站台折返轨,根据正线运行计划已办理了折返进路,由于运营调整,要求列车前行时,需要远程人工干预换端、取消进路以及排列新的进路,并通过车站 PA 和车辆 PA 人工广播通知乘客。

3.1.14 列车站后折返

1. 场景描述

根据正线运行计划,在折返站触发清客 PA/PIS,列车下客完毕,自动运行至折返轨,完成控制端转换和匹配新的车次号,又自动运行至站台。

2. 基本流程

(1)列车进站前播放终点站广播。

(2)列车进站停稳后,触发清客 PA/PIS,同步打开车门和站台门,乘客下车。

(3)ATS 为列车排列进折返线的进路,对于具备多种折返进路的情况,根据折返优先模式自动选择折返进路。

(4)列车下客完毕,车站工作人员按下清客确认按钮,发车时间到且发车条件满足后,列车进入折返线。

(5)在折返线停车后,VOBC 先后完成与 ZC 的注销、进行列车控制端转换、与 ZC 申请移动授权,并根据正线运行计划匹配新的车次号,换端期间车门应保持关闭且锁闭状态。

(6)发车条件满足后,列车自动运行至站台。

3. 功能分配

1)车辆

(1)在换端期间需保持车门关闭且锁闭状态。

(2)应能根据列车端部激活状态控制头尾灯。

2)信号系统

(1)应能根据正线运行计划自动触发站后折返进路。

(2)应能根据折返优先模式自动选择折返进路。

(3)应能在折返线自动转换列车控制端,且保持 FAM 模式及“正线运行”工况不变。

(4)应能在换端后自动匹配新的车次号。

(5)应向 ISCS 发送列车临时运行状态信息。

3)综合监控系统

应能接收信号系统发送的列车临时运行状态信息。

4)通信系统

(1)根据 VOBC 触发信息,车载 PIS/PA 进行显示和播报。

(2)应能接收信号 ATS 系统发送的信息,触发站台广播和站台 PIS 显示信息。

4. 异常处理及注意事项

(1)为避免列车牵引系统长时间带电导致内部器件寿命减少,列车在存车线存放超过 2 h(参考)且牵引系统未收到方向指令时,车辆短接接触器会自动断开。短接接触器断开后,若牵引系统收到牵引指令,列车需 8 s(参考)才能响应。

(2)基于上述考虑方式,在 AM 和 FAM 模式下,车辆通过 MVB 接口向 VOBC 发送短接接触器状态,VOBC 若检测到断开状态,则先给出牵引指令,8 s(参考)后再给出牵引力。

(3)为防止通信中断影响行车,VOBC 未获得短接接触器断开状态时,认为短接接触器闭合。

(4)若短接接触器不能闭合,需要人工上车处理。

(5)在 CM、RM 模式下,司机将手柄推到牵引状态,需等待 8 s(参考),列车才会加速。

3.1.15 列车清客

1. 场景描述

根据正线运行计划或调度指令,列车在终点站、站后折返站或临时指定站,到达站台并对位停车,联动打开车门及站台门,自动触发车载清客广播并联动车载 PIS 提示乘客下车,联动触发站台 PA 和 PIS 提示乘客不能上车。由站台上设置清客按钮的车站工作人员或 OCC 行调进行清客确认操作。

2. 基本流程

(1)终点站回场列车清客作业

①根据正线运行计划或调度指令,列车在终点站停车后,ATS 向列车发送“清客”指令,并自动设置扣车,列车保持车门打开直到清客完成。

②车辆 TCMS 接收到“清客”指令后,自动触发车载清客广播,同时联动车载 PIS 提示乘客下车。

③ATS 向通信系统发送“清客”指令,联动触发站台 PA 和 PIS 提示乘客不能上车。

④车站工作人员协助清客完成后,在站台打开 PSL 箱按压“站台关门联动”按钮。

⑤车门和站台门关闭。

⑥车站工作人员按压“清客确认”按钮,或由 OCC 行调在行调工作站上进行“清客确认”。

⑦ATS 在收到“清客确认”信息后,取消自动扣车。

⑧列车驶离清客站台，工况由“正线运行”变为“退出正线服务”。

(2)站后折返站清客作业

①根据正线运行计划或调度指令，列车在可以进行站后折返的车站停车，ATS向列车发送“清客”指令，并自动设置扣车，列车保持车门打开直到清客完成。

②车辆TCMS接收到“清客”指令后，自动触发车载清客广播，同时联动车载PIS提示乘客下车。

③ATS向通信系统发送“清客”指令，联动触发站台PA和PIS提示乘客不能上车。

④车站工作人员协助清客完成后，在站台打开PSL箱按压“站台关门联动”按钮。

⑤车门和站台门关闭。

⑥车站工作人员按压“清客确认”按钮，或由OCC行调在行调工作站上进行“清客确认”。

⑦ATS在收到“清客确认”信息后，取消自动扣车。

⑧列车执行站后折返作业，工况保持“正线运行”不变。

(3)临时清客作业

①在某些情况下，OCC行调决定对列车进行临时清客，行调人工设置列车站台清客。

②当临时下线列车到达设置站台后，ATS向列车发送“清客”指令，并自动设置扣车，列车保持车门打开直到清客完成。

③车辆TCMS接收到“清客”指令后，自动触发车载清客广播，同时联动车载PIS提示乘客下车。

④ATS向通信系统发送“清客”指令，联动触发站台PA和PIS提示乘客不能上车。

⑤车站工作人员协助清客完成后，在站台打开PSL箱按压“站台关门联动”按钮。

⑥车门和站台门关闭。

⑦车站工作人员向行调汇报清客状态。

⑧由OCC行调在行调工作站上进行“清客确认”。

⑨ATS在收到“清客确认”信息后，取消自动扣车。

⑩列车按新的目的地号运行回场或进入正线休眠区。

⑪行调人工设置“退出正线服务”工况以及更新正线运行计划。

3. 功能分配

1)车辆

(1)应能接收ATS发送的“清客”指令，并触发车载清客广播和PIS。

(2)当列车没有收到新的工况指令时，维持上一工况。

2)信号系统

(1)应能根据正线运行计划或调度指令，在大交路折返站自动按站台设置清客，在小交路折返站自动按列车设置清客。

(2)应能向TCMS和通信系统发送“清客”指令。

(3)应能根据正线运行计划或调度指令,执行自动扣车、保持车门和站台门打开等“清客”操作。

(4)应能接收“清客确认”信息,并取消自动扣车。

(5)OCC 行调工作站应具备“清客确认”功能。

(6)行调工作站界面应能显示相应站台的清客状态。

(7)“清客确认”被触发,发车时间到且发车条件满足后,列车自动发车运行至计划目的地。

(8)ATS 应具备在任意站台设置列车清客的功能,并在清客列车到达清客站台后保持车门与站台门打开。

(9)收到“清客确认”后,ATS 向回场或进入正线休眠区列车发送“退出正线服务”工况指令,不会向继续运行列车发送工况更改指令。

(10)应能向 ISCS 发送“清客”信息。

3)综合监控系统

应能接收 ATS 发送的“清客”信息。

4)通信系统

应能接收 ATS 发送的“清客”指令,联动触发站台 PA 和 PIS 提示乘客不能上车。

4. 异常处理及注意事项

(1)若清客按钮电路发生故障,由 OCC 行调在行调工作站上进行“清客确认”。

(2)车门和站台门关门、清客确认后,若发现有乘客未下车等异常情况,车站工作人员可按压开门联动和关门联动按钮再次打开、关闭车门和站台门,无需再次进行清客确认。

(3)车门和站台门关门、清客确认、列车发车后,若发现有乘客未下车等异常情况,可由车站工作人员向行调汇报进行解决。

(4)当临时清客设置后,行调决定取消临时清客,可通过行调工作站进行取消设置。

(5)行调可以临时取消站后折返站的清客功能。设置成功后,当运营列车到达相应站台时,ATS 不向该列车发送“清客”指令,列车正常开关门作业。

3.1.16 运营调整

1. 扣车

1)场景描述

行调对指定站台设置扣车作业,车站工作人员对车站实施扣车或在特定条件下自动对列车进行扣车。

2)基本流程

(1)行调对列车实施扣车

①行调在行调工作站上设置扣车,可一次实现全线或多个车站的上/下行的扣车/取消

扣车。

②需被扣列车运行至扣车站台并停准后,打开车门和站台门不关闭。

③车载 PA/PIS、站台 PA/PIS 被自动触发播放和显示相应内容。

(2)车站工作人员实施扣车

①车站工作人员通过 IBP 盘设置扣车。

②需被扣列车运行至扣车站台并停准后,打开车门和站台门不关闭。

③车载 PA/PIS、站台 PA/PIS 被自动触发播放和显示相应内容。

(3)特定条件下的自动扣车

特定条件下的自动扣车指的是未做扣车操作,由其他相关状态引起的信号系统自动扣车,具体包括但不限于如下情况:

①区间超过最大列车数、清客、车辆告警(如乘客紧急对讲激活)、站台门打开、车辆火灾告警、车门紧急解锁装置被解锁、SPKS 激活、紧急关闭按钮激活等。

②需被扣列车运行至扣车站台并停准后,打开车门和站台门不关闭。

③车载 PA/PIS、站台 PA/PIS 被自动触发播放和显示相应内容。

取消扣车遵循"谁扣谁取消,自动扣车满足动车条件后可取消"的原则,取消扣车后,信号自动开放,发车条件满足后,列车自动发车。

3)功能分配

(1)车辆

①具备接收 OCC 调度向列车进行人工广播的功能。

②根据 VOBC 的触发,进行车载广播和显示。

(2)信号系统

①应能由人工对指定站台进行扣车/取消扣车,并具备批量扣车/取消扣车功能。

②应能在特定条件下自动对列车进行扣车,满足动车条件后可自动取消扣车。

③应能在行调工作站及车辆 DMI 界面上显示扣车状态。

④应能给车辆发送扣车信息。

⑤VOBC 应能触发车载广播和显示信息。

⑥信号 ATS 系统应能触发站台广播,联动站台 PIS 显示信息。

⑦应能向 ISCS 发送扣车信息。

(3)综合监控系统

①应具备接收信号 ATS 系统发送的扣车信息。

②应具备对全部列车或指定列车进行人工广播与发布乘客紧急文本信息的功能。

(4)通信系统

①根据 VOBC 触发信息,车载 PIS 进行显示和播报。

②应能接收信号 ATS 系统发送的信息,触发站台广播和站台 PIS 显示信息。

③具备乘客调、环调向列车发送紧急文本信息的功能。

(5)站台门

扣车操作后，列车在站台停准，列车车门和站台门一直处于打开状态。扣车指令取消后，自动关闭车门和站台门并准备发车。

4)异常处理及注意事项

(1)行调或车站工作人员对指定站台设置扣车时，应在列车未到达站台时预先设置扣车或在站台停站时设置扣车。

(2)正线与车场间转换轨需具备扣车功能，在该处列车停稳后，打开车门不关闭；取消扣车后，自动关闭车门，满足动车条件后自动发车。

2. 跳停

1)场景描述

当列车有越行车站作业需求时，行调可通过行调工作站设置跳停指令，列车和车站进行跳停信息播报。跳停作业分为以下 2 种情况：

(1)单一列车在指定车站执行跳停作业。

(2)多列车在指定车站执行跳停作业。

2)基本流程

(1)行调在行调工作站上对指定站台或列车设置跳停。

(2)列车收到跳停指令后执行跳停，并触发车载广播和 PIS 显示、不发送跳停站的车载到站广播和 PIS 显示。

(3)ATS 同时将跳停信息发送至通信系统，联动 PIS/PA 系统，给出相应的跳停信息。

(4)列车执行跳停作业。

3)功能分配

(1)信号系统

①应能对列车或站台设置、取消跳停。

②行调工作站上的跳停列车或跳停车站的相应侧站台应有跳停显示。

③应能向 ISCS 发送跳停信息。

(2)综合监控系统

应能接收信号系统发送的列车跳停信息。

4)异常处理及注意事项

行调需在列车进站前提前设置跳停。

3. 提前发车

1)场景描述

常用于晚点列车，为了使其实际运行时刻更贴近于正线运行计划，行调使列车相对于正线运行计划的发车时间提前发车。

2)基本流程

(1)行调在行调工作站上设置提前发车。

(2)ATS 控制站台发车计时器(非必要)立即清零。

(3)其他流程同“列车发车”。

3)功能分配(信号系统)

(1)应能人工指定停放在某一站台的列车执行提前发车。

(2)设置提前发车后,DMI 应显示发车状态(倒计时清零)。

(3)站台发车计时器(非必要)立即清零。

(4)其他功能同“列车发车”。

4)异常处理及注意事项

在未办理扣车和封锁的情况下,方能办理提前发车,否则系统会弹出相应的错误提示。

4. 临时限速

1)场景描述

行调可根据线路条件状态及其他需要限制列车运行速度的情况,在行调工作站上对相应的区域设置临时限速指令。

2)基本流程

(1)行调对需要设置临时限速的区域通过行调工作站设置临时限速。

(2)列车在限速区域以不超过所设置的限制速度运行。

(3)行调可通过行调工作站取消相应区域的临时限速。

3)功能分配(信号系统)

应能为正线和车场所有区域设置和取消临时限速。

5. 列车加开

1)场景描述

根据运营需求,人工安排库内或正线存车线上的备用列车进入正线运行。

2)基本流程

(1)行调人工远程唤醒库内或正线存车线上的备用列车。

(2)车载设备上电自检成功后进行联合测试,联合测试通过后列车具备全自动运行能力。

(3)信号 ATS 系统向唤醒成功的列车下发“待命”工况。

(4)行调通过行调工作站向处于“待命”工况下的列车下发运行计划。

(5)列车执行出库/出存车线、进入正线作业。

3)功能分配(信号系统)

应能人工设置车次号及工况。

6. 列车退出正线

1)场景描述

当列车由于运行调整、运营任务完成、部分设备发生故障,需要退出正线,包括不限于以下情况:

(1)运行调整,行调取消该车的正线运行计划车次号,设置该车为非计划车,让该车退出正线运行。

(2)运营任务完成,列车根据正线运行计划自动退出正线服务。

(3)列车部分设备发生故障,致使列车不得不退出正线运营,是上述"(1)运行调整"的原因之一。

2)基本流程

(1)列车根据正线运行计划自动退出正线运行,或行调将需要退出正线运行的列车设置为非计划车。

(2)ATS 系统向列车发送"退出正线服务"工况指令,列车收到工况指令后,执行空调、照明等控制命令。

(3)列车根据正线运行计划或 OCC 下发的目的地号自动运行至车场转换轨或正线休眠区(存车线)。

3)功能分配(信号系统)

应能通过 ATS 系统将计划列车调整为非计划列车,应能使列车根据调整后的目的地号自动运行至车场转换轨或正线休眠区(存车线)。

7. 正线运行计划变更

1)场景描述

根据运营需求,行调可自主或根据信号系统提示(如阻塞等)调整列车正线运行计划。

2)基本流程

(1)根据运营需求或信号系统提示(如阻塞等),行调调整正线运行计划(如变更交路)。

(2)行调对变更交路列车重新分配交路号或目的地号。

(3)列车执行新的正线运行计划。

3)功能分配

(1)信号系统

①应能通过 ATS 调整正线运行计划。

②应具备人工变更列车车次号、目的地号的功能,并能将该车显示为非计划车。

③应能向 ISCS 发送正线运行计划变更信息。

(2)综合监控系统

应能接收 ATS 系统发送的正线运行计划变更信息。

4)异常情况及注意事项

若变更的正线运行计划涉及末班车时间调整,则调整当日车站和车场的停运时间表。

3.1.17 入库计划编制

1. 场景描述

利用DCC车场派班工作站,车场调度员根据正线运行计划、车辆停放位置信息等,编制入库计划,并在每日开始运营之前(60 min,参考)发送至正线行调工作站、车场现地工作站和综合监控系统。

2. 基本流程

车场调度员根据当日正线运行计划、运营调整情况、车场股道占用情况、车辆检修计划和清洗计划等,通过车场派班工作站编制入库计划,并将计划发送至正线行调工作站、车场现地工作站和综合监控系统。

3. 功能分配

1)信号系统

(1)车场派班工作站应能综合正线运行计划、运营调整情况、车场股道占用情况、车辆检修计划和清洗计划等,经确认后,生成当日入库计划,并允许人工修改。

(2)入库计划应具有列车车组号、实际股道位置、车次号、入库时间等信息,可导出、打印。

(3)车场派班工作站应能将当日入库计划发送至正线行调工作站、车场现地工作站和综合监控系统。

2)综合监控系统

应能接收信号系统发送的入库计划。

4. 异常处理及注意事项

(1)入库计划编制并加载与出库计划同步完成,出库计划调整时,入库计划需同步调整。

(2)对于两列位以上停车列检线,列车入库时间应与停放顺序相匹配。

(3)编制回库计划时除考虑接车效率、作业难度外,还应遵循的主要原则是"尽量减少回库后列车的调车作业量"。

(4)针对临时的运营入库调整,车场调度员应结合入库计划,人工办理入库进路。(与行调、车场办理调车进路人员的关系)

3.1.18 列车入库

1. 场景描述

运行至转换轨处的列车,根据入库计划以"车场运行"工况运行至停车列检库指定股道停车。

2. 基本流程

(1)按照入库计划自动或人工为停止正线服务列车设置入库目的地号,自动触发或人工排列至库线的列车进路。

(2)CI在接收到回库进路办理请求后,检查库门打开、SPKS未被激活等联锁条件满足后,开放入场信号。

(3)信号ATS系统向车辆发送"车场运行"工况指令,由车辆控制空调、照明等。

(4)列车获得移动授权,信号ATS系统控制车辆鸣笛(根据需要),监控列车分别按车场内限速、停车列检库内限速运行至停车股道。

(5)列车完全进入停车列检库指定股道停准后,自动进入"待命"工况,并删除车次号。

(6)在所有计划入库列车进入库线后,行调工作站提示是否关闭库门,行调确认后,ATS向库门发送库门关闭指令,库门自动关闭或由车场工作人员远程关闭库门。

3. 功能分配(信号系统)

(1)应在转换轨向入场列车下发入库计划信息。

(2)应能根据入库计划安排列车运行至停车列检库指定股道。

4. 异常处理及注意事项

(1)当列车以蠕动模式运行回库,车辆无法响应鸣笛指令,车场调应进行人工广播。

(2)当库内SPKS开关处于防护位时,列车应紧急制动,SPKS开关恢复后,列车自动回库。

3.1.19 末班车运行

1. 场景描述

在末班车到达车站前,车站PA和PIS应根据综合监控系统预定义时间表,提前告知乘客该趟列车为末班车,显示末班车时间信息,联动或人工提前关闭入站闸机。

2. 基本流程

(1)在本站上、下行末班车到达前,车站PA和PIS自动播放相应末班车广播和乘客信息显示。

(2)综合监控系统联动AFC闸机自动或人工提前关闭入站闸机。

3. 功能分配

1)信号系统

(1)应能向列车发送末班车信息。

(2)应能向车站PA和PIS发送末班车信息。

2)综合监控系统

应能根据综合监控系统定时广播提前触发 PA 和 PIS 播放末班车信息。

3)通信系统

应能播放和显示末班车信息。

4. 异常处理及注意事项

车站工作人员应进行清场巡视避免造成乘客滞留车站。

3.1.20 车站关闭

1. 场景描述

根据正线运行计划，在本站运营结束后 10 min(参考)，综合监控工作站界面弹出关站确认提示，经车站值班员确认后，自动关闭的系统和设备有出入口卷帘门、电扶梯、电梯、照明、通风空调、PIS 、AFC 等，确认系统设备工作状态正常的有 FAS、BAS、IMS 等。

2. 基本流程

(1)根据正线运行计划，在本站运营结束后 10 min(参考)，综合监控工作站界面弹出关站确认提示。

(2)车站值班员点击确认后，各机电系统设备进入关闭工作模式。

(3)PA 自动播放关站广播。

(4)PIS 显示屏关闭。

(5)BAS 控制关闭公共区照明正常运行模式、公共区通风空调正常运行模式等。

(6)AFC 由正常工作模式切换为待机模式。

(7)BAS 按照顺序分组关闭出入口卷帘门、电扶梯，关闭每处设备前，联动监视对应设备处的 IMS，将该区域图像推送至车控室 IMS 显示终端，并在 ISCS 工作站界面弹出该处设备关闭确认提示，该处设备关闭完成后，按照设定的程序关闭下一处设备。

(8)若某一处的出入口卷帘门或电扶梯当日未开启，经确认后，按照设定的程序关闭下一处设备。

(9)BAS 控制电梯升降至站厅层。

3. 功能分配

1)综合监控系统

(1)应具备一键关闭车站功能。

(2)应能向 PA 发送自动触发广播的指令，向 IMS 发送视频联动调看指令。

(3)车站值班员可通过 ISCS 工作站监控 FAS、BAS、IMS、PA、PIS、AFC、ACS 等设备。

2)通信系统

(1)PA 系统应能接收 ISCS 的指令，自动触发预录关站的广播。

(2)IMS 应能接收 ISCS 的联动调看指令,将车站公共区域的图像推送至车控室的 IMS 显示终端。

(3)PIS 应能接收 ISCS 的指令,关闭显示屏。

3)动力照明与配电系统

应具备按模式分组开启、关闭功能。

4)AFC、电扶梯、电梯系统

(1)应能接收 ISCS 的指令，AFC 系统由正常工作模式切换为待机模式。

(2)应能接收 ISCS 的指令,执行相应设备的关闭。

3.1.21 列车清扫

1. 场景描述

清扫人员应在 SPKS 安全防护下对停放于停车列检库(包括周月检库)、正线存车线的指定列车进行登车清扫作业。

2. 基本流程

(1)列车完成当天运营任务回库或进入正线存车线停准后,信号 ATS 系统自动向列车发送“清扫”工况,或由车场调通过信号现地控制工作站或行调通过行调工作站人工发送,列车打开特定车门。

(2)清扫人员向车场调或车站工作人员申请办理清扫手续并领取钥匙,确认清扫列车车号及停车股道。

(3)车场调或车站工作人员向清扫人员授权,在激活 SPKS 防护后,清扫人员经指定通道刷门禁卡、登上登车平台、从特定车门进入列车进行清扫工作。

(4)清扫完成后,清扫人员原路返回。

(5)车场调或车站工作人员确认所有清扫人员均已撤出 SPKS 防护区域后,方可办理清扫销点。

(6)车场调或车站工作人员恢复 SPKS 区域防护,对清扫完成的列车设置所需工况,列车关闭对应车门。

3. 功能分配

1)车辆

应能根据信号系统发送的“清扫”工况,在不同停车区域打开特定车门,清扫完成后,在接收到其他工况后,关闭相应车门。

2)信号系统

(1)应能向处于不同停车区域的列车发送“清扫”工况和打开特定车门的指令。

(2)应具备在正线分区域 SPKS 安全防护的功能。

(3)应具备有人进入SPKS区域的显示功能。

(4)应向ISCS发送有人员进入SPKS区域的信息。

(5)应能针对SPKS安全防护的区域向ACS授予开门权限。

3)综合监控系统

(1)应在车控室设置IBP盘,提供SPKS区域防护按钮,具备操作和显示SPKS的相关功能。

(2)应能接收信号发送的有人进入SPKS区域信息,并在电调界面显示。

(3)应能接收信号系统发送的SPKS防护区域授权开门信息,并在综合监控工作站上给出开/关门状态信息。

3.1.22 日检与维修

1. 场景描述

列车回库停准后,如无调动、洗车及其他动车任务,检修调应及时与车场调办理车辆交接手续,日检工作人员应在SPKS安全防护下对指定列车进行检修作业。

2. 基本流程

1)列车内日检

(1)列车回库停准后,检修调下发检修任务,检修班组负责人向车场调申请办理车内检修手续并领取钥匙,确认检修列车车号及停车股道。

(2)车场调向检修人员授权,在激活SPKS防护后,检修人员经指定通道刷门禁卡、登上登车平台、用钥匙打开特定车门、进入列车。

(3)检修人员上车后,用钥匙打开驾驶台盖板,将检修按钮/开关打至“检修位”后进行检修工作。

(4)检修结束后,检修人员将检修按钮/开关复位,锁闭驾驶台盖板,关闭相应车门,原路返回,向检修调办理检修注销手续,与车场调办理交接手续。

(5)车场调确认所有检修人员均已撤出SPKS防护区域后,方可办理检修销点。

(6)车场调恢复SPKS区域防护,对检修完成的列车设置所需工况。

2)列车外日检

(1)列车回库停准后,日检工作人员向车场调申请办理车外检修手续,确认检修列车车号及停车股道。

(2)车场调向检修人员授权,在激活SPKS防护后,检修人员经指定通道刷门禁卡,进入相应列车外围区域检修。

(3)检修结束后,检修人员原路返回,与车场调办理交接手续。

(4)车场调确认所有检修人员均已撤出SPKS防护区域后,方可办理检修销点。

(5)车场调恢复 SPKS 区域防护,对检修完成的列车设置所需工况。

3. 功能分配

1)车辆

(1)应配置检修按钮/开关,激活/打到位后车辆进入检修工况。

(2)检修位激活后,列车故障信息不上传,不响应远程控制指令。

2)信号系统

行调和车辆调应具备显示"检修"工况状态的功能。

4. 异常处理及注意事项

(1)车内日检时,检修人员检查客室内服务设施是否齐全、牢固。建议照明开启,不断高压电。

(2)车外日检时,检修人员在车辆两侧及车底巡视,检查走行部、箱盖、风管路等。建议人工手动切断电源箱,断高压电。

(3)检修工况与清扫工况可以同步进行。

3.1.23 列车休眠

1. 场景描述

列车运行至车场停车列检库指定股道或正线存车线的休眠唤醒停车窗,具备休眠条件后,执行相应指令进入休眠状态,包含以下三种方式:

(1)远程自动休眠:信号 ATS 系统按计划自动发送休眠指令。

(2)远程人工休眠:行车调度员根据计划远程人工发送休眠指令。

(3)本地休眠:车辆调安排司机或多职能人员登车按压车辆休眠按钮。

列车休眠后,仅信号车载休眠唤醒模块和无线单元正常工作。

2. 基本流程

(1)列车自动匹配入库计划运行至停车列检库指定股道或正线存车线的休眠唤醒停车窗,在一定时间(10 min,参考)后,如无其他作业任务且处于非检修状态,信号 ATS 系统向 VOBC 发送"休眠"工况指令。

(2)VOBC 收到指令后自动撤销驾驶端方向及激活状态,向 ZC 申请休眠注销列车,对部分子系统、设备及相应的按钮(如检修按钮)状态进行自检,检查正常后向 TCMS 发送休眠指令。

(3)TCMS 接收到休眠指令后,自动降弓,延时 30 s 断开主/辅路电源设备,并向 VOBC 反馈休眠确认信息。

(4)VOBC 收到 TCMS 的休眠确认信息后,自动休眠,并向休眠唤醒模块发送休眠状态信息。

(5)休眠唤醒模块检查其与ATP/ATO的通信状态，判断休眠是否成功，并将休眠状态及时反馈至信号ATS系统。

(6)行车调度员在列车自动休眠后通过行调工作站界面确认该列车为休眠工况。

(7)若无法休眠，VOBC将相关设备状态和故障信息上报行调、车辆调和车场调工作站。

(8)若远程自动休眠不成功，车辆调也可远程人工休眠。

(9)在远程自动休眠和远程人工休眠都无效的情况下，车辆调可安排司机或多职能人员登车进行本地休眠。

(10)在休眠状态下，车辆蓄电池仅为信号车载休眠唤醒模块及无线单元供电。

3. 功能分配

1)车辆

(1)应具备可以被远程/本地休眠唤醒的功能。

(2)列车收到"休眠"工况指令后，应对部分子系统、设备及相应的按钮(如检修按钮)状态进行自检，检查正常后降弓并断开主/辅路电源设备，然后执行远程休眠。

(3)如休眠失败，则将预休眠失败信息反馈给信号系统。

(4)应配置本地人工休眠按钮。

(5)在休眠状态下，车辆蓄电池为信号车载远程休眠唤醒模块和无线单元供电。

(6)在休眠状态下，车辆应对蓄电池状态进行持续监测，并能将蓄电池是否馈电信息实时反馈给信号ATS系统，当发生蓄电池欠压时，应具备向信号ATS系统发送报警的功能。

2)信号系统

(1)应能根据回库计划或正线运行计划安排列车停至指定休眠点。

(2)列车到达休眠点后应在一定时间(10 min，参考)后自动休眠。

(3)应能根据休眠唤醒模块反馈的信息判断列车是否进入"休眠"工况。

(4)应能监控休眠情况并提供远程人工休眠操作。

(5)在休眠状态下，应能接收向休眠唤醒模块供电的蓄电池状态监测信号，当发生蓄电池欠压时，具备报警提示功能。

4. 异常处理及注意事项

(1)休眠前，若列车部分子系统及设备自检异常，系统不能进行远程自动休眠。

(2)若行调安排司机登车进行本地休眠，打开驾驶台盖板后，需用钥匙激活驾驶端，按压休眠按钮后，TCMS与VOBC各自完成休眠准备工作后休眠，并在DMI显示屏上提示司机关闭钥匙，其余流程与远程休眠相同。

(3)若列车一端的休眠唤醒模块故障或输出指令无效，则应向信号ATS系统反馈，同时通过另一端模块输出休眠指令。

(4)在同时收到远程休眠指令和司机按压休眠按钮信息时,VOBC 根据收到信息的先后执行相应的休眠方式。

(5)车场停车列检库内供电分区的所有列车休眠成功后,行调工作站界面弹出该供电分区可以断电的提示,由行调通知电调为该供电分区断电。

(6)列车在正线存车线时,休眠成功后,行调工作站界面不会弹出该供电分区可以断电的提示。

(7)列车处于休眠状态时,休眠唤醒模块检测到车辆为“检修”工况,不执行 ATS 发送的唤醒指令。

(8)对于回库后又准备出库的列车,由行调决定是否休眠。

(9)VOBC 持续运行超过 48 h(参考),则向车辆调发送超时提示;超过 96 h(参考),列车处于站台运营停车点时实施自动关断。

3.1.24 场/段转线作业计划编制与下发

1. 场景描述

根据当日场/段作业情况,场段人员编制场/段转线作业计划。

2. 基本流程

场段人员确认当日列车情况,结合当日场/段作业计划,通过信号系统编制场/段转线作业计划。

3. 功能分配(信号系统)

(1)应具备列车情况查看功能。

(2)场/段转线作业计划应具有列车车次号、实际股道位置、作业时间等信息,可导出、打印。

3.1.25 场/段转线作业

1. 场景描述

(1)根据场/段转线作业计划,使列车在场段有人区内、无人区内以及有人区与无人区之间跨区域作业。

(2)列车在场段无人区内可采用 FAM 模式自动运行,在有人区内采用人工驾驶模式。

2. 基本流程

(1)根据场/段转线作业计划自动排列进路。

(2)对于无人区内的作业,列车按照计划自动驶入指定目的地。

(3)对于有人区内的作业,司机激活驾驶台,选择非 FAM 模式位,按照计划采用人工驾驶模式(RM 或 EUM)将列车驶入指定目的地。

(4)无人区与有人区之间的跨区域作业基本流程如下：

①场段调度员向司机授权，在激活 SPKS 防护后，司机经指定车门登乘列车，并打开驾驶台盖板。

②司机通知场段调度员恢复 SPKS(将 SPKS 打至"非激活"状态)。

③列车以 FAM 模式驶入模式转换区。

④司机激活驾驶台，选择非 FAM 模式位，将驾驶模式切换至 RM 或 EUM 模式。

⑤司机按照计划人工驾驶列车驶入有人区指定目的地。

(5)有人区至无人区列车作业基本流程如下：

①司机激活驾驶台，选择非 FAM 模式位，按照计划人工驾驶列车(采用 RM 或 EUM 模式)驶入模式转换区(牵出线)。

②司机将驾驶模式切换至 FAM 模式。

③列车自动驶入无人区指定目的地。

④场段调度员激活 SPKS 防护后，通知司机下车。

⑤司机下车到达安全区域后，通知场段调度员可恢复 SPKS(将 SPKS 打至"非激活"状态)。

3. 功能分配

1)车辆

(1)具备调度员调用列车实时视频画面的功能。

(2)具备接收 DCC 调度员向列车进行人工广播的功能。

(3)具备紧急对讲的功能。

(4)接收信号车载设备的运行指令，并执行相应动作。

(5)在无人区内作业时应能执行信号下发的工况指令，自动控制空调、照明等设备。

(6)应能将车辆调所需的信息实时传送给 OCC。

(7)可通 TC 车客室第二个车门电动解锁装置打开车门。

(8)场段内列车接收信号指令自动鸣笛。

2)信号系统

(1)具备向列车发送工况指令的功能。

(2)应能人工或自动排列场段内进路。

(3)应具备安全防护措施(如 SPKS 等)。

(4)应能存储并发送场段内目的地号给列车，且能通过 ATS 工作站进行设置。

(5)场段内列车以 FAM 模式动车时发送自动鸣笛信号指令。

(6)应能显示接触网供电状态。

3)综合监控系统(PSCADA、ISCS)

(1)接收信号系统发送的列车运行状态信息。

(2)应能将接触网供电状态反馈给信号系统。

4)通信系统(专用无线、CCTV)

(1)在 OCC 无线调度台上显示无线车载台的相关状态信息。

(2)应具备通过无线调度台与车载台实现对车内广播及紧急对讲的功能。

(3)具备 ISCS 调看列车的实时视频画面的功能。

5)车库门

(1)应能将车库门状态(打开且锁闭、关闭且锁闭)、故障信息、旁路信息、车库门模式发送给信号系统。

(2)具备远程自动、远程人工、本地人工控制模式。

(3)具备人工旁路库门状态的功能。

(4)库门故障或未在规定时间内动作到位时,应能报警,并将故障信息发送给信号系统。

4. 异常处理及注意事项

(1)编制调车计划时,应考虑列车停放顺序。

(2)模式转换区按照无人区的管理要求进行管理。

3.1.26 洗车作业

1. 场景描述

洗车机控制为人工远程或现地启动洗车机,并将洗车模式选在自动位,列车根据入库计划或场段作业计划或人工设计洗车计划,自动运行至洗车线进行自动洗车。洗车机作业结束一段时间后洗车程序恢复为初始待机状态,洗车机电源可人工远程打开和关闭。

被洗列车可以先洗车后入库,也可先入库后洗车。先洗车后入库是指根据列车当天的正线运行计划,在结束当天运营下线进入车辆段/停车场时,先去洗车库洗车后入库线停车。先入库后洗车是指库内列车的洗车作业,根据场段作业计划或由场段人员人工设置洗车任务,利用空档时间进行洗车作业。

洗车过程支持全洗(包含端洗和侧洗)、仅侧洗。在自动模式时,洗车机执行全洗还是仅侧洗,需要听从信号系统指令。

2. 基本流程

(1)场段人员远程或本地人工开启洗车机,并设置洗车模式为自动模式。

(2)场段调度员编制洗车计划并录入系统或人工设置洗车任务,可根据情况设置“全洗”或“仅侧洗”任务。

(3)洗车机将洗车机状态信息发送给信号系统,信号系统自动确认洗车机状态正常开启后,列车按照洗车计划或调度员人工设置的洗车任务自动向洗车线运行。

(4)列车到达洗车库洗车前,信号系统自动或远程人工下发“洗车”工况。

(5)列车以低速 5 km/h 进行自动洗车,洗车过程可根据信号系统设置的“全洗”或“仅侧洗”任务,选择“通过洗”或“先折返后洗”或“先洗后折返”,执行不同的洗车过程。

(6)洗车结束后,列车按照洗车计划或调度员人工设置的任务运行至停车列检库,经过一段时间无新的洗车任务,洗车程序恢复到初始待机状态,人工关闭洗车机。

3. 功能分配

1)车辆

(1)具备调度员调用列车实时视频画面的功能。

(2)具备接收 DCC 调度员向列车进行人工广播的功能。

(3)具备紧急对讲的功能。

(4)接收信号车载设备的运行指令,并执行相应动作。

(5)在无人区内作业时应能执行信号下发的工况指令,自动控制空调、照明和雨刷器等设备。

(6)应能将车辆调所需的信息实时传送给 OCC。

(7)可通 TC 车客室第二个车门电动解锁装置打开车门。

(8)场段内列车以 FAM 模式动车前可响应信号系统指令进行鸣笛。

(9)能与信号联动,完成自动洗车作业。

(10)在人工洗车时能控制车辆洗车速度(低速 3 km/h 至 5 km/h)。

2)信号系统

(1)具备向列车发送工况指令的功能。

(2)应能人工或自动排列到洗车库的进路。

(3)应具备安全防护措施(如 SPKS 等)。

(4)应检查车库门状态,并自动发送开门和关门信息。

(5)应能根据洗车计划提前向场段调度提示洗车。

(6)应能与洗车设备实现联动,自动进行信息交互,完成自动全洗或仅侧洗任务。

(7)应能接收洗车机故障信息,在洗车机故障或失去与洗车机通信后,紧急停车。

(8)应控制列车低速洗车(3 km/h 至 5 km/h)。

(9)应能控制列车在端洗位置精确停车。

(10)应能显示接触网供电状态。

3)综合监控系统(PSCADA、ISCS)

(1)接收信号系统发送的列车运行状态信息。

(2)应能将接触网供电状态反馈给信号系统。

(3)接收信号系统发送的库门报警信息并联动对应的 CCTV。

4)通信系统(专用无线,CCTV)

(1)在 OCC 无线调度台上显示无线车载台的相关状态信息。

(2)具备支持ISCS调看洗车库库门的实时视频画面的功能。

5)洗车机

(1)洗车机电源可人工远程打开和关闭。

(2)检查车库门状态并纳入洗车机就绪回路。

(3)应具备全自动洗车功能,并且在全自动洗车模式下,根据信号系统给出的命令反馈对应的信息给信号系统,自动完成全洗或仅侧洗任务。

(4)应能持续给信号系统发送洗车机是否出现故障的信息,应具有自诊断功能,出现无法洗车的故障时,应立即向信号系统发送洗车机故障报警。

(5)需在洗车机控制台设置紧急停止按钮。洗车过程中,洗车机在人工按下紧急停止按钮后应停止洗车并将洗车机故障信息发送给信号系统。

6)车库门

(1)应能将车库门状态(打开且锁闭、关闭且锁闭)、故障信息、旁路信息、控制模式发送给信号系统。

(2)洗车机前、后库门统一执行信号发送的开、关门命令以及统一的状态发送,不单独发送。

(3)向洗车机系统发送车库门状态信息。

(4)具备远程自动、远程人工、本地人工控制模式。

(5)具备人工旁路库门状态的功能。

(6)库门故障或未在规定时间内动作到位时,应能报警,并将故障信息发送给信号系统。

4. 异常处理及注意事项

(1)仅在洗车机无故障后,信号系统才能为列车排列去洗车线的进路。

(2)洗车过程中,洗车机在出现故障或人工按下紧急停止按钮、向信号系统发出故障信息后,信号系统控制列车实施紧急制动。

(3)在洗车过程中,如果因故障自动洗车程序中断,则需要人工上车进行处理。

3.1.27 车场其他作业

1. 场景描述

除转线、洗车作业外,夜间车场还有工程车出入场、场内施工、车辆检修、试车、接触网检修等作业。

2. 基本流程

(1)旋修、临时登顶、扣修、试车线调试、大修、接触网施工等需要指定车辆作业位置且车辆不在合适位置的作业,都需要生成调车计划。

(2)进入正线运行时,行调为ATP工程车分配目的地号;非ATP工程车由行调排列进路。

3. 功能分配(信号系统)

应能根据收/发车计划、车辆检修计划、调试计划、施工计划等信息,自动编制合理、可执行的调车计划。

3.1.28 登车原则

1. 站台登车原则

(1)站台门如果是关闭状态,由站台工作人员操作紧急停车按钮,然后解锁单档站台门,打开站台门。

(2)工作人员通过使用钥匙打开特定客室门,通过客室门登车。

(3)工作人员登车后操作关闭车门。

(4)完成相关维护工作后,根据中心指令继续下一步工作。

(5)如需继续运行,站台工作人员取消紧停后,站务人员操作单档站台门,同时工作人员中必须有司机,司机根据轨旁信号以手动模式驾驶列车(可以选择 AM/CM/RM 模式,优选可用的最高驾驶模式)。

(6)如需清客,则中心可对列车进行清客扣车。

2. 区间登车原则

(1)如列车发生故障或因故迫停于区间时,工作人员需要登车处理。

(2)工作人员向中心行调申请停车区间对应的 SPKS 防护。

(3)中心行调授权车站值班员激活相应的 SPKS。

(4)车站值班员在 IBP 盘激活 SPKS 后,与工作人员和中心行调共同确认防护区域。

(5)工作人员从对应门禁进入区间到达停车位置。

(6)工作人员通过指定车门登车进行相关作业。

(7)工作人员登车后操作关闭车门。

(8)工作人员告知中心行调已登车并关闭车门,中心行调确认后通知车站值班员恢复 SPKS。

(9)以可操作的模式继续运行,若故障无法恢复,则尽快退出运行。

3. 场段存车区(无人区)登车原则

(1)工作人员根据任务需要登乘列车前,先到车辆基地 DCC 室登记作业内容,在获得允许后进入安全通道,从登乘平台登乘列车。

(2)调度在 DCC 按钮盘上激活 SPKS 防护后,与登乘工作人员共同确认防护区域。

(3)工作人员通过 SPKS 关联的门禁进入对应 SPKS 防护区域。

(4)工作人员通过指定车门登车进行相关作业。

(5)工作人员登车后操作关闭车门。

(6)工作人员完成相关操作后通过对应门禁离开 SPKS 防护区域。

(7)通知 DCC 调度员恢复 SPKS 的激活状态。

4. 洗车线登车原则

(1)工作人员向调度申请 SPKS 防护。

(2)调度在 DCC 按钮盘上激活 SPKS 防护后,与登乘工作人员共同确认防护区域。

(3)工作人员进入停车位置。

(4)工作人员通过指定车门登车进行相关作业。

(5)工作人员登车后操作关闭车门。

(6)工作人员完成相关操作后通过对应门禁离开 SPKS 防护区域。

(7)通知 DCC 调度员恢复 SPKS 的激活状态。

3.2 故障场景

运营场景从一开始就贯穿于项目建设全过程,最终通过技术手段(完整的功能定义)和组织管理手段(完善的运营维护规则)得以实施,所形成的场景文件、功能分配文件、接口文件等是工程设计与招标的输入。这个环节直接决定了该项目未来的运营情况,其重要性不言而喻,不能凭空想象,也不能照搬照抄。

本章节描述全自动运行系统中所涉及的降级模式,以及为了尽快恢复运营需要操作员采取的恢复措施。与正常场景相同的功能在故障场景和应急中不再赘述。

车辆故障中设备故障数量以 6 节编组为基础。具体故障后的处置方式,需要结合地铁公司的规章制度执行。

3.2.1 车辆受电弓故障

1. 场景描述

列车运行时,受电弓异常降弓,导致对应的牵引逆变器无流,丧失相应的牵引力。

2. 基本流程

(1)列车运行时,发生车辆受电弓异常降弓故障后,在控制中心调度员工作站上有报警提示。

(2)当一个受电弓降弓,列车运行至就近车站后尝试远程升弓,如无法恢复,派遣司乘人员登车本地尝试升弓处置,若本地尝试升弓失败后,由 OCC 调度组织清客,人工驾驶列车回段场。

(3)当所有受电弓异常降弓,列车惰行停车后,尝试远程升弓,如无法恢复,派遣司乘人员登车本地尝试升弓处置,若本地尝试升弓失败后,组织救援。

3. 功能分配

1)车辆

(1)具备将受电弓状态上传至控制中心。

(2)具备响应远程升降弓指令功能。

2)信号系统

(1)具备下发远程升降弓指令功能。

(2)具备显示受电弓故障信息功能。

4. 注意事项

受电弓降弓故障可能有网络故障引起 HMI 屏和远程传输显示降下,但实际仍处于升起状态,因此调度员需首先通过牵引逆变器网压显示状态或人工本地确认受电弓的实际状态。

3.2.2 车辆牵引系统故障

1. 场景描述

(1)列车运行时,单个及以上牵引逆变器严重故障,导致车辆牵引力降低,无法正常运行。

(2)列车运行时,单个及以上牵引逆变器切除故障,导致车辆牵引力降低,无法正常运行。

2. 基本流程

1)牵引逆变器严重故障

(1)列车牵引逆变器发生故障后,在控制中心调度员工作站上有报警提示。

(2)当列车尚能正常运行时,根据故障数量采用不同的处理方式:

①如果牵引逆变器故障数量为 1 个,列车运行至终点站退出运营。

②如果牵引逆变器故障数量为 2 个,则尽可能运行至下一站清客后退出运行。

③如果牵引逆变器故障数量为 3 个及以上且故障无法恢复,列车停车后无法再动车,OCC 调度调配救援列车,对故障列车进行救援。

2)牵引逆变器切除故障

(1)列车牵引逆变器切除后,在控制中心调度员工作站上有报警提示。

(2)OCC 调度对切除牵引逆变器使用远程“复位牵引系统”功能,若复位成功,则列车继续运行,若复位失败,中心 OCC 调度依据隔离数量进行相应处置。

(3)当列车尚能正常运行时,根据隔离数量,采用不同的处理方式:

①如果牵引逆变器切除数量为 1 个,列车运行至终点站退出运营。

②如果牵引逆变器切除数量为 2 个,且复位无效,则尽可能运行至下一站清客后退出运行。

③如果牵引逆变器切除数量为 3 个及以上,且复位无效,列车停车后无法再动车,OCC 调度调配救援列车,对故障列车进行救援。

3. 功能分配

1)车辆

(1)应能将牵引逆变器严重故障、切除故障信息发送至控制中心。

(2)应能执行远程“复位牵引系统”。

2)信号系统

(1)应显示牵引逆变器严重故障、切除故障告警信息。

(2)应能向车辆下发“复位牵引系统”指令。

3.2.3 车辆制动系统故障

1. 总风压力低

1)场景描述

列车运行时,由于列车总风压力低(风压阈值小于 0.6 MPa)而施加紧急制动,列车无法继续运行。

2)基本流程

(1)列车运行时,由于列车总风压力低而施加紧急制动,在控制中心调度员工作站上有报警提示。

(2)中心调度员工作站报总风压力低告警,调度员确认报警。

(3)司机上车后,检查风压表压力值,如确认风压正常,则操作总风压力低旁路,驾驶车辆运行至下一站清客后列车退出运行。

(4)如压力值无法恢复,则司机向 OCC 申请救援。

3)功能分配

(1)车辆

①应能将总风压力低故障信息发送至 OCC 调度工作站。

②总风压力值显示应可以被旁路。

(2)信号系统

应能在 OCC 调度工作站上显示总风压力低告警提示。

4)注意事项

(1)总风压力低旁路操作后应严格按照限速要求运行。

(2)具体故障后的处置方式,需要结合地铁公司的规章制度执行。

2. 空压机故障

1)场景描述

列车运行时,单台或两台空压机故障,无法维持列车的正常供风需求。

2)基本流程

(1)列车运行时,空压机发生故障,在控制中心调度员工作站上有报警提示。

(2)若为单台空压机故障,列车运行至终点站,清客后,退出运行,车辆返回车辆段进行检修。

(3)若两台空压机均故障,由 OCC 调度组织在就近站清客下线,并安排司机上车,人工驾驶列车至存车线。

(4)如因气压低导致停放制动无法缓解,则请求救援。

3)功能分配

(1)车辆

应能将空压机故障及状态信息发送至 OCC 调度工作站。

(2)信号系统

应能显示空压机故障信息。

4)注意事项

具体故障后的处置方式,需要结合地铁公司的规章制度执行。

3. 空气制动无法缓解故障

1)场景描述

列车运行时,单个转向架或多个转向架空气制动无法缓解,或制动状态监控继电器故障,列车无法建立牵引授权,车辆无法正常发车。

2)基本流程

(1)列车运行期间发生单个转向架或多个转向架制动未缓解故障,在 OCC 调度工作站上有报警提示。

(2)如单个转向架无法缓解,通过远程操作缓解故障转向架,尝试恢复故障,如故障恢复则继续运行,如无法恢复,由 OCC 调度派遣司机对列车进行处置。

(3)如真实的制动状态已缓解,司乘人员通过查看 HMI 的制动状态监控,确认制动监视回路故障,则操作旁路开关,就近退出服务。

3)功能分配

(1)车辆

①应能将制动故障及状态信息发送至 OCC 调度工作站。

②应能对制动不缓解故障的转向架执行远程强缓指令。

③制动监视回路应可以被旁路。

(2)信号系统

①应能发送单个转向架的远程复位指令。

②应能显示列车制动故障信息。

4)注意事项

(1)如因气压低(风压阈值小于 0.38 MPa)导致停放制动无法缓解,施加停放制动。

(2)车辆制动切除情况的限速推荐值由车辆评估后给出。

(3)具体故障后的处置方式,需要结合地铁公司的规章制度执行。

4. 停放制动无法缓解

1)场景描述

列车运行时,列车停放制动未缓解,列车无法继续运行。

2)基本流程

(1)列车运行时,列车发生停放制动未缓解故障,在 OCC 调度工作站上有报警提示。

(2)OCC 调度尝试远程停放制动缓解。

(3)如 OCC 尝试远程停放制动缓解不成功,则安排司乘人员登车,尝试操作停放制动缓解。

(4)如车上停放制动缓解按钮无法缓解故障转向架的停放制动,通过操作制动不缓解旁路,运行至终点站清客,退出运行。

(5)如停放制动不缓解在库内发生,场段调度安排检修作业人员上车检查进行排故作业。

3)功能分配

(1)车辆

①应能将列车停放制动故障及状态信息发送至 OCC 调度工作站。

②根据信号系统的指令进行停放制动施加/缓解。

③停放制动缓解应可以被旁路。

(2)信号系统

①应能显示列车停放制动故障信息。

②应能发送停放制动施加/缓解指令。

4)注意事项

具体故障后的处置方式,需要结合地铁公司的规章制度执行。

5. 制动无法施加

1)场景描述

列车运行时,如出现多个转向架的制动缸压力低将无法保证车辆的制动性能,车辆无法继续维持正常运营。影响 ATO 停车时,车辆需向信号系统发送故障信息。

2)基本流程

(1)列车两个及以上转向架机械制动单元故障无法正常施加制动,在 OCC 调度工作站上有报警提示,信号系统采集到该制动故障信号后施加全常用制动,OCC 调度派遣司乘人员在下一站登车处置。

(2)如列车转向架机械制动单元故障数量(待定)可满足运行至终点站,则司机手动驾驶车辆至终点站,清客后退出运营;如多个转向架机械制动单元故障需要立即清客,清客后,司机手动驾驶车辆退出运营。

3)功能分配

(1)车辆

应能将制动故障及状态信息发送至 OCC 调度工作站。

(2)信号系统

①应能显示制动故障报警信息。

②当采集到制动故障报警信号后,信号系统给车辆发送全常用制动指令。

4)注意事项

(1)对于发生制动不能施加的故障,司乘人员驾驶列车时需严格依据限定速度运行。

(2)具体故障后的处置方式,需要结合地铁公司的规章制度执行。

6. 空气簧压力超限

1)场景描述

列车运行时,单个或多个空气簧故障。

2)基本流程

(1)列车运行时,发生单个或多个空气簧压力超正常范围,在 OCC 调度工作站上有报警提示。

(2)收到空气簧故障报警后,OCC 调度派遣司乘人员登车监视列车运行,并安排故障列车在合适时机退出正线运行。

3)功能分配

(1)车辆

应能将列车空气簧故障和主风压力状态信息发送至 OCC 调度工作站。

(2)信号系统

应能显示列车空气簧故障和主风压力状态信息。

4)注意事项

具体故障后的处置方式,需要结合地铁公司的规章制度执行。

3.2.4 车辆 TCMS 故障

1. 场景描述

列车运行时，如激活端远程输入输出模块 1、远程输入输出模块 2 同时离线，或两个 VCU 故障，信号系统将触发紧急制动，控制中心将收到 TCMS 严重故障告警。列车无法继续以 FAM 模式运行，申请进入蠕动模式(限速 25 km/h)。

2. 基本流程

(1)列车运行时，发生 TCMS 严重故障后，在 OCC 调度工作站上有报警提示。

(2)若无法动车，列车向 OCC 发送蠕动模式请求，OCC 调度根据蠕动模式请求授权列车以蠕动模式运行。

(3)列车行驶至下一站自动扣车，OCC 调度组织清客，并派遣司乘人员登车，手动驾驶列车退出运行。

3. 功能分配

1)车辆

(1)应能将远程输入输出模块严重故障告警上传至 OCC 调度工作站，并申请进入蠕动模式。

(2)应能执行蠕动模式，并进行相应限速。

2)信号系统

(1)应能显示 TCMS 严重故障告警信息。

(2)应能在与列车 TCMS 通信中断场景下申请进入蠕动模式。

(3)控制中心应能授权列车进入蠕动模式。

(4)蠕动模式下应能控制牵引和制动。

(5)蠕动模式下应能对列车进行超速防护。

(6)蠕动模式到站后应能自动扣车。

4. 注意事项

(1)TCMS 故障，控制中心无法实时有效监督车辆状态，需司乘人员上车对车辆状态进行检查。

(2)具体故障后的处置方式，需要结合地铁公司的规章制度执行。

3.2.5 车辆辅助系统故障

1. 辅助逆变器故障

1)场景描述

(1)列车运行时，单台或两台辅助逆变器发生严重故障，在 OCC 调度工作站上有报警提示。

(2)列车运行时,单台或两台辅助逆变器发生故障而自动切除,OCC车辆调工作站上显示告警。

2)基本流程

(1)辅助逆变器严重故障

①列车运行时,辅助逆变器发生故障,在OCC调度工作站上有报警提示。

②若1台或2台辅助逆变器发生严重故障,OCC安排列车运行至指定地点或终点站清客,待列车回库后进行处理。

③若2台以上辅助逆变器均发生故障,列车尽可能以FAM模式运行至下一站由OCC派遣车辆维护人员登车处置。若列车迫停区间,则应组织对列车进行救援。

(2)辅助逆变器切除故障

①列车运行时,辅助逆变器发生切除故障,在OCC调度工作站上有报警提示。

②OCC车辆调检查辅助监控界面是否有"可复位故障"提示,如有相应提示,尝试操作"复位辅助系统"来恢复故障。

③若远程复位后依旧存在1台辅助逆变器故障,OCC安排列车运行至指定地点或终点站清客,待车辆回库后派遣车辆维护人员登车进行处理。

④若所有辅助逆变器均被切除,且远程复位失败,列车尽可能以FAM模式运行至下一站由OCC调度派遣车辆维护人员登车处置。若列车迫停区间,则应组织对列车进行救援。

3)功能分配

(1)车辆

①应能将辅助逆变器故障及状态信息发送至OCC调度工作站,将辅助逆变器严重故障及切除状态信息发给OCC调度工作站。

②应能执行远程"复位辅助系统"指令。

(2)信号系统

①应能显示辅助逆变器故障及切除状态信息。

②应能提供"复位辅助系统"操作。

4)注意事项

(1)辅助逆变器属于高压设备,即使断电检修内部电容回路,也可能存在残余电压,因此检修活动需参照辅助逆变器安全注意事项执行。

(2)具体故障后的处置方式,需要结合地铁公司的规章制度执行。

2. 充电机永久故障

1)场景描述

列车运行时,如发生所有充电机永久故障,导致辅助逆变器110 V供电故障,列车将通过蓄电池供电,并进行紧急照明。

2)基本流程

(1)若1台蓄电池充电机发生故障,在OCC调度工作站上有报警提示,列车运行至当日正线运行计划结束。

(2)若2台蓄电池充电机发生故障,在OCC调度工作站上有报警提示,列车运行至终点站退出运行。

(3)若3台及以上蓄电池充电机发生故障,在OCC调度工作站上有报警提示,列车运行至下一站退出运行。

3)功能分配

(1)车辆

应能将蓄电池充电机故障及状态信息发送至OCC调度工作站。

(2)信号系统

应能显示蓄电池充电机故障及状态信息。

4)注意事项

(1)辅助逆变器属于高压设备,即使断电检修内部电容回路,也可能存在残余电压,因此检修活动需参照辅助逆变器安全注意事项执行。

(2)具体故障后的处置方式,需要结合地铁公司的规章制度执行。

3.2.6 车载PA系统故障

1. 场景描述

列车运行时,列车广播发生故障,导致车厢内乘客无法获取广播提示信息。针对广播失效,工作人员上车后,通过车载广播尝试人工广播,如通过司机室扬声器无法听到自身广播内容,则报告调度,申请车辆退出服务。

2. 基本流程

(1)控制中心收到多职能队员巡视反馈、客室主机故障信息或乘客投诉。

(2)列车停站后,OCC可尝试远程复位空开,若故障未恢复,则派遣司乘人员登车进行人工广播。

(3)若采用人工广播,部分或所有扬声器仍无声音,OCC调度安排故障列车在合适时机退出正线运营。

3. 功能分配

1)车辆

(1)应能执行人工广播。

(2)应能将客室广播主机故障状态信息发送至OCC调度工作站。

(3)应能响应远程复位广播主机。

2)信号系统

(1)应能发送远程复位广播主机指令。

(2)应能显示客室广播主机故障状态信息。

4. 注意事项

具体故障后的处置方式,需要结合地铁公司的规章制度执行。

3.2.7 车辆烟火报警系统故障

1. 场景描述

列车运行时,烟火报警系统故障,两个烟火控制主机均离线,列车无法进行正常的烟火报警检测。

2. 基本流程

(1)列车运行时,火灾报警系统出现故障,在 OCC 调度工作站上有报警提示。

(2)列车停站后人工扣车,OCC 调度派遣司乘人员登车保驾运行。

(3)运行至终点站或运行结束后,回场段检修。

3. 功能分配

1)车辆

应能将车载烟火报警系统故障信息发送至 OCC 调度工作站。

2)信号系统

应能显示车载烟火报警系统故障信息。

4. 注意事项

具体故障后的处置方式,需要结合地铁公司的规章制度执行。

3.2.8 车辆走行部及脱轨检测系统故障

1. 场景描述

列车运行时,车辆走行部及脱轨检测系统发生故障,影响监督列车运行。

2. 基本流程

(1)列车运行时,走行部及脱轨检测系统发生故障,在 OCC 调度工作站上有报警提示。

(2)OCC 调度依据告警信息待列车运行至下一站扣车,并派遣司乘人员登车监督列车运行,列车完成当次运行任务后退出服务进行检修。

3. 功能分配

1)车辆

应能将走行部及脱轨检测系统告警信息发送至 OCC 调度工作站。

2)信号系统

应能显示走行部及脱轨检测系统报警信息。

3.2.9 车辆照明/空调故障

1. 场景描述

列车运行时,出现单节车及以上的照明或空调故障影响乘客服务水平,控制中心收到相应的故障信息后,远程尝试再次开启照明或空调。如远程操作失效,则在站台停车后组织清客下线。

2. 基本流程

(1)列车运行时,车辆照明或空调系统发生故障,在 OCC 调度工作站上有报警提示。

(2)OCC 调度依据告警信息,远程尝试操作开照明或开空调控制。

(3)如故障无法恢复,则在合适站台扣车后,进行清客。

(4)清客完毕后,列车以全自动运行方式回库。

3. 功能分配

1)车辆

应能将照明或空调系统故障报警信息发送至 OCC 调度工作站。

2)信号系统

应能显示照明或空调系统故障报警信息。

3.2.10 车辆车门故障

车门故障,至少包括以下场景:车门无法关闭、车门无法打开、车门关闭且锁闭状态丢失。

1. 车门无法关闭

1)场景描述

列车停稳在站台后,车门故障,经人工介入处置后,车门依然无法关闭,OCC 调度组织进行清客处置,同时派遣司乘人员登车后人工操作车门旁路开关后,驾驶车辆退出运营。

2)基本流程

(1)当列车停靠站台,如车门无法关闭,在 OCC 调度工作站上有报警提示。

(2)OCC 调度通知站务人员现场查看车门状态,站务现场检查车门状态,如确认车门无法手动关闭,则向 OCC 调度汇报,OCC 调度对列车发送清客指令,并派遣司机登车。

(3)站务人员配合完成清客作业,关闭站台门和其余车门,并再次确认车辆无人员。

(4)司乘人员操作车门旁路开关,手动驾驶车辆退出运营。

3)功能分配

(1)车辆

应能将车门状态及故障信息发送给 OCC 调度工作站。

(2)信号系统

应能显示车门状态及关闭失败故障信息。

2. 车门无法打开

1)场景描述

当列车车门故障隔离(仅对人工切除车门适用)、列车停稳在站台后,由于车门故障隔离,本列车停站时对应的站台门应保持锁闭不参与停站的开门作业。如同侧全部车门无法打开,由 OCC 确认操作对车门及站台门的旁路操作及安全。

2)基本流程

(1)整侧车门无法打开

①列车停靠在站台,整侧车门无法打开,超时后在 OCC 调度工作站上有报警提示,ATS 自动扣车。

②OCC 调度可尝试远程打开整侧车门或通知车站相关人员现场处置,操作站台开门联动按钮。

③如车门仍无法打开,需司乘人员手动打开车门登车。

(2)单个或多个车门无法打开

①应对乘客进行提示,并在 OCC 调度工作站上有报警提示。

②OCC 调度人工设置扣车,并派遣车站工作人员现场处置,操作站台开门联动按钮,如车门仍无法打开需要人工进行隔离操作,后续该列车停站自动进行对位隔离。

③相关人员对单个无法打开车门进行隔离操作,该车门不再开关门作业,列车显示此门不打开;后续车站站台门与该车门对位隔离,站台 PIS 播报和显示车门故障对位隔离站台门提示信息。

④车门隔离列车驶离车站站台规定距离后,ATS 不再向该站台的站台门发送车门故障隔离信息,该站台的站台门由于车门导致的隔离状态复位,故障指示灯熄灭。

⑤根据故障情况,确定是否清客退出运营。

3)功能分配

(1)车辆

①应能将车门状态及故障信息发送至 OCC 调度工作站。

②提供与站台门故障对位隔离及其显示提示功能。

③发送至 ATS 的车门隔离信息需区分软隔离(由于站台门进行对位隔离的车门)与机械隔离。

(2)信号系统

①应能显示车门状态及打开失败故障信息。

②记录并转发车门对位隔离信息。

(3)综合监控系统

可通过车站综合监控系统联动相应的IMS摄像头视频画面。

(4)通信系统

①IMS根据综合监控系统发送的联动信息,自动联动IMS视频画面。

②PIS接收ATS发送的对位隔离信息,显示车门故障隔离信息。

(5)站台门

提供与车门故障对位隔离及其显示提示功能。

3. 车门关闭且锁闭状态丢失

1)场景描述

运营时,因车门故障或车门关闭且锁闭监控回路故障导致非允许条件下车门关闭且锁闭状态丢失,列车在静止时应禁止牵引,列车在有效区施加紧急制动并向OCC报警。

2)基本流程

(1)车门关闭且锁闭状态信息丢失后,在OCC调度工作站上有报警提示。车载IMS主动将摄像头画面传送至地面IMS,地面IMS推送至大屏显示,OCC通过视频画面监控车上状态。

(2)车门关闭且锁闭丢失发生在不同地点,车辆处理情况如下:

①若列车停在区间,车门关闭且锁闭状态丢失,列车禁止牵引。

②若列车在区间运行,则不会对行车产生影响,车辆会继续运行至下一站扣车。

③若列车在站台或已处于发车过程中,信号系统检测到列车在有效区域时将触发EB,否则将运行至下一站。有效区域是指列车自车站启动后,车门解锁装置触发,列车停稳时至少有一扇车门在站台区域。

(3)OCC乘客调可通过无线调度台对车辆进行广播,提示乘客注意。

(4)防护区域设置后,司乘人员登车,查看车门是否打开,如为车门故障,则确认无乘客下车后隔离故障车门,人工驾驶列车继续运行;如为车门监控锁闭回路故障,则确认无乘客下车后,操作车门旁路开关,取消防护区域后,人工驾驶列车至就近站清客并退出服务。

3)功能分配

(1)车辆

①应能将车门关闭且锁闭状态及告警信息上传至OCC调度工作站。

②列车关闭且锁闭状态丢失,列车处于静止状态下应禁止牵引。

③列车关闭且锁闭状态在有效区域丢失应施加紧急制动。

④车载IMS应能将摄像头画面传送至OCC调度工作站。

(2)信号系统

①车门关闭且锁闭状态丢失时,在有效区应施加紧急制动。

②应能显示车门状态及告警信息。

(3)综合监控系统

①应能获取车门关闭且锁闭状态丢失信息。

②应能联动 IMS,调看车载 IMS。

(4)通信系统

①应能提供车载视频传输通道。

②IMS 应能响应综合监控系统联动指令,将对应的车载 IMS 摄像头联动至 OCC 对应的调度员工作站。

③支持人工广播。

3.2.11 车辆关键微型断路器断开故障

1. 场景描述

列车运行时,牵引系统、辅助系统、车门系统、制动系统等的微型断路器意外跳开,导致车辆因故停车,不能继续维持 FAM 模式运行。

2. 基本流程

(1)列车运行时,牵引系统、辅助系统、车门系统、制动系统等的微型断路器意外断开,在 OCC 调度工作站上有报警提示。

(2)列车停车后,车辆自动复位断开的微型断路器 1 次,如不成功则在确认车辆无火灾情况下再远程复位一次(只允许远程复位 1 次)。若复位成功,列车继续以 FAM 模式运行;若复位未成功且无法动车,则派遣司乘人员上车处置。

3. 功能分配

1)车辆

(1)应能将微型断路器故障信息发送至 OCC 调度工作站。

(2)应具备"微型断路器自动复位"功能。

(3)可复位的微型断路器具备远程复位功能,异常断开时车辆自动复位一次,OCC 远程复位一次。

2)信号系统

(1)应能显示微型断路器的故障状态信息。

(2)具备操作微型断路器远程复位的功能。

4. 注意事项

为确保安全,避免引起进一步更严重故障,远程复位断路器的前提条件为车辆无火灾告警情况下才允许复位。

3.2.12 车辆馈电唤醒失败

1. 场景描述

列车在运营准备阶段，调度对列车进行唤醒操作时，由于车辆蓄电池馈电，欠压报警，列车无法唤醒。

2. 基本流程

(1)当车辆蓄电池发生馈电时，OCC 调度工作站上有报警提示。

(2)当 OCC 发现列车无法远程唤醒时，OCC 调度唤醒备用列车。

(3)OCC 调度同时通知司乘人员登车对车辆的蓄电池电压进行检查，如发现蓄电池馈电则进行应急升弓后，操作应急启动按钮，给蓄电池充电，待蓄电池电压恢复后，激活列车。

3. 功能分配

1)车辆

(1)应具备应急启动功能。

(2)应能将蓄电池欠压告警信号与非 FAM 信号串联发送给信号唤醒模块。

2)信号系统

(1)应能显示上电自检失败告警信息。

(2)应能显示蓄电池欠压告警信息。

3.2.13 中心信号故障

主用控制中心 ATS 设备采用冗余结构，服务器、工作站、接口设备、交换机单点故障均不应对调度人员正常调度指挥产生影响。中心信号影响运营的故障主要分为四大类：

一是，数据库服务器双机硬件故障或者数据集群无法工作时，会影响当天计划创建，这个时候当天计划无法创建，影响当天运营，需由 OCC 的中心工作站切换连接到备用中心，将备用中心服务器升级为主控，人员则依旧留在 OCC 的方式来进行监控，其他专业无影响。

二是，当 OCC 的应用服务器双机故障，且短时间无法恢复，控制中心没有线路的表示信息，可能导致运营异常中断时，由 OCC 的中心工作站人工切换连接到备用中心应用服务器，并将备用中心服务器升级为主控，人员则依旧留在 OCC 的方式来进行监控，其他专业无影响。

三是，当 OCC 的通信前置机双机故障，且短时间无法恢复，这个时候外部接口的信息将无法交互，影响站台广播、PIS、无线接口、综合监控系统联动等，需要考虑切换 OCC 应用服务器至 BOCC 应用服务器主用状态。同时各专业外部接口需根据 ATS 发送的主(备)中心主控状态自动切换到备用控制中心进行消息交互。

四是，当 OCC 发生断电或黑客入侵等事件后，如果整个 OCC 瘫痪，导致主用 OCC 不再具备操作条件，并且短时间不能修复，那么需要考虑整体切换至 BOCC。

1. 场景描述

控制中心无法接收站场显示信息及车辆信息。调度工作站及大屏信号区域灰显。首先重启控制中心 ATS 应用服务器，如果控制中心 ATS 应用服务器重启无法恢复，需要切换至车站进行控制，也可手动将 OCC 工作站连接至 BOCC 应用服务器，并将 BOCC 应用服务器设置为主控，同时信号系统将主（备）中心主控状态信息发送给其他系统，调度决定是否整体将信号/通信/综合监控接口数据同步切换到 BOCC 进行信息交互。

2. 基本流程

（1）控制中心 ATS 应用服务器故障时，车站 ATS 采用分散自律方式，该故障不会导致车站 ATS 故障。

（2）当车载控制器与 ATS 失去通信，已经收到移动授权的列车（含进入区间列车）可自动运行到下一站站台停车点停车后，自动打开车门和站台门并保持开启；未收到移动授权的列车将停在站台，自动打开车门和站台门并保持开启。

（3）乘客调发布信息给乘客，让乘客耐心等待。

（4）控制中心通知维护人员对服务器进行维护。

（5）若系统恢复，则以无人驾驶模式继续运营；若短时间内无法恢复，根据实际情况选择有人驾驶模式运营或转为 BOCC。

（6）中心行车调度员通知司机上车处理。

（7）司机上车后，人工关闭车门及站台门，以 AM 模式驾驶列车。

3. 功能分配

1）信号系统

（1）控制中心 ATS 应用服务器不可用时，应能切换至车站级控制或备用控制中心 ATS 应用服务器。

（2）ATS 发送主（备）控制中心主控状态信息发送给其他系统。

（3）主、备控制中心的信号设备应能手动切换。

2）综合监控系统

主、备控制中心的综合监控设备应能手动切换。

3）通信系统

主、备控制中心的通信设备应能手动切换。

3.2.14 车载信号故障

1. 信号车载设备完全故障

1)场景描述

信号车载控制器设备两端均故障时,列车紧急停车。信号车载控制器设备两端故障包含以下情况:

(1)双端信号车载控制设备故障。

(2)双套信标天线故障。

(3)双套编码里程计故障。

(4)输入输出板故障。

2)基本流程

(1)信号车载设备单系故障时,在控制中心调度员工作站上有报警提示,系统自动进行主、备切换。切换过程不影响系统正常运行。同时将信号车载控制设备故障信息传输到OCC车辆调工作站和行调工作站。

(2)信号车载设备两系均故障时,列车紧急停车,同时在OCC调度工作站上有报警提示。

(3)紧急制动无法恢复时,首先使用远程重启恢复信号车载控制设备,重启成功后,使用远程限制运行模式驾驶列车,当条件满足时,自动升级为FAM模式。

(4)如果重启不成功,调度通知车站人员对该列车所在区域设置SPKS防护,通知司乘人员上车处理后以最高可用模式驾驶列车运行至车站,打开车门和站台门,清客后驾驶列车下线。

3)功能分配(信号系统)

车载故障发送到OCC调度工作站,具备远程限制运行模式,具备中心远程重启CC的功能。

4)注意事项

(1)冗余信号车载控制设备可以在其中一个故障时无缝切换到备用设备,并不影响列车正常运行。

(2)如果信号车载控制设备双系统故障不能用RM模式时,司机以EUM模式依据轨旁信号人工驾驶。

(3)系统提供中心远程重启功能,在列车故障时调度可以利用远程硬重启实现信号车载控制设备重启。

2. 信号车载设备与TCMS通信故障

1)场景描述

当信号-车辆TCMS网络故障造成列车紧急制动停车,OCC收到列车请求进入蠕动模式,正线运行列车经中心授权后以限定速度运行到下一站对位停车后自动开门并自动扣车。蠕动模式为全自动运行条件下的降级驾驶模式。

2)基本流程

当信号-车辆 TCMS 网络故障时,OCC 调度工作站上有报警提示,并申请进入蠕动模式。进入蠕动模式的条件:

(1)信号车载设备与车辆 TCMS 网络通信故障时,TCMS 与车载 CC 监督彼此通信的报文,若超过规定时间未接收到,认为 TCMS 与信号车载设备通信故障,信号车载设备控制车辆停车,使车辆进入蠕动模式。

(2)信号车载设备与车辆 TCMS 网络通信正常,但车辆 TCMS 与制动系统通信故障或检测到制动系统内部网络故障时,此时 TCMS 无法控制制动系统而且无法获取制动系统的状态,信号车载设备紧急制动停车后,向 OCC 申请进入蠕动模式。

(3)信号车载设备与车辆 TCMS 网络通信正常,但车辆 TCMS 与牵引系统通信故障或检测到牵引系统内部网络故障时,此时 TCMS 无法控制牵引系统而且无法获取牵引系统的状态,信号车载设备紧急制动停车后,向 OCC 申请进入蠕动模式。

(4)信号车载设备与车辆 TCMS 网络通信正常,激活端两个远程输入输出模块同时离线时,车辆主要硬线信号丢失,无法传递控制指令及无法采集车辆状态,同时无法输出硬线控制指令。信号车载设备紧急制动停车后,向 OCC 申请进入蠕动模式。

(5)信号车载设备与车辆 TCMS 网络通信正常,头尾车远程输入输出模块 1 同时离线时,车辆重要硬线信号丢失,无法传递控制指令及无法采集车辆状态,同时无法输出部分硬线控制指令。信号车载设备紧急制动停车后,向 OCC 申请进入蠕动模式。

(6)确认进入蠕动模式。

①OCC 调度在正线、场调在车场根据车载汇报的车辆状态,授权列车进入蠕动模式。

②进入蠕动模式后,正线列车运行至下一站停车,等待人工处理。

③进入蠕动模式后,车场列车运行至转换线或库线,等待人工处理。

注:信号车载设备与 TCMS 通信中断且制动硬线报故障时(此时列车实施紧急制动不可缓解),需要进行救援。

3)功能分配

(1)车辆

①车辆提供与车载的接口,以实现蠕动模式功能。

②车辆提供与车载的接口,以实现蠕动模式下牵引、制动级位控制。

(2)信号系统

①车载检测到与 TCMS 通信故障,向 OCC 发送告警信息。

②蠕动模式经 OCC 授权后方可执行。

③蠕动模式下,列车实际运行速度不超过 RM 模式限速,超出 ATP 保护后输出紧急

制动。

④蠕动进入下一站台后，打开车门和站台门不关闭，在开门无效区域不开门。

⑤蠕动模式具备站台精确停车功能。

4)注意事项

(1)蠕动模式时，仅在具备乘降作业的站台打开车门不关闭，在其他区域(库内停车点、转换轨、站外折返停车点)均不开门。

(2)蠕动模式下，不允许洗车。

(3)蠕动模式下，列车运行过程中产生紧急制动，OCC发现车辆处于紧急制动状态时通知司乘人员上车处理。

3. 车载DCS设备(交换机、中继器和TAU)故障

1)场景描述

(1)车载DCS属于冗余设备，单个设备故障不影响列车的正常运行，但是冗余设备均发生故障后，地面失去通信时，运行列车将紧急制动停车。

(2)ATS界面显示区段变为非通信车占用状态，列车图标变为非通信车，无方向信息显示。追踪间隔小的情况下，可能会造成后方列车紧急制动。

(3)故障车处理过程中，造成列车阻塞。

(4)OCC行车调度安排司乘人员登车处置。

2)基本流程

(1)当车载设备工作正常，但与地面失去通信时，列车紧急制动停车。

(2)行调人员安排司乘人员登车后以最高可用驾驶模式运行。

(3)车控室值班员按压SPKS按钮后，司乘人员上车，车控室值班员复位SPKS按钮后人工驾驶列车。

(4)列车在区间停车时，OCC调度对车辆人工广播。

3)功能分配(信号系统)

(1)车载网络中断后，OCC给出告警。

(2)在ATS站场图界面上，轨道占用状态与列车图标对于非通信车与通信车应有明显区分。

4)注意事项

(1)列车与轨旁的车地通信采用在车头和车尾分别设置而构成的双网络实现，车-地无线双网同时工作，当一个网络故障时，车地通信不会中断，不影响列车运行。

(2)中心通信服务器正常，部分列车(单列或多列)车地双网络同时中断后，列车紧急制动停车，变为非CBTC列车，其他CBTC列车将不受影响。

(3)中心通信服务器故障无法使用时，全线列车紧急制动停车，变为非CBTC列车。

(4)车地通信中断的列车由联锁通过计轴进行跟踪，实现与其他列车的安全隔离。

3.2.15 轨旁信号故障

1. 车站LATS与中心断开故障

1)场景描述

(1)由于车站冗余分机完全故障或与中心通信故障引起的车站LATS和中心断开,中心丢失该联锁区站场显示,并弹出告警,故障区域内的进路不能自动触发。

(2)车站值班转紧急站控模式对进路进行人工办理。

(3)中心安排维护人员对故障ATS进行维护。

2)基本流程

(1)OCC和车站值班室显示报警信息,若报警信息为"LATS与中心连接断开"(车站冗余分机完全故障),该站控制模式手动转为紧急站控,车站值班员通过联锁HMI办理故障联锁区域内的所有进路;若报警信息为"中心ATS服务器离线,建议转换到站控模式"(LATS与中心通信故障),车站值班员将该站控制模式转为站控,人工控制进路。

(2)OCC调度安排维护人员对相应的ATS设备进行检修。

3)功能分配

信号系统具备紧急站控功能。

2. 车站ATS工作站完全故障

1)场景描述

车站工作站故障,中心人员对本站进行监控。维护人员对车站工作站进行检修。

2)基本流程

ATS工作站故障,可由其他工作站接管监控运营,进行必要的车站级操作;正常情况下,中心人员对本站进行监控。

3)功能分配(信号系统)

中心ATS可以完成对全线集中站进行控制功能。

3. 区域控制器完全故障

1)场景描述

(1)ZC设备故障时,ZC控制区内运行列车的车载控制器将触发紧急制动,同时向OCC调度报警。

(2)对于已经进站的列车,如果列车仍在移动,则车载将紧急制动,如果列车已精确停站,则不能发车。

(3)ZC区域内的列车全部停车;相邻ZC区域内的列车无法通过故障ZC的边界;OCC行车调度尽快通知站台维护人员对故障ZC进行故障排除。

2)基本流程

(1)首先对 ZC 进行重启操作,如果重启后恢复,则继续以无人驾驶模式运营。

(2)如果故障无法恢复,控制中心应通知司乘人员通过设置 SPKS 上车,将以降级模式运行。

(3)对于相邻 ZC 区域内的列车,司机在故障 ZC 边界最近的站台登车后转为人工驾驶模式行车。

(4)点式模式下行车时,确认信号开放后启动列车,列车运行至下一站后人工开关车门及站台门。

(5)列车通过故障 ZC 区域后,在站台停车后可升级为无人驾驶模式运行。

3)注意事项

区域控制器采用安全可靠的 2 乘 2 取 2 冗余架构,其中一系故障时,不影响系统功能。

4. 线路控制器完全故障

1)场景描述

(1)线路控制器完全故障,超过有效时间(5 min)后全线列车将紧急制动,全线列车全部停车。

(2)OCC 行调工作站上出现与 LC 失去连接的报警。

(3)OCC 行车调度尽快通知站台维护人员赶往故障 LC 所在站,进行故障排除。

2)基本流程

(1)首先对 LC 进行重启操作,如果重启后恢复,则继续以无人驾驶模式运营。

(2)如果故障无法及时恢复,控制中心应通知司乘人员通过设置 SPKS 上车,将以降级模式运行。

(3)降级模式下行车时,确认信号开放后启动列车,列车运行至下一站后人工开关车门及站台门。

3)注意事项

当 LC 重启后,人工取消 LC 初始临时限速,人工设置重启前的临时限速。

5. 联锁主机完全故障

1)场景描述

(1)当联锁单机设备故障时,可自动无缝切换到备机工作。

(2)当联锁双机故障,该联锁管辖区域的列车将紧急制动,告警发送到中心 ATS 行调工作站。

(3)行调工作站和大屏上故障联锁区的界面失去联锁相关的表示(信号机状态、道岔表示、区段状态等)。

(4)故障联锁区内所有列车停车。

(5)ATS界面上故障联锁区灰显。

(6)故障区域不具备运营能力,需要组织其他临时的交路运行。

(7)OCC行车调度为线路正常部分组织临时服务。

(8)维护人员对联锁进行抢修维护。

(9)司乘人员登车人工驾驶列车。

(10)轨旁维护人员对故障联锁区内道岔进行钩锁。

2)基本流程

(1)OCC行车调度收到CI故障告警。

(2)维护人员对CI进行重启操作。重启成功后,若故障恢复,列车可以继续以全自动运行模式运行。

(3)若重启不能恢复,且更换板卡也无法恢复,则按照运行规则组织临时服务。

(4)CI重启完毕后,车站值班员与调度员共同确认联锁区段所有列车停车后,车站值班员方可进行联锁恢复操作。CI恢复后,当列车可根据调度命令恢复无人驾驶模式运行。

(5)故障处理期间,中心通过车载PIS、PA和车站PIS发送运营信息告知乘客。

3)注意事项

(1)联锁为冗余设备,发生双系统故障的概率很小。大部分为不影响运营的单系板卡故障或单系故障。

(2)如果单系故障失去冗余,应尽快维护恢复联锁冗余。

(3)一般重启或更换板卡后可以将联锁恢复正常。

6. 站台紧急关闭故障

1)场景描述

在调度工作站上站台图示出现紧急关闭显示时(非预期),站台区域内的列车施加紧急制动,无法发车;区间的列车无法进入站台。

(1)在OCC行调工作站的站台上出现紧急关闭激活的图标;进站列车紧急制动;停站列车无法出站;区间列车站台前停车无法进站;影响FAM、CAM、AM、CM模式运营,只能以RM模式行车。

(2)列车施加紧急制动、无法发车或者进入站台。

(3)OCC行车调度尽快通知站台维护人员赶往故障所在车站,进行故障排除。

2)基本流程

(1)列车在站台停站过程中紧急制动

①OCC通知司机在站台登车。

②站务员人工打开站台门。

③司乘人员登车后,将驾驶模式转为RM模式对位停车,人工打开车门。

④乘客上下客完成后,司乘人员人工关闭车门和站台门,列车以RM驾驶模式出站,出

站后列车会自动升级为 AM 驾驶模式。

⑤列车在下一站停车后，司乘人员将列车驾驶模式升级为无人驾驶模式。

(2)列车在区间制动停在站台外

①OCC 通知司机在区间登车。

②车站值班员设置对应区间的 SPKS。

③司乘人员通过站台端门进入区间列车所在位置。

④司乘人员登车后，将驾驶模式转为 RM 模式进站对位停车，人工打开车门和站台门。

⑤乘客上下客完成后，列车以 RM 驾驶模式出站，出站后列车会自动升级为 AM 驾驶模式。

⑥列车在下一站停车后，司乘人员将列车驾驶模式升级为无人驾驶模式。

⑦后续所有列车在故障恢复前将无法进站，采用以上相同的操作方式。

3)注意事项

(1)站台紧急关闭继电器平时为励磁状态，一旦发生故障，将导致紧急关闭继电器节点失磁落下。

(2)可能的故障原因为按钮失效、断线、采集电源失电。

(3)在故障恢复前，后续列车无法进站。

7. SPKS 装置激活/故障

1)场景描述

在调度工作站上站台或区间出现 SPKS 激活图示，列车在 SPKS 激活区域前停车或在 SPKS 区域内紧急制动，并联动相应区域的门禁系统。

2)基本流程

(1)SPKS 人工激活后，在调度员工作站上有报警提示。

(2)如为非人工的 SPKS 激活，行调安排维护人员现场检查 SPKS 装置状态。

(3)如是故障，可隔离 SPKS 进行抢修。

3)功能分配

(1)信号系统

①应能在行车调度员及对应车站工作站上显示 SPKS 的状态。

②SPKS 激活后，信号系统会激活相应的防护区域，以防止 ATP 防护的列车进入，并禁止防护区域内列车移动。

③SPKS 激活后，SPKS 区域的防护信号机应设为禁止状态。

④SPKS 激活信息能够通过相关接点供门禁系统采集。

⑤具备 SPKS 隔离功能。

(2)综合监控系统

门禁系统应根据 SPKS 开关激活的防护区域，激活相对应区域的门禁开关权限。

8. 道岔故障

1)场景描述

列车运营过程中,道岔故障。道岔所在进路始端信号关闭,列车紧急制动或停车,同时调度工作站上显示道岔故障,并弹出告警。

轨旁维护人员对道岔进行抢修;必要时通过手摇道岔的方式组织行车;司乘人员登车后采用 RM 驾驶模式通过故障道岔区域。

2)基本流程

(1)当道岔故障但某一方向有表示而不影响正常运行进路时,列车仍能够按无人驾驶模式运行。

(2)当折返站的道岔故障失去表示,行调需派遣维护人员下轨道进行抢修作业(设置 SPKS 防护)。

①如果道岔故障恢复,维护人员撤离轨道后,取消 SPKS,列车恢复正常运营。

②如果道岔故障不能恢复,行调需组织临时交路运营。

③如果列车紧急制动后,停在道岔区域,需要司乘人员登车后以 RM 驾驶模式将列车驶离。道岔处于以下状态中不应发生误动作,以保证列车运行安全,包括进路锁闭、区段锁闭、引导总锁、人工单锁、保护区段锁闭、防护道岔锁闭。

3)注意事项

道岔故障发生在终端折返站时会对运营造成较大影响。若有站前折返,可以利用站前折返,为在保持正常运营的情况下维护抢修故障道岔提供了可能。

9. 计轴受扰与故障

1)场景描述

计轴受扰情况包括单个计轴区段、连续多个计轴区段、整个联锁区。当计轴受扰后,信号系统在条件满足时,将自动切除受扰区段,并在 ATS 工作站上将相应区段以棕光带形式显示;如果该区段无法切除,系统将该区段设置为占用状态,并在 ATS 工作站上将相应区段以红光带形式显示。

棕光带对通信列车运行没有影响,但需要车控室值班员对相应区段进行预复位操作,尽快使计轴恢复正常状态,以防止故障扩大化。

红光带时所有列车的运行会受阻,行调通知司乘人员登车,将驾驶模式转为 RM 模式,并通知相应站台人员对故障区段进行预复位操作,有人员登乘的 RM 列车,低速通过故障区段,计轴故障恢复。

2)基本流程

(1)轨旁磁头受扰

CBTC 与非 CBTC 边界区段不可切除,如这些边界计轴受扰,这些区段计轴受扰按以下流程②处理；其余计轴受扰按以下流程①处理。

①如果区段被系统切除（棕光带）

不影响通信列车的正常运行。对受扰区段进行预复位后，通信列车通过时可以进行扫轴，自动确认计轴有效后，该区段便恢复正常。

非通信列车进入计轴故障区段，由于其不能报告自身位置及其列车完整性，因此在该车离开该区段后，ZC 无法确切判断该区段是否遗留有全部或部分列车，则标记为可疑占用情况（在 ATS 上显示红光带非通信占用，联锁收到来自 ZC 发送的区段状态为占用状态），对后续列车及道岔动作都将产生影响。可以对该区段进行预复位操作，人工确认安全后用人工车进行扫轴操作，自动确认计轴有效后，该区段便恢复正常。

②如果区段未被系统切除（红光带）

影响所有列车运行。可以对该区段进行预复位操作，确认安全后用人工车进行扫轴操作，自动确认计轴有效后，该区段便恢复正常。

若发生 ZC 边界区段被切除（棕光带）且列车无法以 CBTC 模式运行的双重故障时，基于安全考虑，当列车经过该区段后，该区段会生成非通信防护，影响后续列车正常运行。因此当发生该现象时，建议人工确认安全后，优先在机柜侧直接复位、出清边界计轴区段，再使列车通过。

(2)计轴主机故障（电源、运算板等共用部件）

这种情况下，因设备失效而无法响应复位操作命令。需要根据维护流程先对计轴设备进行故障修复后，再执行上述(1)中的操作。

3)功能分配（信号系统）

(1)系统应能判断受扰与真实占用，防止误切除。

(2)计轴区段受扰切除后，不能影响 CBTC 列车运行。

4)注意事项

(1)单个计轴区段故障

场景 1：

若单个计轴区段 GJ 落下，且该区段上无任何 AP 占用，ZC 判定此区段无列车占用，此区段将被 ZC 视为计轴故障，区段被切除，ATS 界面显示棕光带，后续通信列车接近，不影响其正常行车状态，也不会影响该区段所在的进路状态。

若该切除区段位于 ZC 边界，系统考虑 ZC 之间存在通信延时，降级车换头重新进入 ZC1 的场景，当 RM 通信车驶离 ZC1 后，会在 ZC1 边界区段生成非通信包络防护，所以已切除区段会变成占用光带，影响后续 CBTC 列车运行。

场景 2：

如果后续有非通信列车接近信号机，被切除的计轴距开放的该信号机超过定义距离，那么由于非通信列车包络线没有进入计轴切除区段，所以切除区段不会变为占用光带。列车可以正常以降级模式通过该信号机。

由于 ZC 无法判断非通信列车位置，当非通信列车驶过切除区段后，该区段会变成占用状态，影响后续 CBTC 列车运行。

场景 3：

如果后续有降级列车接近，被切除的计轴距开放的信号机小于定义距离，则该列车的防护包络将跨压在该故障计轴区段，联锁认为该区段为占用，降级进路将不能开放绿灯。

(2)相邻两个计轴区段故障

场景 1：相邻两个计轴区段同时发生故障

若在无车的情况下相邻两个计轴区段同时被检测到占用(可能是某个计轴点故障)，则相邻两个计轴区段将同时被切除，显示棕色光带。对后续 CBTC 列车和降级列车的影响，与单个计轴区段切除相类似。

场景 2：相邻两个计轴区段间隔发生故障

若在无车的情况下相邻两个计轴区段前后分别被检测到占用，且间隔时间小于系统设定的最小间隔时间或超过系统设置的最大间隔时间，则相邻两个计轴区段将同时被切除，显示棕色光带。对后续 CBTC 列车和降级列车的影响，与单个计轴区段切除相类似。

若在无车的情况下相邻两个计轴区段前后分别被检测到占用，先被检测到占用的计轴区段，ZC 会认为该区段计轴故障，将其切除显示棕色光带。若相邻的计轴区段占用间隔时间大于系统的最小设置时间及不超过系统设置的最大间隔时间，ZC 将不会切除此相邻的计轴区段，此时两个区段都显示占用光带，并产生非通信列车包络线。此情况下，后续 CBTC 列车和降级列车均会受到影响，无法正常通过。

(3)有岔区段的计轴发生故障

有岔区段计轴发生故障时，系统处理逻辑与无岔区段一致。岔区的计轴区段被切除后，不影响道岔定反位操作。但是计轴占用后，道岔操作将不可用。

场景 1：

后续 CBTC 车接近，将不影响其正常的行车状态，也不会影响此计轴区段所在的进路的状态。

场景 2：

后续降级列车接近，由于道岔防护信号机距离比较近，非通信车包络线进入切除区段。此时道岔将无法被操动，降级列车也无法通过进路。

10. 信标故障

1)场景描述

信标由于机械损坏、电气故障、信标缺失等情况，导致列车信号车载设备不能读到信标信息。信标故障，可能导致列车失去定位，并且实施紧急制动或者不能在站台准确停车。

2)基本流程

(1)区间因故障导致列车失去定位

①列车失去定位将触发紧急制动,在 OCC 调度工作站上有报警提示,OCC 调度可以通过远程限制运行模式使列车运行一定距离,重新读取信标获得定位后,系统可以自动恢复 FAM 模式运行。

②OCC 调度针对后续列车,应在信标故障前一站台进行扣车作业以防止同样的原因停车。

③安排司乘人员登车后转人工驾驶模式,或有司乘人员随车的情况下,通知司乘人员转人工驾驶模式行车。

(2)站台精确停车信标故障

①车载无法判断是否准确停站,且系统自动对位后仍无法精确停车,车门和站台门不能自动打开。

②在系统自动对位后如仍无法打开,需要安排司机登车后,手动开关车门和站台门。

③调度员安排维修人员对故障信标进行维修。

3)功能分配

(1)车辆

应能响应远程限制运行模式指令。

(2)信号系统

①应能下发远程限制运行模式指令。

②列车丢失定位后,应有相应的报警显示。

11. LTE 设备 EPC 故障

EPC 属于车地通信的中间环节,具体可参考 3.2.14 节的"3. 车载 DCS 设备(交换机、中继器和 TAU)故障"。

12. 信号电源故障

信号电源故障如果发生在集中站,那么该区域的故障等同于联锁主机完全故障。如果该集中站同时有 ZC,那么该 ZC 控制区域的列车无法正常动车,与区域控制器完全故障一致;如果该集中站同时有 LC,那么全线的列车无法以 CBTC 模式正常动车。

信号电源故障如果发生在非集中站,则无影响,等同于非集中站 HMI 工作站完全故障。

3.2.16 通信故障

1. 无线数字集群系统设备故障

1)场景描述

OCC 维护人员通过通信网管发现无线数字集群系统(含集群服务器、调度服务器、车载台)故障。

2)基本流程

(1)中心集群服务器/调度服务器故障

①OCC维护人员通过通信网管或OCC调度发现故障,上报OCC调度。

②维护人员通过重启、更换备品备件等方式尝试修复故障。

③OCC各调度席位的数字集群调度台无法使用,影响乘客紧急对讲、列车远程广播、通话组功能,各无线通话组(行车调度通话组、车辆段通话组、维修通话组、环境控制通话组、电力通话组、应急与其他备用通话组)不能建立通话。此时可通过专用电话系统或公务电话系统进行通话。

④OCC调度派遣司乘人员登车进行监测,列车继续以FAM模式运行。

⑤若故障在规定时间无法恢复,司乘人员持续进行监测;若故障恢复,安排司乘人员下车。

⑥故障恢复后,无线数字集群功能恢复正常。

(2)车载台故障

①OCC调度发现故障告警,上报OCC维修调度;OCC调度发现数字集群系统无线调度台对部分列车功能不能正常使用。

②行车调度员派遣人员登车处置。相关人员对车载台进行监测,列车继续以FAM模式运行。

③相关人员登车后进行故障处置(如重启车载台,不影响列车正常运行)。

④若故障在规定时间无法恢复,司乘人员持续进行监测;若故障恢复,安排相关司乘人员下车。

⑤故障恢复后,无线数字集群功能恢复正常。

3)功能分配

(1)综合监控系统

应能接收并及时显示通信系统的重要告警信息。

(2)通信系统

①通信无线网管应能实时显示系统全面准确的运行状态并及时在故障时告警。

②通信无线调度台应能实时显示无线车载台系统全面准确的运行状态并及时在故障时告警。

③无线系统能将故障告警信息发送给通信集中告警系统,集中告警系统将重要告警发送给综合监控系统。

2. PIS车-地无线通道故障

1)场景描述

OCC维护人员通过通信网管发现通信PIS车-地无线通道故障,或OCC调度发现无法获取车辆视频及联动告警信息或无法下发乘客紧急文本信息时，通知维护人员处理。

2)基本流程

(1)车载通信设备故障

①OCC 维护人员通过通信网管发现故障告警，或 OCC 调度在使用过程中发现部分列车视频监控或紧急文本等功能无法正常使用，上报行车调度员。

②行车调度员派遣相关人员登车处置，相关人员监测车载通信设备，列车继续以 FAM 模式运行。

③相关人员登车后进行故障处置(如重启处置，过程不影响列车正常运行)。

④若故障在规定时间无法恢复，相关人员持续进行监测；若故障恢复，安排人员下车。

(2)中心核心网络设备故障

①OCC 维护人员通过通信网管发现故障告警，或 OCC 调度在使用过程中发现全部列车视频监控或紧急文本等功能无法正常使用，上报行车调度员。

②行车调度员通知维修调度处理。

③维修人员通过重启、更换备品备件等方式尝试修复故障。

④若故障在规定时间无法恢复，相关人员持续进行监测。

(3)轨旁设备故障

①OCC 维护人员通过通信网管发现故障告警，或 OCC 调度在使用过程中发现部分列车视频监控或紧急文本等功能无法正常使用，上报行车调度员。

②行车调度员通知维修调度处理。

③维护人员按照地铁公司轨行区设备故障的相关制度进行故障处理。

④若故障在规定时间无法恢复，相关人员持续进行监测。

3)功能分配

(1)综合监控系统

应能接收并及时显示通信系统的告警信息。

(2)通信系统

通信 PIS 网管应能实时显示系统全面准确的运行状态并及时在故障时告警，可以显示车-地通信故障告警信息。

4)注意事项

若机房内通信设备故障，安排维护人员及时处理；若区间通信设备故障，可在当日运营结束后进行处置。

3. 通信 PIS 故障

1)场景描述

(1)若由于 PIS 故障，从而不能向车站乘客显示视频和文本信息时，PIS 网管工作站和集中告警工作站上有相关报警。车站值班员在此情况下可使用广播通知乘客。

(2)若OCC中心服务器故障,OCC调度不能控制全线的车站PIS屏显示;中心PIS调度工作站不能对车辆IMS视频进行调看及告警联动。这种情况下,行车调度员通知维护人员进行紧急维修。

2)基本流程

(1)车站PIS设备故障

若车站工作人员或OCC维护人员发现站台通信PIS故障或站台PIS屏不能正常显示,报OCC调度进行处置;此情况下,乘客仅能通过广播了解行车信息。

(2)中心PIS设备故障

①若OCC视频服务器故障,OCC调度不能控制全线的车站PIS屏显示。此情况下,乘客仅能通过广播了解行车信息,行车调度员通知维护人员进行处置。

②若控制中心PIS与综合监控系统接口服务器故障,OCC综合监控乘客调工作站不能调看车载视频及联动车载视频。OCC乘客调通过通信IMS工作站进行调看车载视频。这种情况下,乘客调度员通知维护人员进行处置。

3)功能分配(通信系统)

应能及时显示PIS屏/服务器故障告警信息。IMS根据综合监控系统发送的联动信息,自动联动车载IMS视频画面。

4. 通信PA故障

1)场景描述

(1)若因车站广播系统的扬声器、供电和功放设备故障,导致车站广播不能正常广播或OCC乘客调度不能向车站广播,PA网管工作站和集中告警工作站上有相关报警。工作人员在此情况下可使用扩音装置通知乘客。

(2)若OCC广播控制主机故障,OCC无法监控线路上所有车站的广播,全线车站广播不能正常播放。这种情况下,行车调度员通知维护人员进行紧急维修。

2)基本流程

(1)若车站工作人员或OCC维护人员发现车站PA故障,报调度员进行处置;车站广播无法进行正常播放,车站工作人员在紧急情况下使用扩音器进行乘客广播。

(2)若广播主机发生故障,OCC无法监控线路上所有车站的广播,全线车站广播不能正常播放;行车调度员需通知维护人员进行处置。

3)功能分配(通信系统)

应能及时显示广播系统的告警信息。

4)注意事项

此故障不对行车安全有直接的影响,但会对运营安全产生影响。维护人员应对相关设备定期进行维护,保证其正常工作。车站工作人员如果发现广播故障应立即通知车站值班员以保证尽快恢复正常作业。

5. IMS 故障

1)场景描述

(1)若由于车站通信 IMS 视频服务器故障或部分摄像终端故障,从而不能对本站对应的视频监控区域进行监视,需将故障上报维护人员。

(2)若 OCC 通信 IMS 视频服务器故障,OCC 调度 IMS 工作站不能监控全线视频(含车载视频)。这种情况下,行车调度员通知维护人员进行紧急维修。

(3)若列车视频主机或部分摄像头故障(通信 PIS 提供),从而不能对列车对应的视频监控区域进行监视,需通知相关人员至对应车厢巡视。

2)基本流程

(1)车站 IMS 故障

①若车站工作人员或 OCC 维护人员发现站台 IMS 故障,报行车调度员进行处置。

②车站值班员安排巡视人员对重点监控区域进行巡视。

(2)中心 IMS 故障

①若 OCC 视频服务器故障,上报行车调度员后,行车调度员通知维护人员进行紧急维修。

②行车调度员通知车站值班员对本站重点区域视频进行监视。

③行车调度员安排司乘人员上车进行监视和相关的紧急处理。

(3)列车 IMS 故障(通信 PIS 提供)

①若列车运营时,客室摄像头出现故障,列车将摄像头故障报警发送至控制中心。

②整列车或整节客室摄像头故障,可在 PIS 网管远程对列车监控主机进行复位,同时通知随车人员(如有)至对应车厢进行巡视;如故障不能恢复,中心行车调度派遣司乘人员在下一站登车保驾。

3)功能分配(通信系统)

应能及时显示通信 IMS 服务器故障告警信息,应能调看车载 IMS 视频图像,应能调看地面 IMS 视频图像。

6. 时钟故障

1)场景描述

(1)若由于车站/场段二级母钟故障,从而不能对本站设备进行校时,子钟根据本身晶振进行时间同步,将故障上报维护人员处置。

(2)若 OCC 一级母钟故障或 NTP 服务器故障,不能对其他专业(信号、综合监控、通信其他子系统等)进行校时。这种情况下,通知维护人员进行紧急维修。

2)基本流程

(1)若车站二级母钟故障,报维护人员进行处置。

(2)若 OCC 一级母钟故障或 NTP 服务器故障,上报 OCC 调度后,通知维护人员进行紧急维修。

3)功能分配

(1)信号系统

时钟系统不能给信号系统校时,信号系统应具备自身时钟,保证本系统时钟同步。

(2)综合监控系统

时钟系统不能给综合监控系统校时,综合监控系统应具备自身时钟,保证本系统时钟同步。

(3)通信系统

①时钟网管工作站和集中告警工作站应能及时显示时钟系统故障告警信息。

②时钟系统不能给通信其他子系统校时,其他子系统应具备自身时钟,保证本系统时钟同步。

7. 中心通信设备故障

1)场景描述

(1)主控制中心通信设备完全故障,通信系统部分子系统不能进行控制中心监控功能,部分子系统可以实现控制中心监控功能。

(2)传输子系统:主用控制中心传输节点设备完全故障,备用控制可与车站、车辆段传输业务。

(3)专用无线子系统:主用控制中心控制设备故障时,可手动切换至备用控制中心。

(4)公务电话系统:主用控制中心设备故障,公务电话切换到备用控制中心。

(5)专用电话系统:主用控制中心设备故障,主、备控制中心交叉互联,通过备用控制中心主机实现调度功能。

(6)视频监视系统:主用控制中心设备故障,备用控制中心系统接过线路控制权,实现对全线车站的控制和操作。

(7)广播系统:主用控制中心设备故障,备用控制中心系统可以实现对车站的广播功能、网管功能、行车广播功能,ISCS 联动广播功能需要 ISCS 在备用中心实施。

(8)时钟系统:主用控制中心设备故障,可以实现主、备控制中心时间源切换,车站级时钟设备同步备用控制中心。

(9)集中告警系统:备用控制中心系统终端和声光告警设备通过主、备控制中心传输子系统连接主控制中心交换机,不存在主、备切换。

(10)电源系统:主、备控制中心电源网管为独立的网管,同时监控电源设备运行状态,不存在切换。

(11)乘客信息系统:主用控制中心设备故障,备用控制中心系统可以实现对车站的文本信息下发、网管功能,行车 PIS 显示功能,ISCS 联动广播功能需要 ISCS 在备用控制中心实施。

2)基本流程

(1)总调确认通信系统完全故障。

(2)行车调度员发布抢修命令,安排维护人员现场抢修。

(3)专用电话系统、电源系统、集中告警系统不存在主、备切换。

(4)传输系统、公务电话系统、视频监视系统、乘客信息系统、广播系统自动切换至备用控制中心。

(5)无线系统,可手动切换至备用控制中心。

(6)如总调确认需要切换至备用控制中心,手动切换无线系统至备用控制中心。

(7)主用控制中心恢复,无线系统手动切换至主用控制中心,通信各子系统切换至主用控制中心。

3)功能分配

(1)传输子系统:具备切换至备用控制中心功能。

(2)专用无线子系统:具备手动切换至备用控制中心功能。

(3)公务电话系统:具备切换至备用控制中心功能。

(4)专用电话系统:主、备控制中心交叉互联,主用控制中心设备故障,备用控制中心实现调度功能。

(5)视频监视系统:具备切换至备用控制中心功能。

(6)广播系统:具备切换至备用控制中心功能。

(7)时钟系统:具备切换至备用控制中心功能。

(8)集中告警系统:不需要主、备切换,备用可独立完成集中告警功能。

(9)电源系统:不需要主、备切换,备用电源网管可独立完成网管功能。

(10)乘客信息系统:具备切换至备用控制中心功能。

3.2.17 综合监控系统故障

1. 中心综合监控系统设备故障

1)场景描述

主控制中心综合监控系统完全故障,中心综合监控工作站无法监控所有相关设备状态。

2)基本流程

(1)总调确认 OCC 综合监控系统完全瘫痪。

(2)行车调度员发布抢修命令,安排维护人员现场抢修。

(3)OCC 总调通知各车站值班员,结合实际情况,考虑下放监控权限至车站或切换至BOCC。

(4)如需切换至 BOCC,相关机制以信号为准。

3)功能分配

(1)信号系统

具备切换到 BOCC 的功能。

(2)综合监控系统

①中心故障后,车站级设备具备接管本站控制权限功能(不包含电力专业)。

②具备相关设备切换到 BOCC 功能。

(3)通信系统

具备相关设备切换到 BOCC 功能。

4)注意事项

电力调度员需安排供电维护人员在变电所值守。

2. 综合监控系统通信传输网络故障

1)场景描述

综合监控系统通信传输网络完全故障,中心级综合监控系统与各车站级综合监控系统的通信中断。

2)基本流程

(1)OCC 综合监控工作站显示车站通信中断报警信息。

(2)总调确认中心综合监控系统无法监控车站设备状态。

(3)行车调度员发布抢修命令,安排维保人员现场抢修。

(4)OCC 总调通知各车站值班员,中心监控职责下放至车站。

3)功能分配(综合监控系统)

(1)显示车站通信中断报警信息。

(2)控制中心故障后,车站级设备具备接管本站控制权限功能(不包含电力专业)。

4)注意事项

电力调度员需安排供电维护人员在变电所值守。

3. 车站综合监控系统设备故障

1)场景描述

某车站级综合监控系统完全故障,中心级综合监控系统失去对该车站设备的监控,该站综合监控系统也失去对现场就地设备的监控。

2)基本流程

(1)OCC 综合监控工作站显示该车站综合监控系统通信中断。

(2)总调确认中心综合监控系统失去对该车站设备监控。

(3)行车调度发布抢修命令,安排维护人员现场抢修。

(4)该站应急控制指令可通过 IBP 进行下发。

3)功能分配(综合监控系统)

OCC 显示故障车站综合监控系统通信中断报警信息。

3.2.18 站台门滑动门故障

1. 场景描述

一道或多道滑动门开、关门故障,被人工锁闭“隔离”后,列车在该站台时,该侧站台的所有列车相对应的车门也保持锁闭,不参与停站的开关门作业。

2. 基本流程

(1)当滑动门发生故障时,OCC 调度工作站上有报警提示,OCC 或车站工作人员可通过综合监控系统将对应摄像头画面推送至 IMS 工作站显示,OCC 调度派遣车站人员现场处理。

(2)若车站人员无法立即恢复故障滑动门,需人工关闭和锁闭故障滑动门,并在现地将该站台门置于隔离状态,系统会自动启用对位隔离功能,本趟站台门故障后启动对位隔离,后续停站列车对应车门不开关门作业。

(3)通过警示标志(如围栏、标识条幅等)通知乘客故障滑动门暂停服务,乘客通过其他门上下列车。站台门系统应点亮故障滑动门的指示灯,站台 PIS 屏显示站台门故障对位隔离信息。

3. 功能分配

1)车辆

提供与站台门故障对位隔离及电子动态地图(不限于)提示功能。

2)信号系统

(1)记录并转发车门和站台门对位隔离信息。

(2)需要给 PIS 发送车门和站台门对位隔离信息。

3)综合监控系统

(1)能够监视滑动门状态。

(2)可通过车站综合监控系统联动相应的 IMS 摄像头视频画面。

4)通信系统

(1)IMS 根据综合监控系统发送的联动信息,自动联动 IMS 视频画面。

(2)PIS 接收信号系统发送的对位隔离信息,显示站台门故障隔离信息。

5)站台门

(1)PSC 显示滑动门故障告警信息。

(2)将滑动门状态信息传送至 ISCS。

(3)对位隔离时,进行声光提示,并向综合监控系统及信号系统发送对位隔离信息。

(4)滑动门有明显的编号标识。

(5)具备整侧及单门控制功能。

3.2.19 站台门状态丢失

1. 场景描述

当某道滑动门或应急门状态丢失导致信号系统检测不到站台门“关闭且锁紧”状态时，根据不同时机，表现有以下场景：

(1)进站前故障：列车无法正常进站，将在站前停车。

(2)进站过程中故障：进站尚未停稳的列车产生紧急制动。

(3)出站前故障：列车无法正常发车。

(4)出站过程中故障：若列车未完全离开站台区域，则触发紧急制动；若列车已完全离开站台区域，则对该列车无影响。

2. 基本流程

(1)OCC 调度/车站人员收到滑动门或应急门状态丢失告警，状态丢失的门发生声光报警；滑动门故障打开和应急门故障打开时，OCC 或车站工作人员可通过综合监控系统将对应摄像头画面推送至行调综合监控工作站或车站综合监控工作站显示。

(2)派遣车站人员现场确认滑动门或应急门故障情况。

(3)因滑动门或应急门故障导致“关闭且锁紧”信号丢失，应先确认轨行区无人员后再执行手动关或旁路开关操作。

(4)若状态丢失无法旁路，确保安全的前提下，人工操作 PSL，使站台门与信号系统“互锁解除”，以便尽快接发列车。

(5)OCC 调度通知站台门专业维修人员，尽快让故障滑动门或应急门回到正常服务状态。

3. 功能分配

1)信号系统

(1)通过获取站台门“互锁解除”或“关闭且锁紧”信息允许列车进出站。

(2)应能显示站台门的开关门状态。

(3)车门-站台门开门或关门联动失效，在 ATS 行调工作站告警，系统自动扣车。

2)综合监控系统

(1)综合监控工作站显示站台门报警信息。

(2)站台门故障或异常打开时(站台门确认异常打开类表述信息)，可通过车站综合监控系统联动相应的 IMS 摄像头视频画面。

3)通信系统(IMS)

IMS 根据综合监控系统发送的联动信息,自动联动 IMS 视频画面。

4)站台门

(1)能将告警和状态信息传送至 ISCS。

(2)提供"互锁解除"功能,"互锁解除"激活后,将"互锁解除"信息发送给信号系统。

(3)能将站台门"关闭且锁紧"和"互锁解除"信息状态发送至信号系统。

(4)提供滑动门及应急门声光报警装置。

(5)提供滑动门现地操作功能及应急门旁路开关功能。

4. 注意事项

若滑动门或应急门打开,恢复运营前需要确认轨行区无人。

3.2.20 站台间隙探测装置故障

1. 场景描述

当间隙探测装置故障时,在站台停稳的列车不允许发车,正在离站列车触发紧急制动,进站及离开站台的列车不受影响;综合监控工作站显示间隙探测装置故障告警提示。

2. 基本流程

(1)车站值班员确认故障报警的间隙探测装置,派遣车站人员 1 确认报警装置处站台门与列车之间是否有障碍物。

(2)如果没有障碍物,车站人员 2 在 PSL 盘旁路故障间隙探测装置。

(3)后续列车进站开门后,车站人员 2 在 PSL 盘取消故障间隙探测旁路。

(4)当站台门关闭后,车站人员 1 确认站台门与列车之间没有障碍物的情况下,车站人员 2 在 PSL 盘旁路故障间隙探测装置;重复"(3)"流程直到间隙探测故障恢复。

3. 功能分配

1)信号系统

(1)当间隙探测故障时,能根据站台门的"关闭且锁紧"状态,防护列车行车安全。

(2)当间隙探测恢复时,能根据站台门的"关闭且锁紧"状态,自动授权列车运行。

2)站台门

(1)能将告警信息传送至 ISCS。

(2)提供间隙探测旁路和报警功能,间隙探测旁路后,PSD"关闭且锁紧"信号恢复正常。

3.2.21 站台端门状态丢失

1. 场景描述

当车站站台端门打开时,系统自动点亮其状态指示灯;综合监控工作站上显示端门打开报警,可通过综合监控系统联动对应IMS摄像头画面。端门打开可能导致有非授权人员通过打开的端门进入轨行区。

2. 基本流程

(1)OCC调度/车站综合监控系统收到端门状态(门禁关闭锁闭位)丢失告警,OCC或车站工作人员可通过综合监控系统将对应摄像头画面推送至行调综合监控工作站或车站综合监控工作站显示,派遣车站人员确认端门是否打开。

(2)若端门打开,调看端门对应的IMS视频录像,确认是否有非授权人员通过端门进入轨行区。

(3)如发现有非授权人员进入轨行区,车站人员在IBP盘上紧急激活上行及下行区间SPKS。

(4)区间人工巡视完成,人员安全出清后,恢复SPKS。

3. 功能分配

1)综合监控系统

(1)显示端门打开报警信息,车站可通过综合监控系统将IMS对应摄像头画面推送至综合监控工作站显示。

(2)监视站台门端门及门禁状态。

2)通信系统

IMS根据综合监控系统发送的联动信息,自动联动IMS视频画面。

3)站台门

(1)应能监视端门状态,端门打开时间超过30 s(10～300 s可调)后,需产生声光报警信号,并能将端门状态及报警信息发送给综合监控系统。

(2)具备端门状态显示功能。

4)站台IMS

车站可通过综合监控系统手动将对应摄像头画面推送至综合监控行调工作站显示。

4. 注意事项

(1)端门设置能从内部推开,区间疏散时可使乘客从区间疏散平台到达站台。

(2)从站台侧打开必须通过专用钥匙。

(3)SPKS授权门禁激活后,需点亮相应状态指示灯;端门打开后需点亮相应状态指示灯。

3.2.22　站台门门体龟裂

1. 场景描述

当站台门门体(含应急门)龟裂时,会影响列车运行安全,需对龟裂的门体和列车启动相应防护措施。

2. 基本流程

(1)站务员按下 ESB,站台门工作人员视情况将其相邻的滑动门“手动开门”并保持常开状态,设置安全防护栏,粘贴告示牌。

(2)如玻璃掉落影响行车,需向行调报告,请点进入轨行区清理。

(3)如站台门工作人员确认门体龟裂不影响列车运行,进行相应处理后,再向 OCC 报告后,OCC 设置临时限速或司乘人员登乘后,取消 ESB,限速行驶。

(4)若龟裂门体左右滑动门在“手动开”位,则联动综合监控系统向车站、OCC 综合监控系统推送相应的视频监控画面。站台门系统启用对位隔离,对应车门对位隔离,不参与开关门作业。

3. 功能分配

1)站台门

(1)站台门 PSC 显示滑动门故障告警信息。

(2)将滑动门状态信息传送至 ISCS。

(3)具备对位隔离功能。

(4)具备整侧及单门控制功能。

2)综合监控系统

(1)能够监视滑动门状态。

(2)联动对应的 IMS。

3)信号系统

记录并转发对位隔离信息。

4)车辆

(1)提供与站台门故障隔离功能。

(2)若龟裂门体左右滑动门在“手动开”位,系统联动向车站、中心、综合监控系统推送指定的视频监控画面。

5)通信系统

若龟裂门体左右滑动门在“手动开”位,综合监控系统联动 IMS 向车站、中心推送指定的视频监控画面。

3.2.23 接触网正线失电

1. 场景描述

当线路正常运营时,1 500 V 接触网断路器/隔离开关跳闸,导致一个或多个供电分区失电,在 OCC 的信号和综合监控工作站上有报警提示;OCC 调度安排维护人员现场查看电力设备跳闸情况，进行抢修；若抢修时间过长，可派司乘人员登车进行疏散。

2. 基本流程

(1)当线路正常运营时，1 500 V 接触网断路器/隔离开关跳闸，导致一个或多个供电分区失电，在 OCC 的信号和综合监控工作站上有报警提示。

(2)信号系统自动扣停失电区段外上一站台列车，防止列车进入失电区段。

(3)OCC 调度通过综合监控工作站确认直流开关跳闸，接触网失电。

(4)OCC 调度根据情况对故障区段尝试远程复位操作，断路器/隔离开关合闸；若远程复位失败，需进行越区送电。

(5)若送电失败，OCC 封闭故障区段，操作车辆远程降弓，通知相关车站列车晚点，安排专业维修队伍进入区间对牵引电力系统进行抢修，并执行运营调整工作。

(6)若抢修时间较长，需要对区间迫停列车进行疏散。

(7)OCC 调度需通过综合监控系统发布 PA 广播/PIS 信息，安抚乘客。

(8)故障设备修复后，专业维修队伍对接触网进行试送电。

(9)维护人员确认进入区间的专业维修队伍及工具均出清线路。

(10)各相关岗位确认恢复运营。

3. 功能分配

1)车辆

(1)应能执行远程人工广播。

(2)蓄电池电量为满容量的 85%时，应能支持 45 min 应急负载，支持一次开关门操作。

(3)车辆牵引系统发生接触网欠压报警。

2)信号系统

(1)应能显示接触网失电故障报警信息。

(2)应能对失电区域上一站台的列车进行扣车。

3)综合监控系统

(1)应能显示接触网失电故障报警信息。

(2)应能向车站和车载 PIS 下发乘客服务信息。

(3)应能向车站和车载 PA 下发预录广播信息。

(4)应能向信号系统转发相关供电分区失电状态。

(5)应能调看列车 IMS 图像。

(6)应能开启隧道通风模式。

4)通信系统

(1)无线系统应能对列车进行人工广播/人工触发预录广播。

(2)应能对车站进行人工广播/人工触发预录广播。

(3)应能接收综合监控指令,向车站和车载 PIS 下发乘客服务信息。

(4)具备响应综合监控系统调看列车 IMS 图像功能。

5)BAS

启动隧道风机。

3.2.24 接触网场段失电

1. 场景描述

场段内 1 500 V 接触网断路器/隔离开关跳闸,导致一个或多个供电分区失电,在 OCC 的信号和综合监控工作站上有报警提示;OCC 调度安排维护人员现场查看电力设备跳闸情况,进行抢修。

2. 基本流程

(1)场段内 1 500 V 接触网断路器/隔离开关跳闸,导致一个或多个供电分区失电,在 DCC 的信号和综合监控工作站上有报警提示。

(2)DCC 调度员通过综合监控工作站确认直流开关跳闸,接触网失电。

(3)DCC 调度员对故障区段根据情况尝试远程复位操作,断路器/隔离开关合闸。

(4)若试送失败,操作车辆远程降弓,安排专业维修队伍进入场段对牵引电力系统进行抢修。

(5)故障设备修复后,专业维修队伍对接触网进行试送。

(6)维护人员确认进入场段的专业维修队伍及工具均出清线路。

(7)各相关岗位确认故障区段恢复供电。

3. 功能分配

1)信号系统

应能显示接触网失电故障报警信息。

2)综合监控系统

(1)应能显示接触网失电故障报警信息。

(2)应能向信号系统转发相关供电分区失电状态。

3.2.25 洗车机故障

1. 场景描述

洗车机故障后,故障原因在控制室有相关告警,场段操作员分析情况并采取必要活动,决定是否停止洗车。

2. 基本流程

(1)当洗车过程中洗车机发生故障,向 DCC 控制室和洗车机操作室内洗车终端(都放洗车控制盘)进行报警,场段调度安排洗车机操作员进行故障情况分析。

①确认洗车过程已停止。

②确定洗车过程停在哪个步骤。

③观察洗车情况、清洁度等。

(2)根据洗车机操作员的报告,场段调度员可以决定:

①停止洗车机作业。

②本地或远程恢复洗车过程。

③人工控制洗车机和列车。

④派维护人员检查洗车设备。

3. 功能分配

1)信号系统

信号系统采集到洗车机系统侧故障或异常信息后,禁止下发排列经过洗车库的列车进路,若进路已经建立,信号系统需立即关闭允许信号,同时信号系统现地控制工作站界面洗车故障表示灯亮稳定红灯,对于正在执行洗车任务的列车,信号系统触发紧急制动或禁止列车进入洗车区域。

2)洗车机

洗车机发生影响洗车的故障或异常时,通过硬线接口向信号系统输出故障信息。

4. 注意事项

洗车机操作员应监督洗车间内的洗车过程。为了及时保护系统,可通过洗车机控制台上安装紧急停止按钮停止洗车机作业,洗车机紧急停止按钮直接与洗车机相连。

3.3 应急场景

在应急场景下,由于高安全风险和不确定性,系统不能维持正常运营,必须结合项目特点和具体情况进行分析,采取妥当的应急处置手段,避免系统继续运营带来的安全问题,如果应急处置不当,很有可能造成安全事故,威胁乘客的人身安全,甚至严重影响社会正常秩序。

应急场景模式下的处置原则是在最短的时间内通过系统联动响应以及运营人员的操作来规避各种情况下的安全风险,同时还需要遵守项目当地的安全法规,确保问题解决后的行车安全和人身安全才能退出应急模式,恢复系统正常运营。

3.3.1 乘客紧急对讲

1. 场景描述

乘客按下紧急对讲按钮，车载 IMS 自动联动视频监控至中心 IMS 和大屏，OCC 调度通过 IMS 远程查看现场情况，OCC 乘客调通过无线调度台接听乘客紧急对讲进行处置。

2. 基本流程

（1）乘客按下乘客紧急对讲按钮，报警信息发送到 OCC 调度工作站。

（2）OCC 乘客调根据联动视频按需选择接听，OCC 乘客调和乘客直接进行通话，车载 IMS 联动紧急对讲区域视频上传至中心 IMS 和大屏。

（3）OCC 乘客调根据乘客反映情况，并通过 IMS 观察车厢内情况后进行处置，必要时通过无线调度台对列车进行人工广播或在下一站人工扣车。

（4）完成紧急对讲后，OCC 乘客调在乘客调度台工作站结束紧急对讲，报警信息自动复位。

3. 功能分配

1）车辆

（1）应能将乘客紧急对讲相关信息发送至通信系统、信号系统。

（2）乘客紧急对讲可以与 OCC 进行对讲，同时也可以与本地司机对讲，在司机室钥匙未激活时，乘客紧急对讲同时与控制中心和本地进行连接，司控台紧急对讲呼叫提示音取消，控制中心和司机均可接听，司机接听优于中心。司机室钥匙激活时，车载 PA 不将紧急对讲语音信息发送至无线车载台，乘客紧急对讲和本地进行连接。

（3）紧急对讲在通话结束后应能自动复位。

（4）紧急对讲自带视频的存储功能。

2）信号系统

应有乘客紧急对讲告警信息。

3）综合监控系统

（1）应能显示乘客紧急对讲报警信息及位置。

（2）中心综合监控工作站应有报警提示，并能联动视频画面。

4）通信系统（IMS、专用无线）

（1）应支持多个乘客紧急对讲上报，选择任一路接通后，其余未被接听的紧急对讲应保留请求。

（2）通信 PIS 将报警信息发送给综合监控系统。

（3）IMS 响应综合监控系统联动指令，将乘客紧急对讲附近摄像头视频上传至 OCC。

（4）无线调度台结束乘客紧急对讲通话，报警信息复位。

(5)应具备选择接听、挂断乘客紧急对讲功能。

(6)应与通信传输、车辆配合实现紧急对讲语音落地。

4. 注意事项

OCC调度可通过无线调度台对客室启动预录紧急广播信息或进行人工广播,以安抚乘客,维持车厢秩序。

3.3.2 车门紧急解锁装置触发

1. 场景描述

当乘客操作紧急解锁装置后,触发车门紧急解锁告警信息,中心相关工作站告警,车载IMS联动至地面IMS,地面IMS推送至大屏显示,OCC调度可通过视频画面监控客室状态。车载PA系统触发就近的紧急对讲装置,OCC调度接听与乘客建立通话,了解车内情况。

2. 基本流程

(1)车门紧急解锁装置被触发后,中心ATS工作站、车辆调工作站、中心综合监控工作站给出对应报警提示;车载IMS自动推送对应视频至大屏;车载PIS自动联动对应的乘客紧急对讲供OCC乘客调点选。

(2)OCC调度通过紧急对讲与乘客沟通,并通过IMS观察车厢内情况,必要时通过无线调度台进行人工广播。

(3)车门紧急解锁装置触发时,可能存在以下几种情况:

①若列车在区间运行,列车将以FAM模式继续运行至下一站并自动扣车,OCC调度可通过乘客紧急对讲或人工广播安抚乘客,并派遣司乘人员在下一站登车处置。

②若列车在区间静止,区间有疏散平台侧车门紧急解锁装置激活后,列车车门可立即释放,无疏散平台侧车门紧急解锁装置激活后,列车车门保持关闭,不能打开;区间有疏散平台的地方,如有必要可组织疏散。

③若列车在站台有效区内运行,列车将施加紧急制动,OCC调度可通知站务人员打开车门和对应的站台门,如有必要还可组织疏散。

④若列车未在站台精准停车,OCC调度需要通过列车广播或乘客紧急对讲与乘客进行沟通,同时安排站务人员前往站台进行确认,如有必要还可组织疏散。

⑤若列车在站台精准停车,列车打开车门并自动扣车,如不能自动打开车门和站台门,OCC可先操作远程开关门,如还不能打开,可人工操作打开车门和站台门,乘客可通过车门疏散。

(4)车站人员登车后使用车门钥匙复位紧急解锁装置,OCC乘客调复位紧急对讲,IMS主动推送的视频恢复,OCC调度取消扣车或疏散防护,车门紧急解锁复位。

3. 功能分配

1)车辆

(1)应能将车门紧急解锁装置触发信息、车门关闭且锁闭状态发送至信号系统和地面IMS。

(2)当收到信号系统发送的保持车门关闭的命令后,该侧车门不能打开。

(3)车门紧急解锁装置触发后应能自动联动对应的紧急对讲。

(4)车门紧急解锁装置触发后,车载IMS联动对应视频上传至大屏和车载IMS监视台。

(5)车辆在收不到任何信号系统的禁止解锁高电平信号时,应该具备能人工打开车门的功能。

2)信号系统

(1)应将正线轨行区分为有效区和无效区。有效区内列车紧急制动后需确保至少有一扇车门位于站台区内;车门紧急解锁装置触发后,当移动列车处于无效区时,应以FAM模式继续保持运行;当移动列车处于有效区时,应施加紧急制动,且不得再自动发车。

(2)可根据是否为疏散平台侧,确定是否给车辆发送"车门禁止解锁"指令。

(3)"车门禁止解锁"指令,平时为"1",禁止解锁车门;信号系统允许解锁或车载设备关机时为"0",允许解锁车门。

(4)区间运行时,接收到紧急解锁装置触发信息后在下一站扣车。

(5)中心ATS应显示车门紧急解锁装置激活报警。

(6)车辆调工作站应显示车门紧急解锁装置激活报警。

3)综合监控系统

(1)中心综合监控工作站应能显示车门紧急解锁装置触发报警信息及对应的车门位置。

(2)中心综合监控工作站显示报警提示,并可联动IMS视频画面。

4)通信系统

(1)通信系统将报警信息发送给综合监控,提供告警传输通道。

(2)乘客调无线调度台结束乘客紧急对讲通话,乘客紧急对讲报警信息复位。

(3)IMS响应综合监控系统联动指令联动相关摄像头。

4. 注意事项

(1)车辆具备紧急对讲优先级,司机接听优于控制中心(或具备三方通话备选方案能力)。

(2)紧急解锁装置安装于客室内,为非自复位式,需要人工复位。

(3)FAM模式下,列车在车站停稳(站台对位停稳)、紧急解锁装置激活后,以下三种情况,站务人员上车人工复位,可通过站务人员就地关门或远程关门后,中心取消乘客紧急对讲引起的扣车后自动发车。

①车门已打开:保持打开,不再自动关闭。

②车门未打开:人工打开车门,不再自动关闭。

③车门已关闭:再次人工打开车门,不再自动关闭。

3.3.3 司控台盖板打开

1. 场景描述

全自动运行列车在运行过程中发生司控台盖板开启时,车辆自动推送对应区域的 IMS 图像至 OCC 调度工作站。

2. 基本流程

(1)司控台盖板非预期开启时能向控制中心告警,相关报警信息传送至 OCC 调度工作站,并自动联动车载 IMS 推送对应区域的 IMS 监控图像到 OCC。

(2)中心乘客调通过人工广播劝阻乘客不要擅动司控台。

(3)列车运行到下一个车站人工扣车,安排司乘人员登车关闭盖板。

(4)若 OCC 调度经 IMS 确认是误报警,维持运行至终点站退出运营。

3. 功能分配

1)车辆

(1)应能将司控台盖板开启信息发送至 ATS。

(2)当司控台盖板开启后,TCMS 将报警信息发送给通信 PIS。

2)信号系统

信号系统应能接收及显示车辆发送的司控台盖板开启信息。

3)综合监控系统

(1)应能接收 PIS(或车辆传综合监控系统)转发的司控台盖板开启信息。

(2)中心综合监控工作站显示报警提示,并可联动 IMS 视频画面。

4)通信系统

(1)OCC 调度应能对列车进行人工广播。

(2)IMS 响应综合监控系统联动指令联动相关摄像头。

3.3.4 列车电气柜门打开

1. 场景描述

全自动运行列车在运行过程中发生电气柜门打开时,车辆自动推送对应区域的 IMS 图像至 OCC 调度工作站。

2. 基本流程

(1)电气柜门非预期开启时能向控制中心报警,相关报警信息传送至 OCC 调度工作站，并自动联动系统推送对应区域的IMS监控图像。

(2)中心乘客调通过人工广播劝阻乘客不要擅动电气柜门。

(3)列车运行到下一个车站人工扣车，安排司乘人员登车关闭电气柜门。

(4)若OCC调度经IMS确认是误报警，维持运行至终点站退出运营。

3. 功能分配

1)车辆

(1)应能将电气柜门打开信息发送至车载广播系统、信号系统，并能在HMI报警。

(2)当电气柜门打开后，TCMS将报警信息发送给通信PIS。

2)信号系统

应能接收及显示车辆发送的电气柜门打开信息。

3)综合监控系统

中心综合监控工作站显示报警提示，并可联动IMS视频画面。

4)通信系统

(1)OCC调度应能对列车进行人工广播。

(2)将电气柜门打开信息发送至综合监控系统。

(3)IMS应能响应综合监控系统联动指令，将对应的车载IMS摄像头联动至OCC对应的调度员工作站。

4. 注意事项

具体哪些电气柜门需要联动IMS，根据项目车辆专业定义确定。

3.3.5 列车被动障碍物检测

1. 场景描述

列车以FAM模式运行过程中，被动障碍物检测设备监测线路轨行区限界范围内的障碍物，当被动障碍物检测设备碰撞到轨行区障碍物时，列车触发紧急制动，并上传报警信息至OCC，人工确认故障情况和发生地点后，通过OCC调度操作ATS工作站或车站人员操作SPKS实现临线防护。

2. 基本流程

(1)当障碍物检测触发时，列车触发紧急制动，在OCC调度工作站上有报警提示。

(2)车载IMS自动推送对应视频至大屏和车载IMS监视台。

(3)当列车碰撞障碍物停在区间不能移动时，根据现场情况，OCC调度指挥现场疏散和救援。

(4)工作人员到达现场人工清除障碍物，并确认轨道上没有遗留障碍物和作业人员，同时确认列车具备继续全自动运行条件后，上车复位障碍物检测设备。

(5)障碍物检测设备复位后,车辆自动缓解紧急制动,恢复 FAM 模式运行。

3. 功能分配

1)车辆

(1)当障碍物检测触发时,触发紧急制动。

(2)当障碍物检测触发时,将报警信号发送给信号系统及综合监控系统。

(3)当障碍物检测触发后,不应自动复位。

(4)应可对障碍物检测装置进行人工复位,并应设置旁路。

(5)当障碍物检测触发后,TCMS 将报警信息发送给车载 IMS,车载 IMS 联动列车内前端 IMS 摄像头视频画面并推送到地面 IMS。

(6)车辆的蓄电池应满足 45 min 左右紧急负载工作。

2)信号系统

(1)应能接收、显示车辆发送的障碍物报警信息。

(2)收到障碍物报警信息后,需触发紧急制动。

(3)应具备区段封锁功能。

3)综合监控系统

(1)应能接收 PIS 转发的障碍物报警信息。

(2)中心综合监控工作站显示报警提示,并可联动视频画面。

4)通信系统

(1)提供车辆实时状态传递到综合监控系统的通道。

(2)OCC 调度应能对列车进行人工广播。

(3)IMS 应能响应综合监控系统联动指令,将对应的车载 IMS 摄像头联动至 OCC 对应的调度员工作站。

3.3.6 列车灭火器被取出

1. 场景描述

(1)列车灭火器被取出,OCC 调度工作站报警,车载 IMS 自动联动对应的视频监控至大屏,OCC 调度远程查看现场情况并进行处置。

(2)如确认有火灾信息,尽量将车辆运行至车站,打开所有站台门、车门进行紧急疏散。

(3)当 OCC 调度确认列车发生火警,且列车在区间无法行驶至下一站时,OCC 调度启动手动联动场景功能(人员往发生列车火灾相反方向疏散,隧道风机正面迎着疏散人员吹风)。

(4)如确认未发生车辆火灾,通过人工广播劝阻乘客不要擅动灭火设备并将灭火器归位,运营人员在下一站登乘进行处理。

2. 基本流程

(1)OCC 调度根据报警信息并通过 IMS 视频了解车厢内状况,OCC 乘客调可通过列车广播或乘客紧急对讲与乘客通话。

(2)如确认有火灾,参照列车火灾章节。

3. 功能分配

1)车辆

应提供列车灭火器被取出报警信息并发送给信号系统及通信系统。

2)信号系统

(1)车辆调工作站应显示列车灭火器被取出报警信息及位置。

(2)应能将列车灭火器被取出报警信息转发至综合监控系统。

3)综合监控系统

(1)应能接收信号系统转发的列车灭火器被取出报警信息。

(2)应能显示列车灭火器被取出报警信息及位置。

(3)中心综合监控工作站显示报警信息提示,并能联动视频画面。

4)通信系统

(1)能够接收车载 TCMS 列车灭火器被取出报警信息。

(2)IMS 应能响应综合监控系统联动指令,将对应的车载 IMS 摄像头联动至 OCC 对应的调度员工作站。

4. 注意事项

灭火器被移动仅触发报警,不会对行车产生影响。

3.3.7 站台紧急关闭按钮激活

1. 场景描述

(1)当紧急情况发生时,站台上的乘客或车控室的值班员可通过按压站台或 IBP 上紧急关闭按钮,激活站台的安全防护区域。

(2)综合监控系统收到信号系统发送的站台紧急关闭按钮报警信息后,综合监控系统联动对应的 IMS 视频。

(3)车站综合监控系统收到中心综合监控系统发送的站台紧急关闭按钮报警信息后,根据报警信息联动报警 ESB 所在的站台侧对应的摄像头视频图像,并在 IMS 工作站显示。

2. 基本流程

(1)站台紧急关闭按钮按下后,信号系统激活站台的安全防护区域,综合监控系统联动 IMS 推送站台侧对应的多个摄像头视频到中心及车站的综合监控工作站。

(2)站台 ESB 被按下,信号系统激活站台的安全防护区域。

(3)若运行中的列车因 ESB 而停车,OCC 乘客调可进行人工列车广播。

(4)当紧急状态解除后,车站人员通过 IBP 手动将 ESB 恢复为正常状态,信号车载设备自动缓解已紧急制动的列车,在收到移动授权后,列车将自动以 FAM 模式运行。

3. 功能分配

1)信号系统

(1)将站台紧急关闭按钮报警信息发送给综合监控系统。

(2)应能激活站台的安全防护区域。

(3)应能将站台紧急关闭按钮报警信息发送至控制中心。

2)综合监控系统

综合监控系统收到信号系统发送的站台紧急关闭按钮报警信息后,综合监控工作站显示报警提示,并能联动相应的视频画面。

3)通信系统

IMS 根据综合监控系统发送的联动信息,自动联动 IMS 视频画面。

4. 注意事项

(1)当列车正接近站台时,若该站台 ESB 被按下,列车将采用常用制动停在站外或紧急制动停车。

(2)当列车已进入站台未停车时,若该站台 ESB 被按下,列车将采用紧急制动停车。

(3)列车已停在站台时,若该站台 ESB 被按下,信号车载设备将打开或保持车门及 PSD 不关闭,同时施加紧急制动。

(4)当列车在车站已启动但未完全离开站台时,若该站台 ESB 被按下,信号车载设备将对列车实施 EB 停车。

(5)当紧急关闭不能恢复时,如果列车停在紧急关闭站台范围内,登乘人员通过解锁站台门、车门登乘;如果列车停在紧急关闭站台范围外,则需要工作人员激活相应的 SPKS 区域登乘;人员登乘列车后转人工模式驾驶列车。

3.3.8 站台门夹人夹物

1. 场景描述

列车离站关门期间,当一道或多道站台门夹人夹物,夹人夹物的门尝试 3 次关闭仍不能关门成功,不能关闭的站台门会自动打开,进入防夹模式。

2. 基本流程

(1)站台门因夹人夹物未能关闭时,经短暂延时后,再次自动关门。

(2)或经过 3 次自动关门失败后,车辆向 OCC 调度进行报警。

(3)OCC 收到站台门“夹人夹物”报警,可通过综合监控系统手动调取防夹站台门对应 IMS 摄像头查看现场情况或车站值班员现场确认站台门“夹人夹物”。

(4)OCC 调度派遣工作人员或车站值班员在按压 ESB 后,利用 LCB 或 PSL 人工关闭夹人夹物的站台门。

(5)取消 ESB 后,列车可正常离站。

3. 功能分配

1)信号系统

(1)未收到站台门关闭且锁紧信息时,禁止发车。

(2)站台设置门联动(站台门和车门联动)开门和关门按钮,具备本地站台门与车门同时开、关的功能。

(3)在停车窗内具备远程开/关门功能。

2)综合监控系统

(1)在车站及中心报警。

(2)应能显示站台门间隙探测检测信息。

(3)具备联动站台 IMS 功能。

3)通信系统(IMS)

IMS 根据综合监控系统发送的联动信息,自动联动 IMS 视频画面。

4)站台门

(1)站台门具备防夹功能,当站台门发生夹人夹物时,可再次自动关门(次数可配置),并向综合监控系统汇报防夹状态。

(2)应能将站台门关闭且锁紧信息发送给信号和综合监控系统。

(3)应将间隙探测检测信息发送给综合监控系统。

(4)接收信号系统发送的关门指令并执行,具备再关门功能。

(5)站台门自动多次(三次)关门后仍未关闭,在采取相应的安全措施后,按压站台 PSL 上的信号专业联动关门按钮,车门/站台门联动关闭。

(6)站台设置 PSL,站台门“关闭锁紧”故障时可与信号系统进行互锁解除。

(7)具备整侧及单门控制功能。

(8)具备声光报警装置。

3.3.9 车门夹人夹物

1. 场景描述

列车离站关门期间,当一道或多道车门夹人夹物,夹人夹物的门尝试 3 次关闭仍不能关门成功,不能关闭的车门会完全打开,进入防夹模式。

2. 基本流程

(1)车门因夹人夹物未能关闭时,经短暂延时后,打开后再次自动关门。

(2)或经过 3 次自动关门失败后,车辆向 OCC 调度进行报警。

(3)OCC 收到车门“夹人夹物”报警,可通过综合监控系统联动防夹车门对应 IMS 摄像头查看现场情况。

(4)OCC 调度派遣工作人员人工关闭夹人夹物的车门。

3. 功能分配

1)车辆

(1)应具备车门防夹功能,当车门发生夹人夹物时,可再次自动关门(次数可配置),并向信号系统发送“车门检测到障碍物”信息。

(2)应能将车门关闭且锁闭信息发送给信号系统。

(3)接收信号系统发送的关门指令,具备再关门功能。

(4)具备整侧及单门控制功能。

(5)具备声光报警装置。

2)信号系统

(1)未收到车门关闭且锁闭信息时,禁止发车。

(2)站台设置站台关门/开门按钮,具备本地关门/开门功能。

(3)应能将 IMS 联动视频信息转发至综合监控系统。

(4)在停车窗内具备远程开/关门功能。

3)综合监控系统

(1)具备显示车门防夹报警功能。

(2)应能接收信号系统转发的 IMS 联动视频信息。

(3)可通过综合监控系统联动防夹车门对应 IMS 摄像头查看现场情况。

4)通信系统

(1)IMS 根据综合监控系统发送的联动信息,自动联动 IMS 视频画面。

(2)IMS 应能响应综合监控系统联动指令,将对应的车载 IMS 摄像头联动至 OCC 对应的调度员工作站。

3.3.10 车门和站台门间隙夹人夹物

1. 场景描述

在列车离站期间,站台间隙探测系统夹人夹物报警时,在站台停稳的列车不允许发车,正在离站的列车触发紧急制动,在区间运行或进站列车不受影响。综合监控工作站显示站台间隙探测系统故障报警提示。

2. 基本流程

(1)站台门和车门间隙发生夹人夹物,站台探测系统报警,站台门"关闭且锁紧"信息丢失,禁止列车发车。

(2)综合监控系统收到站台门间隙探测系统夹人夹物报警,可通过综合监控工作站联动防夹站台门对应 IMS 摄像头查看现场情况,工作人员结合现场实际情况按压 ESB 按钮。

(3)工作人员手动打开夹人夹物的滑动门,处置后关闭滑动门并确认站台探测系统状态。

(4)取消 ESB 后,列车可正常离站。

3. 功能分配

1)信号系统

(1)当站台探测系统检测到夹人夹物时,能根据站台门的"关闭且锁紧"状态,防护列车行车安全。

(2)当站台探测系统夹人夹物恢复时,能根据站台门的"关闭且锁紧"状态,自动授权列车运行。

2)综合监控系统

(1)接收站台门系统发送的报警信息及间隙探测设备状态信息。

(2)应能手动联动 IMS。

3)通信系统

IMS 根据综合监控系统发送的联动信息,自动联动 IMS 视频画面。

4)站台门

(1)生成日志,报警信息传送至综合监控系统。

(2)提供站台间隙探测"旁路"功能,站台间隙探测旁路后,站台门"关闭且锁紧"信号恢复正常。

(3)具备"夹人夹物"报警。

(4)间隙探测"夹人夹物"恢复后,"关闭且锁紧"状态恢复。

3.3.11 轨行区相关应急

原则上禁止在运营时间进行轨道作业。但当不能避免时,须考虑暂停施工区域的列车运行。可以在一条轨道上实施维护工作,同时另一条轨道上继续运营。需采取相关措施防止发生触电和碰撞的危险。

1. 人员进入正线轨行区

1)场景描述

在车站车控室 IBP 盘上设置 SPKS 按钮,以防护进入轨行区人员的人身安全,每个

SPKS 按钮对应相应的正线防护区域。按压站台或 IBP 上紧急关闭按钮，可激活站台的安全防护区域。

2）基本流程

（1）若在站台区域发生紧急情况时，可按下紧急关闭按钮，激活站台的安全防护区域。

（2）当人员需要进入轨行区作业前，须由车站人员激活 SPKS。

（3）作业人员向值班员申请需要作业区域的门禁卡。

（4）作业人员刷门禁通过相应的端门进入轨行区作业。

（5）当轨行区作业完成且人员全部离开轨行区后，调度或车站人员恢复 SPKS，列车自动缓解 EB，列车恢复 FAM 模式运行。

3）功能分配

（1）信号系统

SPKS 激活后，信号系统会激活相应的防护区域，以防止 ATP 防护的列车进入，并禁止防护区域内列车移动。

（2）综合监控系统

①IBP 盘上 SPKS 对应的防护区域应以不同颜色进行区分。

②能接收信号 SPKS 激活指令打开对应的门禁权限及显示门禁开关门状态并联动对应门禁处的摄像头。

2. 人员进入场段轨行区

1）场景描述

在车辆段/停车场设置 SPKS 按钮，以防护进入段/场无人区人员的人身安全。库内的 SPKS 管理停车列检库对应的安全分区。

2）基本流程

（1）当人员需要进入段/场轨行区作业前，须激活 SPKS。

（2）作业人员向值班员申请需要作业区域的门禁卡。

（3）作业人员刷门禁通过相应的门进入轨行区作业。

（4）当段/场轨行区作业完成且人员全部离开轨行区后，应恢复 SPKS。

3）功能分配

（1）信号系统

①SPKS 激活后，信号系统会激活相应的防护区域，以防止 ATP 防护的列车进入，并禁止防护区域内列车移动。

②SPKS 控制盘上对应的防护区域应以不同颜色进行区分。

③给综合监控系统留有采集 SPKS 激活指令。

（2）综合监控系统

能接收信号 SPKS 激活指令打开对应的门禁权限。

4)注意事项

具体的场段 SPKS 使用影响范围参考列车运行规则中停车场 SPKS 设置。

3.3.12 列车火灾

1. 场景描述

(1)列车发生火灾,包括以下地点:列车在站台发生火灾、列车在区间发生火灾、列车在场段发生火灾。

(2)车辆火警探测系统自动或乘客通过乘客紧急对讲等方式向 OCC 调度上报列车火灾。OCC 调度可通过综合监控系统查看现场情况确认火灾,或通过列车广播引导乘客进行处置。

2. 基本流程

1)列车在站台发生火灾

(1)车载 FAS 报警或乘客通过乘客紧急对讲上报车厢有火警后,信号系统执行列车扣车,车门打开不关闭。

(2)车载空调系统收到车内温感组合探测器报警信息后,自动关闭对应车厢空调。

(3)OCC 调度可通过车载 IMS 或安排车站人员确认列车火灾部位、列车位置、起火源、火势程度及影响等。

(4)如 OCC 调度确认属于火灾误报,可安排车站人员或远程对列车火灾进行复位。

(5)如属于真实火灾,OCC 调度确认后,乘客调联动车辆预录车载广播和车载 PIS 提醒乘客疏散。车站人员根据列车火灾严重情况判断是否引导乘客疏散,并按火灾预案的相关要求进行应急处置,组织车站工作人员携带救援装备赶赴站台开展前期火灾扑救工作并通知消防救援人员进行火灾扑救。

(6)OCC 调度预判火灾影响并通知相关受影响车站及车场,及时进行行车组织调整。

(7)若火势较大需要进行车站疏散,车站人员应及时确认 AFC 紧急模式是否已启动,落实乘客信息告知、疏散引导、接应统计、人员先期救助及抢险抢修配合等工作。

(8)根据列车火势情况,OCC 调度决定是否启用车站风机应急模式。

(9)火灾扑灭后,清理事故现场,列车退出正线运营。

(10)处置结束后,中心 OCC 调度应及时进行运营调整,逐步恢复正常运营。

2)列车在区间发生火灾

(1)车载空调系统收到车内温感组合探测器报警信息后,自动关闭对应车厢空调。

(2)OCC 调度可通过车载 IMS 或车上运营人员确认列车火灾部位、列车位置、起火源、火势程度及影响等。

(3)如果是误报警,可以进行远程人工复位或在列车到达下一站后安排站务人员登车后对列车报警信息进行复位或旁路。

(4)如果确认有火灾，OCC调度通过人工广播对车内乘客进行安抚。根据列车运行状态及火势情况采取以下两种不同模式的应急疏散：

情况1：如果列车能继续运行，可在列车到达下一站台后进行站台疏散。

①OCC调度通过人工广播指导乘客启动紧急对讲，并引导乘客取出列车内的灭火器进行灭火，列车继续运行到下一站扣车打开车门。

②列车达到站台后，工作人员按照“列车在站台发生火灾”场景进行处置。

情况2：如果火灾导致列车迫停区间，执行区间疏散。

①OCC调度组织疏散，工作人员按“区间疏散”流程进行处置。

②OCC调度预判火灾影响并通知相关受影响车站及车场，及时进行行车组织调整。

③组织车站工作人员携带救援装备赶赴区间开展火灾前期扑救工作。

④火灾扑灭后，清理事故现场，列车退出正线运营。

⑤处置结束后，中心OCC调度应及时进行运营调整，逐步恢复正常运营。

3)列车在场段发生火灾

(1)当列车在发生火灾时，车载FAS报警至DCC，车载空调系统收到车载温感组合探测器报警信息后，自动关闭对应车厢空调。

(2)场段人员可通过车载IMS或安排场段值班人员确认列车火灾部位、列车位置、起火源、火势程度及影响等。

(3)对于停在库线的列车而言，场段调度保持列车停在库线。

(4)对于正在出库的列车而言，通知司机紧急停车或通过远程紧急制动方式使列车停车。

(5)根据规程组织灭火。

(6)运行在库线外的列车，灭火后，回退至线库内。其他列车可正常出库。

3. 功能分配

1)车辆

(1)应能自动提供火灾报警功能，报警信息发送至综合监控系统和信号系统。

(2)可以对火灾报警进行远程复位。

(3)应能执行远程人工广播。

(4)具备关闭对应车厢空调。

2)信号系统

(1)具备区域封锁功能。

(2)具备对列车火灾报警远程复位功能。

(3)应能对发出火灾报警的列车到站自动扣车。

(4)应能对发出火灾报警列车的后方列车在上一个站台扣车。

3)综合监控系统

(1)人工确认火灾联动后应能执行列车区间或站台火灾运行模式,按照相应的火灾运行模式,启动相应排风设备。

(2)应能接收列车火灾报警信息,并可以对火灾进行确认,具备取消启动火灾响应模式的功能。

(3)人工确认火灾联动后,应能向车载PIS、PA发布应急疏散信息。

(4)人工确认火灾联动后,应能向受影响的车站PIS、PA进行火灾信息、疏散信息的显示及播放。

(5)人工确认火灾联动后,应能向受影响的前后方车站PIS、PA进行火灾信息、疏散信息的显示及播放。

(6)可通过综合监控系统联动列车火灾对应IMS摄像头查看现场情况。

4)通信系统

(1)应为调用车载IMS提供车地传输通道。

(2)应能对列车进行人工广播。

(3)OCC调度应能接听乘客紧急对讲,与乘客建立通话。

(4)IMS根据综合监控系统发送的联动信息,自动联动IMS视频画面。

(5)应能响应综合监控指令推送火灾报警附近IMS视频至地面IMS,地面IMS上传至OCC大屏。

5)土建

区间应具备疏散导向标识。

3.3.13 车站火灾

1. 场景描述

车站FAS自动或工作人员/乘客上报车站火灾,工作人员可通过IMS查看现场情况并进行处置。

2. 基本流程

FAS主机触发火警信息时,自动联动火灾模式,包括切换非消防电源、电梯归首、启动气灭喷洒等;OCC和车站人员工作站会显示"××车站FAS火灾报警控制器FAS主机火警确认:确认"报警信息,并自动联动火警附近区域IMS视频信息;车站人员需要通过IMS视频信息对火灾情况进行判定,若确认有火灾(车站火灾分为站台火灾、站厅火灾、设备房火灾),需要点击确认按钮;ISCS工作站确认后将火警信息转发至信号系统。

站台公共区火灾确认后的基本流程如下:

(1)自动联动车站PIS、PA进行火灾信息显示及播放、释放闸机和门禁。

(2)若该站台有停站列车，OCC 调度组织立即发车，停站列车应立即关闭车门及站台门，启动列车离开车站，OCC 调度人工进行列车广播，告知旅客站台火灾，不要在该站下车；若该站台无停站列车，OCC 调度人工设置该站的跳停作业。

(3)信号系统自动执行上一站站台扣车，扣车后的基本流程如下：

①OCC 调度人工进行列车广播，向车内乘客说明下一站车站火灾情况。

②车辆打开车门后停靠站台时间过长时，列车 PA 触发临停广播(无论是否关门，当车门打开超过 160 s 后触发一次)。

(4)站厅公共区火灾确认后的基本流程如下：

①自动联动车站 PIS、PA 进行火灾信息显示及播放、释放闸机和门禁。

②若该站台有停站列车，OCC 调度人工进行列车广播，告知旅客站厅火灾，不要在该站下车；若该站台无停站列车，接近车站的列车照常在车站停车，打开车门及站台门后采用与站厅火灾站台有停站列车相同的控制策略。

③OCC 调度也可根据火灾和站台乘客的具体情况，给列车办理跳停作业让列车不在本站停车而直接通过车站。

(5)公共设备区域火灾确认后的基本流程如下：

①自动联动车站 PIS、PA 进行火灾信息显示及播放、释放门禁。

②若该站台有停站列车，OCC 调度人工进行列车广播，告知旅客车站火灾，不要在该站下车；若该站台无停站列车，接近车站的列车照常在车站停车，打开车门及站台门后采用与站厅火灾站台有停站列车相同的控制策略。

③OCC 调度也可根据火灾和站台乘客的具体情况，给列车办理跳停作业让列车不在本站停车而直接通过车站。

3. 功能分配

1)车辆

应能执行远程人工广播。

2)信号系统

(1)应具备提前发车功能。

(2)接收综合监控系统车站火灾报警确认信息。

(3)应能对车站进行扣车和跳停。

3)综合监控系统

(1)综合监控系统应有火灾报警信息显示。

(2)可以区分站台火灾、站厅火灾和设备区火灾。

(3)FAS 火灾复位后，具备复位火灾相应模式的功能。

(4)应能联动车站通风空调系统执行相应的火灾运行模式。

(5)应能联动 PA 播放车站火灾信息和紧急疏散广播。

(6)应能联动车站 PIS 发布紧急疏散预置信息。

(7)应能向受影响列车 PIS 发布乘客服务信息。

(8)应能联动车站火灾报警相关区域的 IMS 视频图像。

(9)应能通知信号系统车站火灾报警确认信息。

(10)IMS 应能根据综合监控系统联动指令切换显示车站相关区域的 IMS 图像。

4)通信系统

(1)应能根据 FAS 报警信号联动车站 PA 播放对应的消防广播和疏散引导提示。

(2)应能对列车和车站进行人工广播。

(3)应能接收综合监控系统联动指令,PA 播放车站火灾信息和紧急疏散广播。

(4)应能接收综合监控系统联动指令,车站 PIS 显示紧急疏散预置信息。

(5)应能接收综合监控系统联动指令,向受影响列车 PIS 发布乘客服务信息。

(6)PIS 显示火灾信息。

5)环境与设备监控系统

(1)应能根据 BAS 指令按预设的工况模式启动相应的防排烟设备运行,并反馈设备运行状态。

(2)火灾工况模式下,车站环控设备应强制切换至工频运行。

6)AFC

(1)应能根据 FAS 联动指令执行闸机阻挡装置解锁操作。

(2)应能反馈闸机阻挡装置解锁状态。

7)FAS

(1)应能联动车站智能疏散系统,联动车站消防专用设备启动、门禁释放、AFC 闸机阻挡装置解锁、垂直电梯迫降首层、切除非消防电源。

(2)应能对火灾报警信息进行确认。

(3)FAS 具备复位火灾相应模式的功能。

3.3.14 区间火灾

1. 场景描述

当有区间感温光纤超高温报警信息时,OCC 调度工作站进行报警,OCC 调度派遣工作人员查看现场情况并处置。

2. 基本流程

(1)当区间 FAS 检测到区间火灾时,火灾报警信息会送给综合监控系统,并在 OCC 调度工作站进行报警。

(2)OCC 调度派遣工作人员现场查看火情。

(3)如确认为误报,则复位相关设备。

(4)如确认区间火灾发生后,通过综合监控系统手动启动区间火灾模式,OCC 调度根据火灾地点及列车位置确定区间风机运转方向。

(5)信号系统收到火灾报警确认信息后,对同方向后续列车在上一站台自动扣车。OCC 调度检查该区域的列车运行状态,将区间的火灾报警信息发送给该区域运行的相关列车。

(6)列车收到火灾信息后,自动关闭新风系统,列车到达站台后人工恢复新风系统。

(7)OCC 调度/车站人员对发生火灾区间上一站站台及区间运行列车进行人工广播/乘客紧急信息文本发布。

(8)OCC 调度预判火灾影响,及时进行行车组织调整。

(9)组织车站工作人员携带救援装备赶赴站台开展前期火灾扑救工作,并通知消防救援人员进行火灾扑救。

(10)当 OCC 调度确认区间火灾扑灭后,人工取消列车区间火灾模式,取消上一站扣车,恢复受影响列车以 FAM 模式运行。

3. 功能分配

1)车辆

接收到区间火灾信息后可以自动关闭新风系统。

2)信号系统

(1)接收综合监控区间火灾信息,应能对同方向后续列车在上一站台自动扣车。

(2)经人工确认后,将区间火灾信息下发至区间运行列车。

3)综合监控系统

(1)综合监控系统应有火灾报警信息显示。

(2)应能执行列车区间火灾运行模式。

(3)应能向受影响的前后方车站播放区间火灾预置广播。

(4)应能向受影响的前后方车站播放区间火灾信息。

(5)可调看火警区域的 IMS 视频图像(若有)、前后方车站站台的视频图像。

(6)应能联动区间智能疏散系统。

(7)应能通知信号系统区间火灾报警信息。

4)通信系统

(1)应能对列车和车站进行人工广播。

(2)应提供乘客紧急对讲传输通道。

(3)通信 PIS 应能接收综合监控指令,对车站及相关列车进行乘客紧急文本信息下发。

(4)通信 PA 收到综合监控指令,区间广播(如有)播放对应的消防广播和疏散引导提示。

5)FAS

具备区间感温光纤超高温报警功能,并可将报警信息提供给综合监控系统。

3.3.15 区间水患

1. 场景描述

区间积水达到一定阈值会触发报警,有4个报警点,分别为超道床水位、超轨面水位、超轨面50 mm、超轨面150 mm。根据区间水位监测系统检测到水位超限报警后,将相关信息传送至综合监控系统,自动启动水泵控制,并在区间水泵监测点轨道附近设有摄像头,确认轨面水淹情况。

2. 基本流程

(1)OCC接收到区间水患报警。

(2)综合监控系统自动联动轨旁IMS(如有),确认现场情况。

(3)有必要的情况下安排工作人员添乘/现场查看。

(4)水位监测达到高水位报警时,自动启动水泵排水。

(5)如果不允许列车通过,中心OCC调度组织临时交路行车。

(6)必要时启用防淹门(如有)关闭程序。

3. 功能分配

1)信号系统

具备临时限速功能。

2)综合监控系统

(1)应能显示区间水泵手动/自动状态、运行/停止状态、故障状态。

(2)能显示区间集水井超高水位、超低水位报警。

(3)能显示区间集水井实时液位。

(4)应能远程启停区间泵。

(5)当接收到区间液位探测报警后,联动轨旁IMS。

3)通信系统

(1)在液位探测仪(隧道最低点)附近设置IMS。

(2)IMS根据综合监控系统发送的联动信息,自动联动IMS视频画面。

4)给排水系统

(1)应具备超道床水位、超轨面水位、超轨面50 mm、超轨面150 mm报警功能,并将报警发送至综合监控系统。

(2)应能根据水位自动启动区间泵组运行。

3.3.16 区间疏散

1. 场景描述

当列车在区间因故障停车且需要区间疏散时，在区间疏散开始前，OCC 调度根据区间疏散位置组织疏散，联动相关系统，引导乘客疏散。

2. 基本流程

（1）OCC 调度根据列车位置联动综合监控系统人工启动区间隧道通风模式，并在相应所辖车站车控室通过智能疏散主机打开区间的应急照明及疏散指示灯。

（2）车站站务员从车站两端分别进入区间到达列车停车位置，进行疏散前的相关准备。以确认没有乘客进入非授权疏散方向的区间。

（3）当通过端部疏散门组织疏散时，OCC 调度通过车载 IMS 查看车厢内情况，并通过广播引导乘客从车厢内操作端部疏散门手柄以请求打开端部疏散门手柄，引导乘客打开端部疏散门。

（4）当通过客室门组织疏散时，站务人员从车厢外人工解锁引导乘客下车，乘客通过客室门至隧道疏散平台到达车站，OCC 调度通过车载 IMS 查看车厢内情况，并通过广播引导乘客从车厢内打开指定侧车门。

（5）区间的车站站务员对下车乘客进行计数，站台接应人员也对到达站台的乘客进行计数，疏散结束后进行数量核对。站务员确保乘客在疏散过程中不进入临线。

3. 功能分配

1）车辆

（1）如因车辆故障在区间停车，应能自动将报警信息发送至信号系统。

（2）应能推送疏散客室门/端部疏散门附近 IMS 视频至地面 IMS，地面 IMS 上传至 OCC 大屏。

（3）应能执行远程人工广播。

2）信号系统

（1）具备向综合监控系统发送区间阻塞信息的功能。

（2）应能对同方向后续列车在上一站台自动扣车。

3）综合监控系统

（1）综合监控系统应有区间阻塞报警信息显示。

（2）应能执行列车区间通风运行模式。

（3）应能向受影响的前后方车站播放区间阻塞信息。

（4）可调看阻塞区域的 IMS 视频图像（若有）、前后方车站站台的视频图像。

（5）可调看阻塞列车客室门附近的 IMS 视频图像。

(6)应能接收信号系统区间阻塞报警信息。

4)通信系统

(1)应能对列车和车站进行人工广播。

(2)应提供乘客紧急对讲传输通道。

(3)通信PIS应能接收综合监控指令,对车站及相关列车进行乘客紧急文本信息下发。

(4)通信PA收到综合监控指令,区间广播(如有)播放对应的广播和疏散引导提示。

4. 注意事项

(1)当乘客打开端部疏散门盖板或操作客室门车门紧急解锁时,车载控制器优先控制列车继续运行至下一站站台打开车门疏散乘客。列车在站台对标停稳后,打开车门和站台门不关闭,按站台疏散处理。

(2)当乘客打开端部疏散门盖板或操作客室门车门紧急解锁时,车载IMS自动联动对应门的IMS视频图像推送至OCC大屏。

3.3.17 轨面湿滑

1. 场景描述

当列车空转或打滑,车辆将相关报警传送给信号系统,信号系统显示报警提示,OCC调度判断当前轨道湿滑,可以设置雨雪模式或对相关区域进行临时限速。

2. 基本流程

(1)如果单列车报警,无需采取措施;如果该列车持续报警,需要退出运营。

(2)如果多列车在同一区域报警,则可判断为轨面湿滑,需安排工作人员现场检查。

(3)OCC可在轨面湿滑区域设置临时限速,或启用雨雪模式。

3. 功能分配

1)车辆

车轮防滑保护系统检测到异常后,可以将检测结果上传至信号系统。

2)信号系统

(1)具备雨雪模式功能。

(2)具备临时限速设置功能。

3.3.18 列车脱轨

1. 正线脱轨

1)场景描述

列车在全自动运行过程中,脱轨检测装置检测车辆转向架与轨道的关系,当列车脱轨时，列车实施紧急制动停车。人工确认故障情况和发生地点后，通过中心调度操作 ATS 工作站或车站人员操作 SPKS 实现临线防护。

2)基本流程

(1)TCMS 在检测到列车脱轨信息后，联动列车端部(摄像头位置待定)的 IMS 摄像头将列车两端的画面经人工确认后推送到大屏，相应的脱轨报警信息上传到 OCC 调度工作站。或 OCC 调度接到乘客紧急对讲上报列车发生事故，通过车载 IMS 确认现场情况。OCC 调度核实列车事故后，下达抢修指令，并通过人工广播对车厢内乘客进行安抚。

(2)OCC 根据现场情况落实事故区段安全防护措施，封锁相关区段，预判事故影响并通知全线车站，执行非事故区段的行车组织调整工作及现场抢修配合工作。

(3)车站工作人员确认事故位置，设置抢修临时进入点，安排抢修施工请点与销点。车站工作人员应及时执行乘客信息告知、客运组织，执行专业维修队伍、公安和医疗等外部支援力量的接应引导工作，并配合人员救助、抢险抢修等工作。

(4)专业维修队伍接到抢修指令后立即赶赴现场，确定专业维修队伍负责人。OCC 调度授权后，车站人员激活 SPKS 防护，抢险人员方可进行现场抢修。

(5)抢修结束后，专业维修队伍负责人确定动车条件及运营限制，组织执行设施设备测试及清场工作。

(6)处置结束后，控制中心应及时进行运营调整，逐步恢复正常运营秩序。

3)功能分配

(1)车辆

①当脱轨检测触发时，触发紧急制动，不自动恢复，需要人工恢复。

②当脱轨检测触发时，将报警信号发送给车载信号系统。

③当脱轨检测触发后，不应自动复位。

④当列车脱轨后，将报警信息发送给通信系统。

⑤具备本地旁路脱轨检测设备的功能。

(2)信号系统

①应能在收到列车的脱轨检测系统报警信息后施加紧急制动。

②应具备区段封锁功能。

(3)综合监控系统

①应能手动启动隧道通风模式。

②应能联动事故列车端头 IMS 视频。

③应能调看事故列车的车载 IMS 视频。

④可调看事故区间相关区域 IMS 视频(若有)。

⑤应能执行车站和车载 PIS 发布乘客疏散引导信息。

⑥应能执行列车区间疏散场景的模式。

(4)通信系统

①应提供车地无线通道,以供 OCC 调度和车内乘客通话。

②应能对列车、车站及区间(如有广播)进行人工广播。

③执行综合监控系统的 PIS 联动指令将乘客疏散文本信息在车站和车载 PIS 屏显示。

④IMS 根据综合监控系统发送的联动信息,自动联动 IMS 视频画面。

2. 场段脱轨

1)场景描述

列车在场段全自动运行过程中,脱轨检测装置检测车辆转向架与轨道的关系,当列车脱轨时,列车实施紧急制动停车。

2)基本流程

(1)TCMS 在检测到列车脱轨信息后,联动列车端部的 IMS 摄像头将列车两端的画面推送到大屏,调度通过车载 IMS 确认现场情况;相应的脱轨报警信息上传到调度工作站。调度核实列车事故后,下达抢修指令。

(2)场段行调落实事故区段安全防护措施及列车出入库调整方案,预判事故影响并通知相关车站。

(3)如有人员受伤,车辆基地工作人员应进行受伤人员的先期急救协助,设置抢修临时进入点,完成抢修施工请点与销点。

(4)专业维修队伍接到抢修指令后立即赶赴现场,确定专业维修队伍负责人。专业维修队伍负责人通过 SPKS 封锁相应区段后,进行现场抢修。

(5)抢修结束后,专业维修队伍负责人确定动车条件及运营限制,组织执行设施设备测试及清场工作。

(6)处置结束后,OCC 应及时进行运营调整,逐步恢复正常运营秩序。

3)功能分配

(1)车辆

①当脱轨检测触发时,触发紧急制动,不自动恢复,需要人工恢复。

②当脱轨检测触发时,将报警信号发送给车载信号系统。

③当脱轨检测触发后,不应自动复位。

④当列车脱轨后,TCMS 将报警信息发送给车载 IMS。

⑤具备本地旁路脱轨检测设备的功能。

(2)信号系统

①应能在收到列车脱轨检测系统报警信息后施加紧急制动。

②应具备区段封锁功能。

(3)综合监控系统

①应能联动事故列车端头 IMS 视频。

②应能调看事故列车的车载 IMS 视频。

③可调看事故场段相关区域 IMS 视频(若有)。

(4)通信系统

①应提供车地无线通道,以供调度和车内人员通话和广播功能。

②IMS 具备接收并执行综合监控视频联动相关信息功能。

4)注意事项

(1)当脱轨探测报警后若需下轨行区处置,须事先通过区段封锁等安全防护措施防止列车移动。

(2)处置完毕应采用有人驾驶模式。

3.3.19　列车冲突

1. 正线冲突

1)场景描述

当列车在正线运营时,发生列车冲突。

2)基本流程

(1)当发生撞车时,OCC 调度询问车厢内乘客或调看 IMS 视频查看现场状况,并组织抢险人员开展救援。

(2)调度控制上、下行的所有列车处于禁止移动状态,OCC 调度通知车站工作人员进行 SPKS 安全防护后,组织抢险人员前往事故地点开展救援。

(3)OCC 调度下发紧急广播及文本信息,调度组织开展小交路运行,并通知车站乘客换乘其他交通工具。

(4)如果列车仍然可以以人工驾驶模式运行,则司机驾驶列车到下一站清客;如果列车不能移动,则进行列车救援。

3)功能分配

(1)车辆

应具有乘客紧急对讲功能。

(2)信号系统

①应能对进入区间人员进行安全防护(如 SPKS 等)。

②应具备区段封锁功能。

(3)综合监控系统

①应能调看事故列车的车载 IMS 视频。

②应能执行车站和车载 PIS 发布乘客疏散引导信息。

③应能执行列车区间疏散场景的联动模式。

(4)通信系统

①应提供车地无线通道,以供 OCC 调度和车内乘客通话。

②应能对列车、车站及区间进行人工广播。

③执行综合监控系统的 PIS 联动指令将乘客疏散文本信息在车站和车载 PIS 屏显示。

④IMS 具备接收并执行综合监控视频联动相关信息功能。

4)注意事项

紧急救援处置,还须参照相关应急处置管理办法进行。

2. 场段冲突

1)场景描述

当列车在场段运行时,发生冲突。

2)基本流程

(1)当发生撞车时,OCC 调度组织抢险人员开展救援。

(2)调度控制受影响列车处于禁止移动状态,OCC 调度通知场段工作人员进行 SPKS 安全防护后,组织抢险人员前往事故地点开展救援。

(3)OCC 调度根据受影响程度,确定是否进行运营调整。

(4)如果列车仍然可以以人工驾驶模式运行,则司机驾驶列车到线库;如果列车不能移动,则进行列车救援。

3)功能分配

(1)车辆

OCC 调度应能调用车载 IMS 视频图像。

(2)信号系统

①应能对进入区间人员进行安全防护(如 SPKS 等)。

②应具备区段封锁功能。

(3)综合监控系统

应能调看事故列车的车载 IMS 视频。

3.3.20 列车救援

1. 场景描述

区间列车救援是指当列车因严重故障失去动力停在区间无法移动时,采用救援列车牵引或推送故障列车实施的救援。

2. 基本流程

(1)救援列车车厢内至少配备 2 名司机,采用 RM 驾驶列车接近故障车前停车后,救援列车厢内的司机可下车通过疏散平台登乘故障列车。

(2)当采用电客车以推送方式救援时,电客车应先在就近站台完成清客,救援人员上车后以 EUM 模式驾驶列车从故障车后方人工联挂。

(3)当采用电客车以牵引方式救援时,电客车应先在就近站台完成清客,救援人员上车后以 EUM 模式驾驶列车从故障车前方人工联挂。

(4)救援列车以 EUM 模式,并以不大于 5 km/h 联挂撞击速度联挂故障列车。

(5)人工联挂完成后,缓解故障车制动。

(6)救援列车后退进行试拉,确认连挂安全可靠后,故障车厢内需司机负责瞭望,救援列车按照运营公司规定的限速向前推进或牵引。

(7)救援列车继续以 EUM 模式运行,按规定的速度将故障车送至停车线或直接送至车辆段/停车场。

3. 功能分配

1)车辆

应能自动将报警信息发送至信号系统。

2)信号系统

接收车辆系统的报警信息。

4. 注意事项

(1)对于推送救援而言,救援列车优先直接返回车辆段/停车场的停车列检库。解钩后的救援列车经牵出线返回停车列检库升级为 FAM 模式后继续上线运行。工程车将故障车拉出库线,折返后将故障车推进有人区的维修库。救援列车也可直接将故障车推送至维修库解钩后折返回停车列检库。

(2)对于牵引救援而言,救援列车拉动故障车直接进入停车列检库,再推进故障车折返至有人区与无人区转换轨处解钩,救援列车到停车列检库后升级 FAM 模式后继续上线运行,工程车牵引联挂故障车进入有人区的维修库。

(3)具体救援流程按照运营公司规定执行。

3.3.21 列车反方向运行

1. 场景描述

根据运营需求,ATS 可人工办理反向进路,列车至少可以 CM 模式进行反向运行。

2. 基本流程

(1)调度员应提前通知相关车站和列车,并通过广播告知乘客。

(2)调度员人工办理反向进路。根据反向运营计划人工驾驶列车反向运行。列车反向运行时至少 CM 模式可用。

3. 功能分配(信号系统)

(1)应具有反向运行模式,可由调度员人工设置进入该模式。

(2)反向运行时,列车至少应能以 CM 模式运行。

(3)ATS 应能人工排列反向进路。

4. 注意事项

在反向运行前,调度员应确认该区段行车安全间隔,邻近列车位置满足反向运行的要求。

3.3.22 端部疏散门请求装置激活

1. 场景描述

列车任意一端端部疏散门的请求装置被激活,系统自动联动视频监控,调度员可远程查看现场情况并处置。

2. 基本流程

(1)当端部疏散门请求装置激活后的基本流程如下:

①区间运行时,端部疏散门请求装置激活,运行至下一站停车后请求 EB。

②区间停车时,端部疏散门请求装置激活,疏散区域激活后,端部疏散门解锁,可操作打开端部疏散门。

③站台精确停车,客室门具有门使能,可通过客室门开门疏散,不授权打开端部疏散门。

④站台未精确停车,端部疏散门请求装置激活,信号自动下发端部疏散门解锁,可操作打开端部疏散门,并激活疏散区域。

(2)端部疏散门请求装置被激活后向控制中心报警,并自动联动视频和乘客紧急对讲供调度员点选。

(3)中央调度员调用车载 IMS 观察列车的情况。若需开启端部疏散门疏散,OCC 调度执行相关操作使列车停车后,乘客可通过手柄开启端部疏散门,端部疏散门开启后列车应施加紧急制动。

(4)若非紧急情况,OCC 调度通过乘客紧急对讲或人工广播劝阻乘客,并派遣司乘在下一站登车处置。

3. 功能分配

1)信号系统

(1)车载信号设备接收到车辆给出的端部疏散门请求装置激活信息后应报警至 OCC 调度工作站。

(2)能根据端部疏散门请求装置激活信息激活相应疏散区域。

(3)应能发出“端部疏散门禁止解锁”指令。

(4)“端部疏散门禁止解锁”指令，平时为“1”，禁止解锁端部疏散门；信号系统允许解锁或车载设备关机时为“0”，允许解锁端部疏散门。

2)车辆

(1)应能将端部疏散门请求装置激活信息发送至信号系统和通信系统。

(2)应能自动联动对应的乘客紧急对讲。

(3)应能执行远程人工广播。

(4)接收“端部疏散门禁止解锁”指令。

(5)车辆在收不到任何信号系统的禁止解锁高电平信号时，应该具备能人工打开端部疏散门的功能。

3)综合监控系统

(1)应能显示车辆示意图和端部疏散门请求装置激活报警信号及位置。

(2)应能联动对应的车载 IMS 视频。

4)通信系统

(1)应能选择乘客紧急对讲进行对讲。

(2)能将端部疏散门请求装置激活信息转发给综合监控系统。

(3)IMS 具备接收并执行综合监控视频联动相关信息功能。

(4)应能对列车进行人工广播。

4. 注意事项

端部疏散门请求装置被激活后向控制中心报警，并自动联动视频和乘客紧急对讲供调度员点选。

3.3.23 大客流

1. 场景描述

运营时段内，某一车站的站台站厅，或上下楼梯、出入口通道、换乘通道等拥堵点的客流量达到饱和且有连续增加的趋势，如不采取措施很可能发生踩踏等意外事故。

2. 基本流程

(1)车站工作人员确认车站大客流，在综合监控系统中确认后启动相应工况，并通知 OCC 调度。

(2)OCC 调度和车站工作人员确认车站大客流，可采取调整运营计划增开列车、跳停、增加人工票、临时关闭车站出入口和部分进/出站闸机、更改电梯上下行方向等手段。

(3)OCC 调度可远程人工触发车载预录广播或人工广播，车站值班员可人工触发车站预录广播或人工广播，告知乘客大客流情况。

(4)OCC调度可编辑文字并发送至单列或多列车PIS屏进行显示。

3. 功能分配

1)信号系统

(1)应能通过ATS调整运营计划,临时加开列车。

(2)应能通过ATS对站台或列车设置跳停。

(3)具备单站或多站的跳停功能。

2)车辆

(1)控制中心可远程对列车进行客室广播。

(2)控制中心可远程触发紧急广播,列车播放预设的大客流紧急广播。

(3)控制中心可编辑文字并发送至单列或多列车,列车LCD屏可对下发的文字进行显示。

3)综合监控系统

(1)应能监视AFC客流数据的客流情况(含大客流报警)。

(2)应能调整车站照明为正常照明模式。

(3)应能联动PA播放客流高峰提示和车站限流通知。

(4)应能联动PIS显示客流高峰和车站限流的提示信息。

(5)应能接收和显示IMS大客流分析结果。

(6)应能调看车站重点区域的视频图像确认客流情况。

(7)应能远程触发车载预录广播。

(8)应能调整AFC运行模式。

4)通信系统

(1)PA系统应能播放客流高峰提示和车站限流通知。

(2)PIS应能显示客流高峰和车站限流的提示信息。

(3)应能对列车和车站进行人工广播。

(4)IMS向综合监控系统提供大客流分析结果。

5)AFC系统

向综合监控系统提供客流情况(含大客流报警)。

3.3.24 控制中心失效

1. 场景描述

当主用控制中心发生大规模断电、灾害事件等造成系统完全失效的情况下,信号、通信、综合监控各系统切换至备用控制中心维持全自动运行,或全线降级至站控,安排司乘人员上车继续维持运营。

当控制中心综合监控、通信设备发生故障时需要尽快维修，不进行主、备控制中心切换。当信号系统发生以下四种故障场景时需要进行主、备控制中心切换：

(1)在凌晨4点前，OCC的数据库服务器双机硬件发生故障或者数据集群无法工作，影响当天计划创建。

(2)OCC的两台应用服务器硬件或者软件均故障无法工作。

(3)OCC的两台通信前置机硬件或者软件均故障无法工作。

(4)OCC电源屏故障或者灾害。

2. 基本流程

(1)主用控制中心各系统出现设备故障时提示相应报警信息。

(2)需要进行主、备控制中心切换时，OCC调度手动切换信号、综合监控、通信设备至备用控制中心。

(3)主用控制中心、备用控制中心均失效的情况下，全线降级至站控，安排人员上车。

3. 功能分配

1)信号系统

(1)控制中心ATS应用服务器不可用时应能切换至车站级控制或备用控制中心ATS应用服务器。

(2)ATS发送主(备)控制中心主控状态信息发送给其他系统。

(3)主、备控制中心的信号设备应能手动切换。

2)综合监控系统

主、备控制中心的综合监控设备应能手动切换。

3)通信系统

主、备控制中心的通信设备应能手动切换。

3.3.25 自然危害

1. 场景描述

发生诸如地震、台风、水灾、雨雪或轨面结冰等自然灾害，严重影响列车以无人驾驶模式继续运营。

2. 基本流程

(1)当发生地震、台风等自然灾害，根据灾害情况，仍能运营时，行车调度员设置临时限速，列车运行至站台后扣车，转为有人驾驶模式。

(2)严重灾害时，对正线和车辆基地所有列车执行远程停车，启动应急预案疏散乘客。

(3)行车调度员向全线列车、车站发送灾害相关广播和PIS信息。

3. 功能分配

1)车辆

(1)列车应有指定的客室门便于工作人员从外面(通过钥匙)进入,在此处安装脚蹬与扶手。

(2)应配备 FAM 模式指示灯。

2)信号系统

(1)能控制 FAM 模式指示灯,以表示列车是否处于静止状态。

(2)ATS 具备对单车/全部列车操作“FAM 授权取消”功能。FAM 授权取消后,列车采用紧急制动停车,转为人工驾驶模式运行。

3)综合监控系统

(1)应能调看相关车站的 IMS。

(2)应能向车站、车载 PIS 发布灾害信息和疏散提示信息。

4)通信系统

(1)应能对列车、车站进行人工广播。

(2)应能远程触发车站、车载预录广播。

(3)专用调度电话、无线手持台应提供通信功能。

4. 注意事项

启动相关自然危害预案时,须以人为本,把乘客伤亡减小到最小程度。

第4章 方 案

4.1 行车组织

4.1.1 主要设计原则及技术标准

(1)设计采用双线全封闭系统,按右侧行车制。诗经里—秦创原中心为上行,秦创原中心—诗经里为下行。

(2)系统设计能力应在满足远期高峰小时客流预测要求基础上留有一定的储备量。本线系统最大设计能力为30对/h,土建及机电设备设计应满足该系统能力要求。

(3)列车采用轮轨B型车系统,初、近、远期均为6辆固定编组,动力配置为4动2拖,列车最高运行速度为100 km/h,相关专业应满足在实际运行过程中可以使用100 km/h作为正常运行速度的要求。

(4)本线按GoA4全自动运行等级进行设计和建设,系统联调按一次完成UTO模式进行。行车组织及管理需满足UTO模式需求。

(5)列车编组与行车密度应适应各年度客流需求,并合理安排高峰及平峰期的行车间隔,既要考虑运营的经济性,也要注重与线网其他线路输送能力的匹配,尽量缩短乘客候车时间。

(6)列车运行计划和行车交路的设置是以客流预测成果为基础,应满足客流出行特征需要,在保证具有较高服务水平的同时,考虑运营的经济性。

(7)在沿线适当位置设置必要的渡线和临时停车线,以保证运营的灵活性,满足故障列车停靠、临时交路及工程维修车的折返等要求。

(8)运营管理要贯彻机制现代化、人员专业化、辅助工作社会化,做到安全高效、优质服务。

4.1.2 列车运行交路

1. 运营交路确定原则

(1)交路设置以预测客流为依据,结合客流分布及乘客出行特点,方便乘客在不同时间段、不同区段的出行要求,考虑“以人为本,服务至上”的原则,保持适当的服务水平,同时结合线网规划,方便换乘客流。

(2)在尽可能满足乘客出行方便的前提下,尽量减少运用车数,提高车辆运用效率,节省列车的购置费用，兼顾降低运营成本，提高运营效益。

(3)初、近、远期的交路设置应尽可能地保持连续性，在兼顾运营管理的可操作性和运营组织灵活性的同时，考虑辅助线分布的合理性、工程实施的可行性与经济性，尽量减少或避免工程废弃。

(4)小交路点尽量避开大客流集散车站，大小交路折返点尽量分开，以提高线路通过能力。

(5)结合工程情况，尽量避免在工程条件差的车站设折返线。

2. 推荐交路方案

根据近、远期列车运行交路方案比选，初期采用一个大交路方案，开行 12 对/h；近、远期均按 2∶1 比例开行大小交路方案，分别开行(14、7)对/h、(20、10)对/h。列车运行交路如图 4-1 所示。

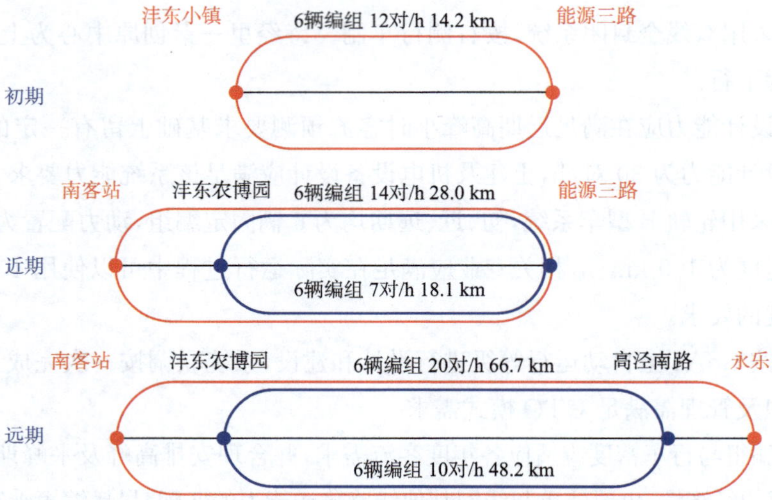

图 4-1　16 号线列车运行交路(推荐方案)

4.1.3　配线方案

1. 配线设置原则

(1)车站配线应按全线统筹布局，首先按运行交路确定折返站及其配线，既满足各设计年度的设计运行交路要求，又具有良好的适应性和灵活性。

(2)配线设置应充分考虑一定的运能余量以及运输组织的灵活性，除在折返站设置折返线外，当两个具备临时停车条件的车站相距过远时，为满足故障运营需要，每隔 5～6 座车站或 8～10 km 设置停车线，其间每相隔 2～3 座车站(3～5 km)加设渡线，以方便列车临时停车、折返或组织临时运行交路。

(3)停车线设在折返站时，应与折返线分开设置，在正常运营时段不宜采用，停车线尾端应设置单渡线分别与上下行正线贯通。

(4)全线配线设置需考虑不同开通时期列车折返和运输组织的需要。

(5)配线的设置需考虑线路的敷设方式、工程条件及工程造价等因素。

(6)配线的设置应满足列车故障时局部实现单线运营的要求,避免因部分线路堵塞而引起线路停运。

(7)停车线或渡线的设置要考虑全线配线布置的均匀性。

(8)配线设置应满足 16 号线分期建设、分期运营的需求。

2. 全线配线设置方案

根据 16 号线系统能力要求,结合列车运行交路设置、车辆段(停车场)布置及出入段线接轨方案,并考虑列车运营期间列车故障工况,设置 16 号线全线车站辅助配线,如图 4-2 所示。

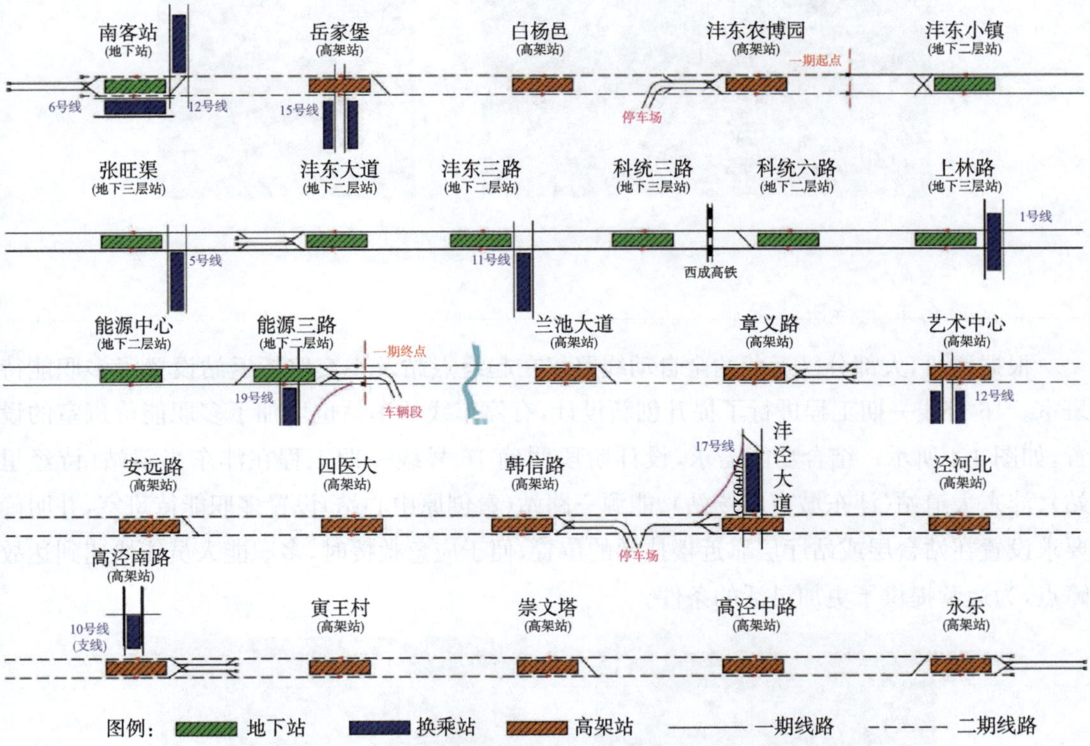

图 4-2 16 号线全线配线布置示意

4.1.4 设计创新与实践

行车组织与运营管理在设计之初,就紧密结合 16 号线采用全自动运行的相关需求,积极进行创新与实践,主要体现在正线配线区登车平台和车站多职能待班室的设置方面。

1. 正线配线区登车平台设置

据调研,已运营的太原地铁 2 号线一期工程并未考虑正线登车平台的设置。而 16 号线初步设计阶段就对登车平台的设置进行了研究,并明确了专业分工及设置原则。按照分工,行车专业需确定设置登车平台的站点。根据《城市轨道交通运营技术规范》(GB/T 38707—2020)第 5.1.6 条要求“中间站、终点站的停车线或折返线,宜设置供工作人员上下列车的设施”的运营要求,结合土建条件及功能需求,经研究,明确 16 号线一期工程在沣东大道站(沣东城市广场站)配线区设置登车平台(图 4-3),以便存放于停车线的列车发生故障时相关人员的上下车作业,为运营提供了较为灵活的条件。

图 4-3　登车平台

2. 车站多职能待班室设置

根据调研,大部分已运营的全自动线路仅在起终点站及小交路折返站设置了多职能待班室。16 号线一期工程进行了提升创新设计,有停车线的车站也增加了多职能待班室的设置,如图 4-4 所示。结合功能需求,设计阶段明确 16 号线一期工程在沣东小镇站(诗经里站)、沣东大道站(沣东城市广场站)、能源三路站(秦创原中心站)设置多职能待班室,并明确要求设置在站台层或站厅层靠近楼扶梯的位置,便于应急救援时,多职能人员能快速到达故障点,为运营提供了更加灵活的条件。

图 4-4　车站多职能待班室

4.2　建　筑

4.2.1　建筑概述

16 号线一期工程共设车站 9 座，均为地下车站，其中设置 4 座换乘站。在 16 号线的车站建筑设计中，重点对以下几个方面做了研究：一是采用的主要技术标准优化，其中包含 16 号线全线公共区布置标准研究；二是站位研究；三是标准站设计研究；四是换乘站设计研究；五是对既有线改造设计研究；六是车站空间开发分析及与地块的开发接口设计。

4.2.2　建筑方案研究

1. 主要技术标准优化

16 号线一期车站技术标准，较于其他城市主要在以下几个方面进行了优化和改善：

(1)根据西安市的城市总体情况，结合 16 号线一期周边沿线的规划和现状定位，对 16 号线一期车站的等级定义，并从车站重要性定位、站台宽度、站台-站厅自动扶梯、车站出入口宽度、出入口自动扶梯、无障碍电梯、装修标准、增值服务等方面进行分级划分，分为换乘站(重要交通枢纽)及普通车站，并提出相应的服务标准。

根据上述等级定义和服务标准，结合车站周边环境、客流预测及规划情况，对 16 号线一期工程中的 9 个车站进行分类分级，充分体现“安全、可靠、经济、适用”的建设目标，合理确定车站类型、规模和车站布置形式，见表 4-1。在满足乘客需求、运营管理及行车安全的前提下，最大限度地压缩车站规模，使车站设计能体现出综合最优的效果，并对站台宽度进行划分，区分设备用房与面积指标，有效控制车站规模。

表 4-1　全线车站分类分级

车站等级	站　名	车站类别	车站形式	站台宽度/m
1级	欢乐谷站	换乘站(与既有 5 号线换乘)	地下三层岛式	14
	细柳营站	换乘站(与规划 11 号线换乘)	地下二层岛式	16
	上林路站	换乘站(与既有 1 号线换乘)	地下三层岛式	17
	秦创原中心站	换乘站(与规划 19 号线换乘)	地下二层岛式	14
2级	诗经里站	一期起点站(站前交叉渡线)	地下两层岛式	11
	沣东城市广场站	中间站(站前双存车线)	地下两层岛式	16
	西安国际足球中心站	中间站	地下三层岛式	14
	复兴大道北站	中间站(站前单渡线)	地下二层岛式	13
	西咸大厦站	中间站	地下二层岛式	14

(2)每座车站在付费区均设置供乘客使用的卫生间，之前线路设计的无障碍卫生间在本线提升为第三卫生间，提高了服务标准；设备区设置工作人员卫生间，并结合车站设备区办公房屋的位置优化，与乘客卫生间贴邻设置，合用污水泵房。

(3)在与通车线换乘的车站如欢乐谷站、上林路站中增加爱心服务台设施，更加便捷、高质量地为乘客提供服务。

(4)设备区同类型房间考虑集中布局，方便管线布置并有效控制车站规模。

(5)换乘站根据车站远期发展需要，结合各站具体条件和具体情况，选择合理的换乘方式，近、远期工程统一规划、统一设计，分期实施，预留切实可行的换乘接口条件。

(6)车站充分考虑与周围环境协调，尽量减少对城市景观的影响，站位设置原则上结合线路配线及区间隧道的布置，避免对交通安全视线造成影响。

(7)出入口布置与主客流的方向相一致，并预留与地下过街通道、相邻公建接口的结合条件，为后续地铁与周边城市一体化开发做好预留条件。

(8)在有条件设置无障碍电梯的车站，考虑对角设置电梯，提高了地铁的服务标准，并在本次设计中将站内外垂直电梯载重量提升至 1.35 t，提升乘客及无障碍人士的使用体验。

(9)充分考虑全自动运行线路的特征及对土建的适应性条件，考虑多职能待班室功能房间的设置、轨行区防护隔离网的设置、存车线车站蹬车平台等的土建实施条件，以更好地实现全自动运行系统的关键功能和运营管理需求。

2. 站位研究与确定

16 号线一期车站基本布点经过充分研究，通过一系列的规划结合、专家审查、配合协调、对周边控制因素的摸排，确定了车站的站位，对站位的选择总结如下：

(1)如没有难以解决的控制因素，地下车站宜跨主要道路交口敷设。车站布置符合城市总体规划、地铁线网规划、城市交通、建筑环境及管线规划的要求，与城市发展规划和周边环境相适应。

(2)与大型交通枢纽接驳，站位的设置以便捷换乘作为第一要素。地铁车站作为交通规划网中的一个节点，充分考虑地铁线路之间的客流换乘，做好与地面交通客流的换乘和衔接，最大程度地吸引客流，并妥善处理车站与城市交通、地面建筑、地下管线、地下构筑物之间的关系。

(3)与城市广场结合设置的车站，要充分利用广场规划，创造富有特点、理念新颖、舒适、宜人的候车空间。因地制宜，合理地利用城市地下、地上建筑空间，根据车站环境尽量考虑车站与地面建筑物合建、与商业结合的可能性，使商业人流与地铁客流互相带动，提升该地块的商业价值，为物业开发创造条件。

(4)车站充分考虑与周围环境协调，尽量减少对城市景观的影响，退道路红线以及与相邻建筑物的距离满足相关规范的要求。

(5)在有突发客流的车站，其站位距离客流突发点应有一定距离。

3. 标准站设计研究

(1)公共区设计特点

①站厅(公共区)根据客流流线和管理需要划分为非付费区和付费区。非付费区与付费区之间应采取分隔措施,分隔措施的高度为 1 100 mm。地下站付费区位于中部,非付费区位于两端。非付费区内设售票问询、自动售票机、自动检票机、安检设备、公用电话。付费区内设通往站台层的楼梯、自动扶梯及电梯等,方便乘客使用。

②非付费区布置在站厅两端时,宜留一条净宽不小于 2.4 m 的联络通道连通非付费区。

③地下二层标准车站站厅到站台采用 3 组楼、扶梯(其中,上行扶梯 3 台,下行扶梯 2 台,3 部楼梯)和 1 台垂直电梯进行联系。

④地下三层标准车站站厅到站台采用 3 组楼、扶梯(其中,上行扶梯 4 台,下行扶梯 2 台,1 部楼梯)和 1 台垂直电梯进行联系。

⑤每座车站站台层设置乘客公共卫生间及第三卫生间。

⑥对于出入口所在道路红线宽度≥60 m 的车站(如沣东城市广场站及复兴大道北站)而言,沿车站线路方向过街功能应采用增加沿车站方向出入口之间过街通道(图 4-5)的方式,过街通道位置应根据过街的便捷性、管线因素等进行选择,并同期建设,以更好服务客流集散及过街需求。

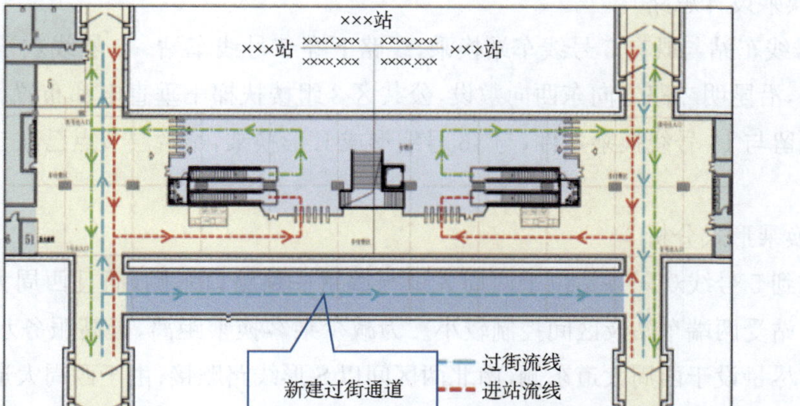

图 4-5　车站公共区非付费区附近增加过街通道

(2)设备区设计特点

①设备管理区布置分大小端,将主要管理设备用房集中在大端布置,管理用房、联系较紧密的系统用房尽量集中设置。原则上车站控制室、值班休息室、警务室(公安通信室)、更衣室、管理区盥洗间、通信设备室、民用通信设备室、信号设备室、票务室等关系密切的设备与管理用房应集中布置在站厅层一端,车站小端环控机房、备品库等设备与管理用房应布置

在站厅层另一端，其他设备与管理用房应根据功能要求及具体情况布置。

②有人房间集中布置在站厅层，该区域设置一个直通地面出入口，满足消防要求。

③诗经里站、浐东城市广场站、复兴大道北站、秦创原中心站等配线站，合理利用配线上空空间，使上、下层均衡，减小车站规模。

④设备管理用房的通道宽度：双侧设置设备用房时，净宽不应小于1.5 m；单侧设置设备用房时，净宽不应小于1.2 m；且转弯要少，通道内的设备应嵌入墙体内，外开门宜设1.2 m宽的双扇门，并应错开设置，以确保通道的有效宽度不小于1.1 m。在后续消防审查中有效避免了土建部分的整改。

4. 换乘站设计研究

16号线一期工程共有换乘车站4座，均为地下站，分别与既有5号线二期、规划11号线、既有1号线、规划19号线换乘。对于地下换乘车站而言，虽周边控制条件千变万化，但设计最核心的制约因素是不同建设时序的换乘关系的研究及实施。针对16号线一期换乘车站的交织特点，按照线网规划的建设时序分别对车站进行研究。经过对远期线网稳定条件及交织形式的研究并确定：上林站与欢乐谷站均与既有线换乘，换乘方式按既有线预留条件实施；细柳营站与规划11号线换乘采用节点换乘方式；秦创原中心站与远期19号线换乘按站厅通道换乘预留条件。

1)欢乐谷站

(1)换乘设计思路

16号线车站与既有5号线车站换乘，线路下穿5号线车站。5号线欢乐谷站位于十字路口东侧，沿昆明二路方向东西向敷设，公共区3组楼扶梯＋垂直电梯布置。5号线设计建设时已预留与16号线换乘条件，与16号线形成L形换乘，站台层节点已在5号线施工时预留条件。

(2)换乘形式分析

考虑到5号线欢乐谷站位于西周大道与镐京一路路口东侧，而且西周大道较宽，16号线欢乐谷站受两端车站及区间控制较小。为减少乘客换乘距离，提高服务水平，将16号线欢乐谷站尽量设于西周大道东侧，南北两区间以S形线路顺接；由于西周大道南侧地块规划为大量居住和商业金融用地，所以站位设置于路口南侧以增加对地块客流的吸引。因此，16号线与5号线欢乐谷站呈L形换乘，如图4-6所示。

(3)车站方案

车站主体标准段宽23.1 m，总长185 m，车站总建筑面积为16 523.47 m^2，车站覆土2.6～1.5 m，如图4-7所示。本站为地下三层岛式站，站台宽14 m，车站本次新建2个出入口，4个安全口，3组共10座风亭。车站地下一层为站厅层，由中部公共区及小里程端设备及管理用房两部分组成。车站地下二层为设备层，由设备管理用房组成。车站地下三层为站台层。

图 4-6 欢乐谷站地形位置示意

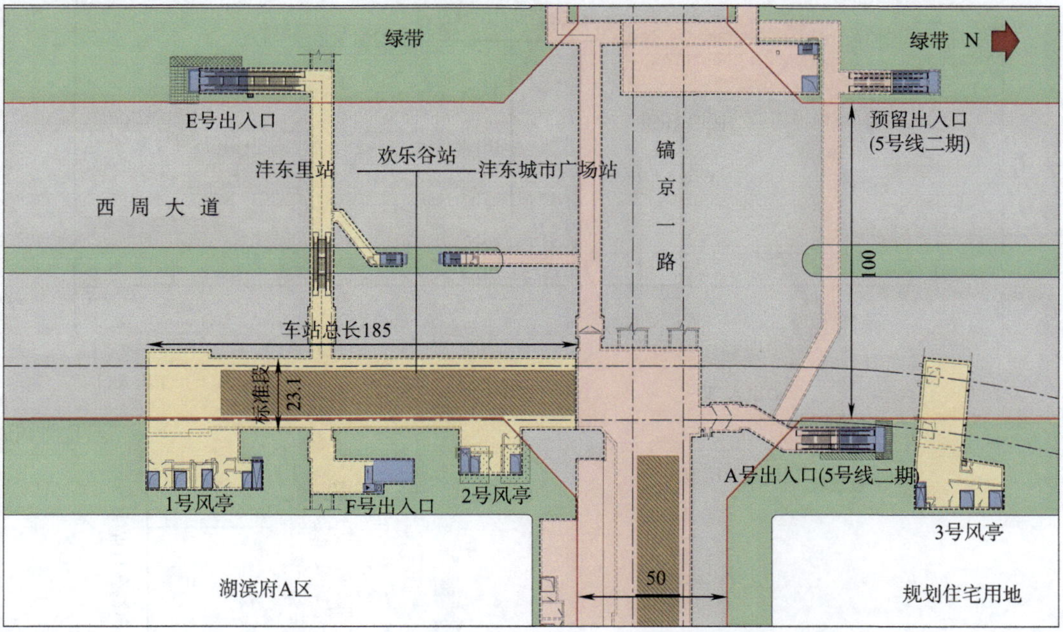

图 4-7 16 号线欢乐谷站(单位:m)

2)细柳营站

(1)站位站型

本站为 16 号线与规划 11 号线换乘站。本线车站为地下二层岛式站,有效站台宽度为 16 m,位于复兴大道路与浐东三路交叉口。

(2)周边现状

周边现状为待开发用地。

(3)规划条件

周边规划以商业及城市绿化用地为主。复兴大道规划道路红线宽度为 130 m,南北走向，路中设置宽 70 m 绿带；沣东三路规划道路宽度为 50 m，道路两侧各有宽 15 m 的绿带。

(4)车站方案

本站为地下二层岛式站，站台宽 16 m，车站位于复兴大道与沣东三路十字交叉口，如图 4-8 所示。车站共设 5 个出入口(其中 2 个为预留口)，1 个安全出口，2 组风亭。车站主体标准段宽 24.7 m，总长 291.2 m，车站总建筑面积(包含预留换乘节点面积)为 18 530.94 m^2，车站覆土 3.2 m。地下一层为站厅层，布置有公共区、设备管理用房区；地下二层为站台层。车站风亭均为低风亭。冷却塔设置在站位北侧的绿化带内。附属结合环境设计，将对周围景观的影响降到最低。受建设规划审批制约，规划 11 号线未与 16 号线一期同步实施，但 16 号线一期在设计时已充分考虑两站换乘关系，预留换乘接口条件。

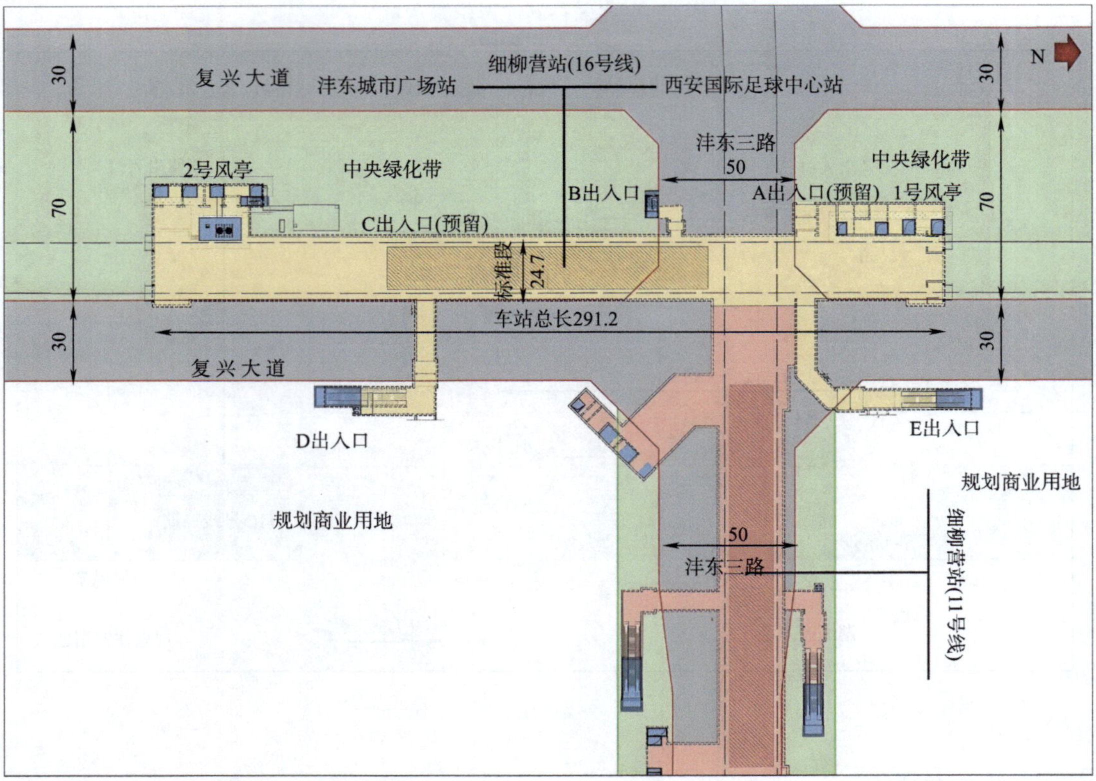

图 4-8　16 号线细柳营站(单位：m)

3)上林路站

(1)换乘设计思路

上林路站为 16 号线与既有 1 号线的换乘站。1 号线于 2019 年 9 月通车运营。上林路站为 1 号线二期工程的中间站。西安地铁初期、近期线网规划中无 16 号线，故 1 号线上林路站建设时仅预留通道换乘条件，车站规模按照一般站设计，为地下两层 11 m 单柱岛式站台车站，仅于站厅层公共区侧墙及南侧出入口通道预留了接口。随着线网规模增加，为适应车站功能的变化，在 16 号线设计时，结合换乘客流需求对 1 号线上林路车站进行改造以实现换乘功能。

(2)换乘形式分析

车站与既有 1 号线车站换乘，线路下穿 1 号线车站。1 号线建设时未预留换乘条件，目前已投入运营。1 号线上林路站跨路口，沿世纪大道东西向敷设，公共区 2 组楼扶梯＋垂直电梯＋T 形楼梯布置紧凑，车站自身规模较小，无法实现节点换乘。上林路站地形位置示意如图 4-9 所示。

图 4-9 上林路站地形位置示意(单位：m)

由于 1 号线车站付费区空间不足，换乘客流缓冲困难，突发客流排队空间较小，运营风险较高。1 号线车站承受大客流冲击能力有限。16 号线车站的设计需结合周边条件及车站站位增加运营抗风险能力，综合考虑两线车站的换乘方式。

利用既有 1 号线站厅层打开条件位置，扩大 1 号线公共区，拉开与 16 号线合理距离，合理组织进出站流线，控制瞬时客流冲击。同时利用动态客流模拟检验，按照双向列车同时到达的情景进行客流仿真，受 1 号线上林路站功能变化的影响，站台层客流密度较大，随着车辆的到达和离去在 1.2～2.2 人/ m^2 之间呈现周期性波动。超高峰时段站台服务水平较低，但基本满足客流疏解需要，运营过程中可通过加强引导、优化流线组织等措施，提升抗风险能力。本站推荐采用 T 形通道换乘形式。

(3)车站方案

本站为地下三层岛式站，站台宽 17 m，车站位于世纪大道与上林路十字交叉口，如图 4-10 所示。车站设 2 个出入口、3 个安全出口、3 组风亭。车站主体标准段宽 25.9 m，总长 167.9 m，总建筑面积为 24 111.59 m^2，主体顶板覆土 3.2 m。车站地下一层为站厅层，布置有公共区、设备管理用房区；地下二层为设备层，布置有主要设备、管理用房；地下三层为站台层。车站风亭均为低风亭。冷却塔设置在站位北侧的绿化带内。附属结合环境设计，将对周围景观的影响降到最低。受建设规划审批制约，既有 1 号线车站未与 16 号线同步实施，16 号线一期在设计时已充分考虑两站换乘关系，需对既有 1 号线车站进行改造，部分设备用房及管理用房按资源共享考虑。

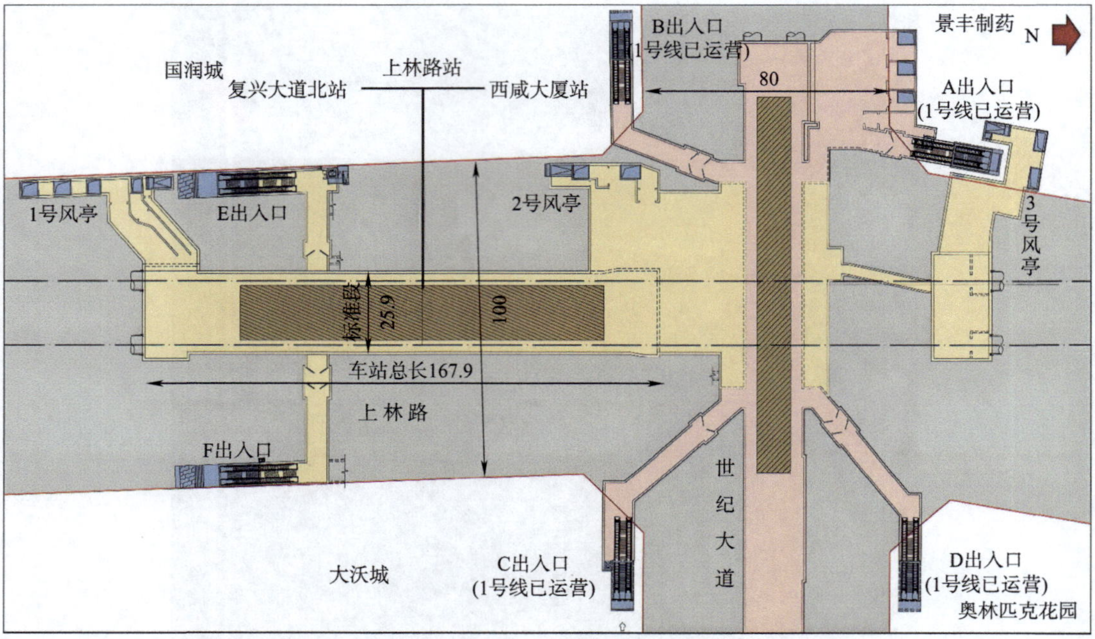

图 4-10　16 号线上林路站(单位：m)

4)秦创原中心站

(1)站位站型

本站为 16 号线与规划 19 号线换乘站，两线通过站厅呈 T 形换乘。车站位于能源二路与上林路十字交叉口。

(2)周边现状

本站周边现状东北象限为新建西咸青年创业园，西南象限为新建能源金贸区 CBD 中心，东南象限为西咸公交站场及西咸城投项目部，西北象限为待开发用地。

(3)规划条件

站位周边规划以商业及居住用地为主，另有教育科研用地，且配有少量绿地。能源二路规划道路红线宽 50 m，上林路规划道路红线宽 100 m。

(4)车站方案

本站为地下二层岛式站，站台宽 14 m，车站位于能源二路与上林路十字交叉口。车站设4个出入口、1个安全出口、2组风亭。车站主体标准段宽22.7 m，总长405 m，车站总建筑面积为23 750.72 m²，车站覆土2.88 m，如图4-11所示。地下一层为站厅层，布置有公共区、设备管理用房区；地下二层为站台层。车站风亭均为低风亭。冷却塔设置在站位北侧的绿化带内。附属结合环境设计，将对周围景观的影响降到最低。受建设规划审批制约，规划19号线未与16号线一期同步实施，但16号线一期在设计时已充分考虑两站换乘关系，在站厅层预留换乘接口条件。

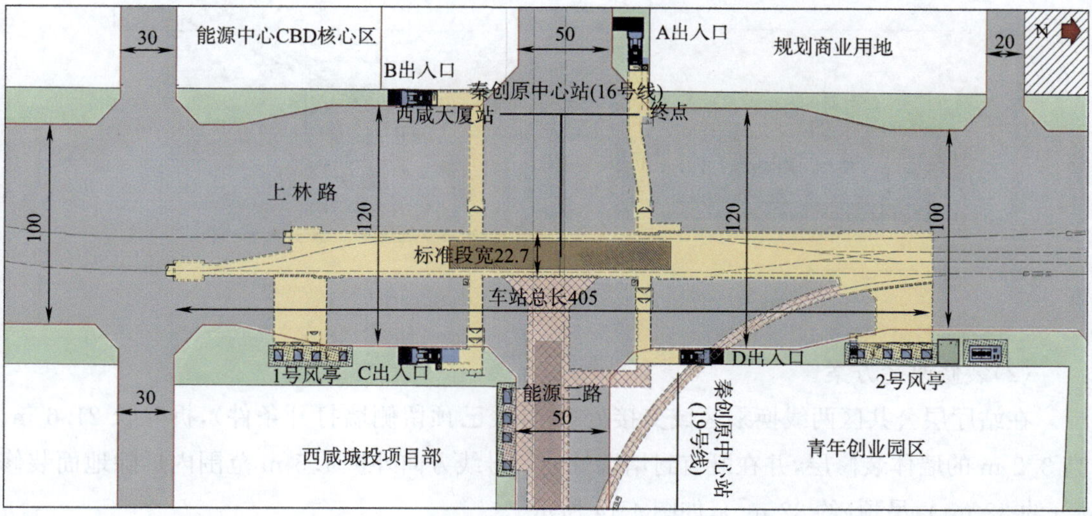

图4-11 16号线秦创原中心站(单位:m)

5. 对既有线改造设计

1)欢乐谷站

(1)土建改造方案

本站为16号线与既有5号线二期换乘站，由于5号线二期车站已开通运营，且5号线二期施工时为16号线已预留站厅换乘条件，采用L形共厅换乘方式，如图4-12所示。

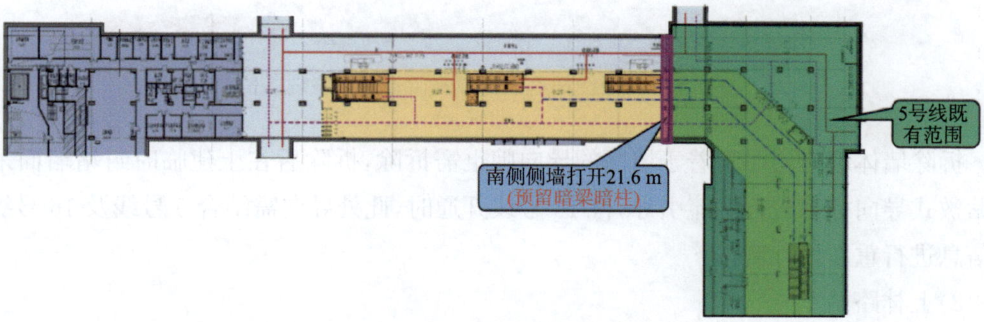

图4-12 站厅层换乘预留墙打开范围平面示意

两线公共区联通后内侧为贯通的付费区，外围为非付费区，换乘客流主要通过两线第一组扶梯进行换乘。

待 16 号线欢乐谷站主体土建施工完成后需对 5 号线二期车站进行改造，破除 5 号线车站与 16 号线接口范围的站厅层墙体及轨面处侧墙，以实现换乘功能，如图 4-13 所示。

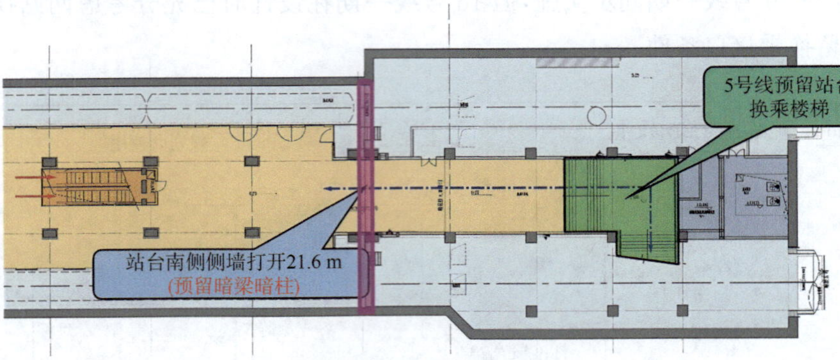

图 4-13 站台层换乘预留墙打开范围平面示意

(2)装修改造方案

在站厅层公共区两线换乘区域交接处(5 号线已预留侧墙打开条件)，拆除长 21.6 m、高 3.2 m 的墙体装修层，并在既有封堵墙处向 5 号线方向外扩 1.5 m 范围内拆除地面装修层(约 32 m^2)、吊顶(约 32 m^2)，如图 4-14 所示。

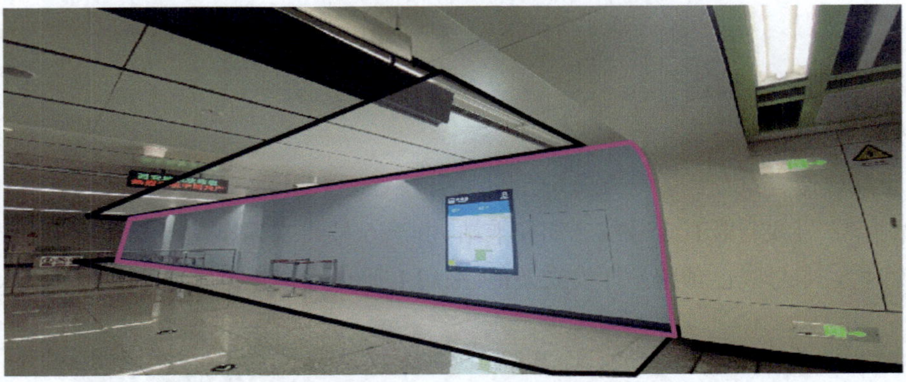

图 4-14 5 号线站厅层侧墙预留打开范围现场位置

拆除墙体装修层时附着于墙面的导向牌也需拆除，拆除后在土建临时封堵墙面采用临时贴敷式导向标识进行客流引导，待 16 号线开通时，此处导向需结合 5 号线及 16 号线出入口信息进行重新设计制作。

2)上林路站

(1)车站主体改造方案

针对 1 号线上林路站现状存在的问题，车站主体改造将 1 号线公共区南侧侧墙打开，于两线间设置扩大换乘厅。1 号线公共区北侧侧墙打开并加宽 7.5 m 作为非付费区。两线采用通道换乘,并尽可能拉长换乘距离,从而减小客流对 1 号线站台的冲击。原 1 号线北侧非付费区调整为付费区。西北侧进站闸机调整为出站闸机,进站闸机设置于两线间换乘厅内,进出站更均匀。调整扶梯运行方向,尽量避免流线交叉,并将 1 号线公共区导向根据换乘流线及运营组织方案作适应性调整。

(2)车站附属改造方案

改造原 1 号线 4 座出入口通道,形成非付费区的联通。南侧 B、C 出入口已预留接口条件,A、D 出入口未预留接口条件。改造时,对出入口进行分期改造,保证运营期间正常使用并满足公共区疏散要求。土建改造位置平面示意如图 4-15 所示。

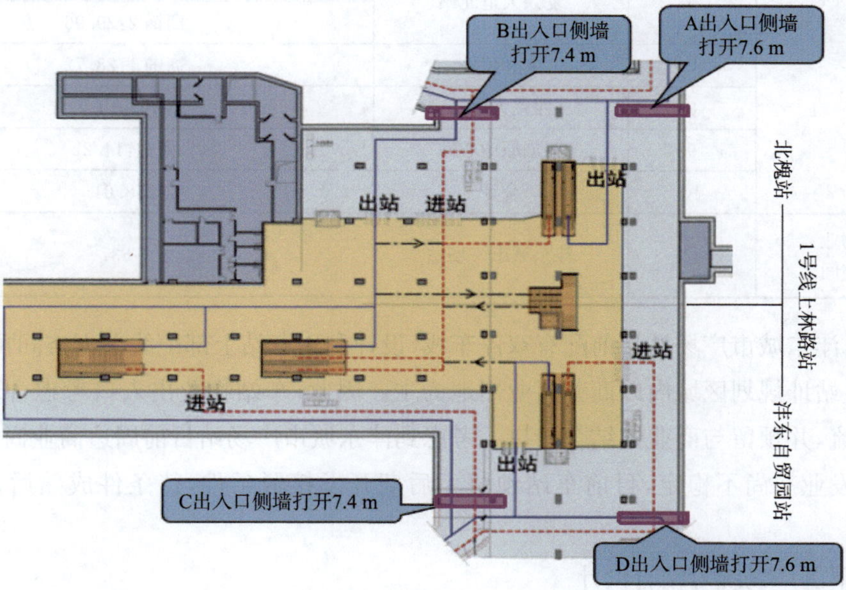

图 4-15 土建改造位置平面示意

6. 车站空间开发分析及与地块的开发接口设计

16 号线沿线综合开发策略研究前置于开展设计工作之前,结合站点周边的开发情况,从全局角度对各区段、各站点的综合开发潜力进行合理评判,从而对不同站点的综合开发进行差异化定位。结合开发价值等测算结果,研判得出具备开发价值的站点及相应的开发策略,对开发潜力大、功能定位高的站点进行重点开发,对开发潜力一般的站点则着重做好交通接驳。

16 号线一期的车站及周边地块结合物业空间开发主要有以下几种模式:

1)站内零星物业开发及配线上方空间利用

利用车站站厅层扩大的公共区,设置小型便民商铺。此种模式可以有效利用空间资源,并为大众提供方便快捷的服务,商业价值较高。全线各站预留物业开发空间梳理情况见表 4-2。

表 4-2 各站预留物业开发空间数量清单

预留空间	序号	车站名称	商铺/大空间建筑面积/m^2
预留零星商业空间	1	诗经里站	—
	2	欢乐谷站	商铺1:25.46
预留零星商业空间	3	沣东城市广场站	商铺1:29.12
			商铺2:29.96
	4	细柳营站	商铺1:22.55
			商铺2:29.20
	5	西安国际足球中心站	—
	6	复兴大道北站	商铺1:29.12
			商铺2:29.96
	7	上林路站	商铺1:28.72
	8	西咸大厦站	商铺:19.7
	9	秦创原中心站	商铺:14.22
	10	合计	258.01
预留物业开发空间	11	沣东城市广场站	7 637

另外,沣东城市广场站站前配有双停车线,设计利用车站上部配线上方空间预留物业开发区域,且站址规划区域内以商务商业用地为主。因此,车站物业出入口考虑合理位置,充分吸引客流,并预留与商业体结合接口。考虑到沣东城市广场站目前周边商业尚未形成,车站物业开发业态尚不稳定,目前车站预留了后期开发接驳条件,待条件成熟后,进行后续开发。

2)与下沉广场统筹结合设计

作为关中城市群都市区城市轨道交通线网中的一条市域线,16 号线覆盖了西咸新区特别是沣东新城的各主要功能区域,支撑大西安新中心发展格局。大西安都市区规划为"三轴三带多中心"的空间格局,在此基础上编制的《西咸新区总体规划》确立为"一河两带四轴五组团"的空间结构,如图 4-16 所示。为落实《大西安新中心新轴线综合规划》及《沣东新城大西安新中心新轴线地下空间综合利用开发详细规划及方案》中的相关要求,实现中央商务区地上地下同步发展建设,基于 16 号线线网优化及确定,本次对 16 号线一期工程中的沣东城市广场站、细柳营站、西安国际足球中心站三处节点进行地下空间开发综合利用设计。

沣东城市广场站、细柳营站、西安国际足球中心站三处节点均通过下沉广场与周边地块及商业空间进行接驳,如图 4-17 所示。下沉广场在为地铁出入口提供舒适性、安全性的同时,合理便捷地结合地下商业空间,创造出不同高差的立体化空间,既可以提供相对独立的环境,又充分有效地将商业服务与休闲娱乐相结合,最大程度地提升商业价值,获得丰富活泼的城市景观。

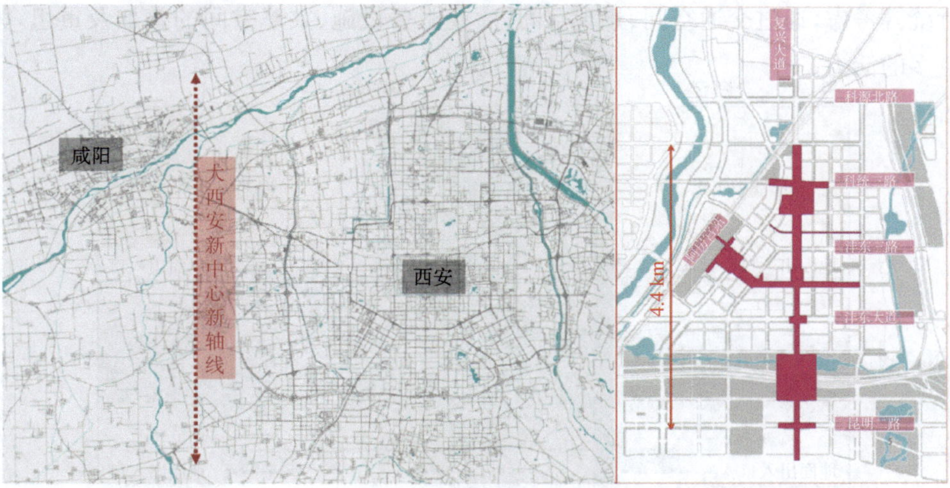

图 4-16 大西安新中心新轴线综合规划及站位布局

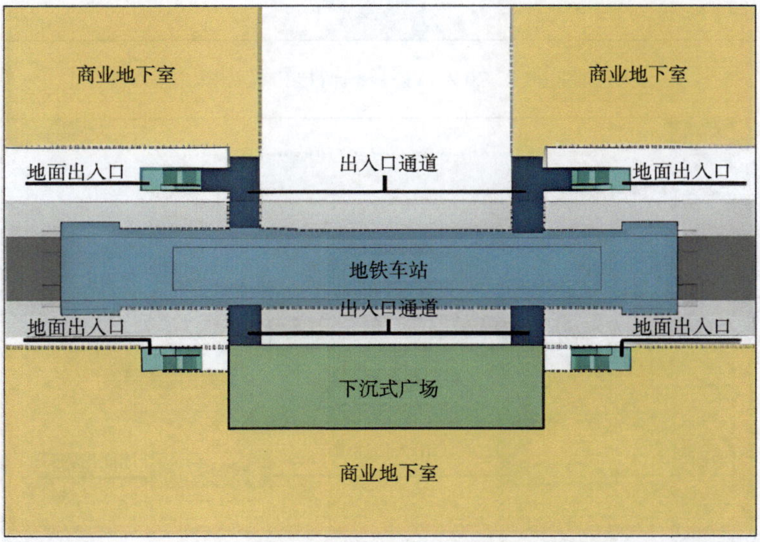

图 4-17 与下沉广场统筹结合设计模式

3)出入口通道预留接口设计

在所有车站设计时,充分考虑与周边地块的物业开发接驳条件,在车站出入口与周围物业接驳的主体及附属通道位置预留暗梁暗柱,可与后期的地块物业开发进行接驳,如图 4-18 所示。这也充分体现了设计统筹考虑、提前策划,将车站附属与地块商业开发进行一体化设计,是地铁开发值得推广的一种模式。

4)车站与地块统筹一体化设计

结合轨道交通的建设,针对车站所在地块进行一体化开发设计,如图 4-19 所示。充分发挥轨道交通的优势,引入 TOD、轨道微中心等理念,对商业商务地块和规划绿地的整体空间进行统筹考虑，通过交通空间、景观空间、商业服务设施、共享空间的叠加及重组，为地块创造更多的活力。

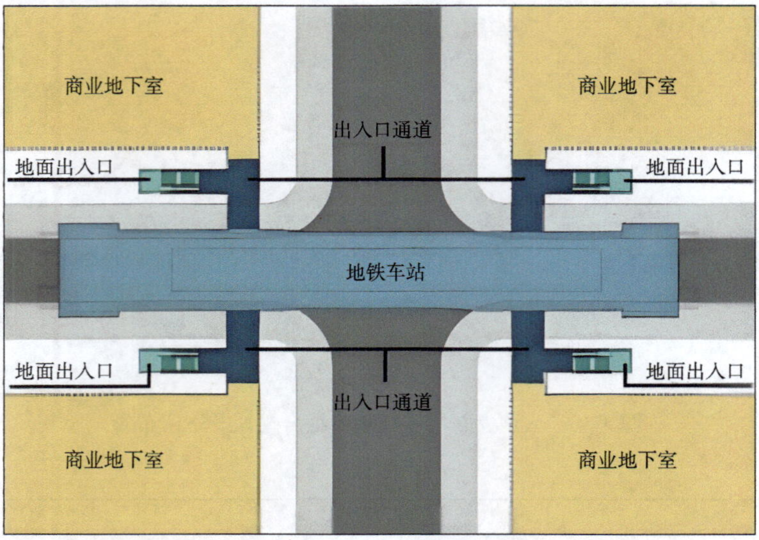

图 4-18　出入口通道预留接口设计模式

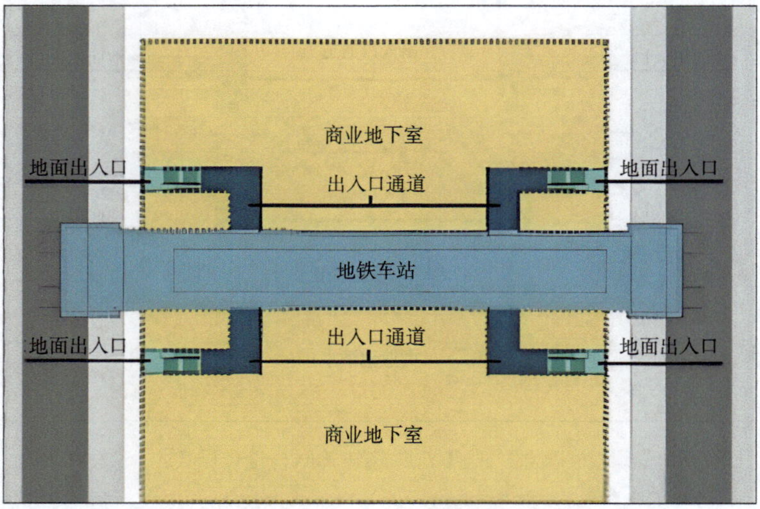

图 4-19　车站与地块统筹一体化设计模式

本线的西咸大厦站位于规划金融一路以西 50 m 绿化带内，跨丰裕路口设置，车站为地下二层岛式车站，设 4 个出入口、2 组风亭。A、B 口位于金融一路西侧绿化带内，与西咸能源金贸区南北绿廊一体化设计，如图 4-20 所示。南北绿廊南北长约 800 m，根据规划理念，南北绿廊作为起步区二期重点项目，以地铁为核心点、南北绿廊为发展轴，建立地下空间体系，实现地下空间的互联互通。C 出入口与得天基成地块结合建设，D 出入口与天众地块结合建设。

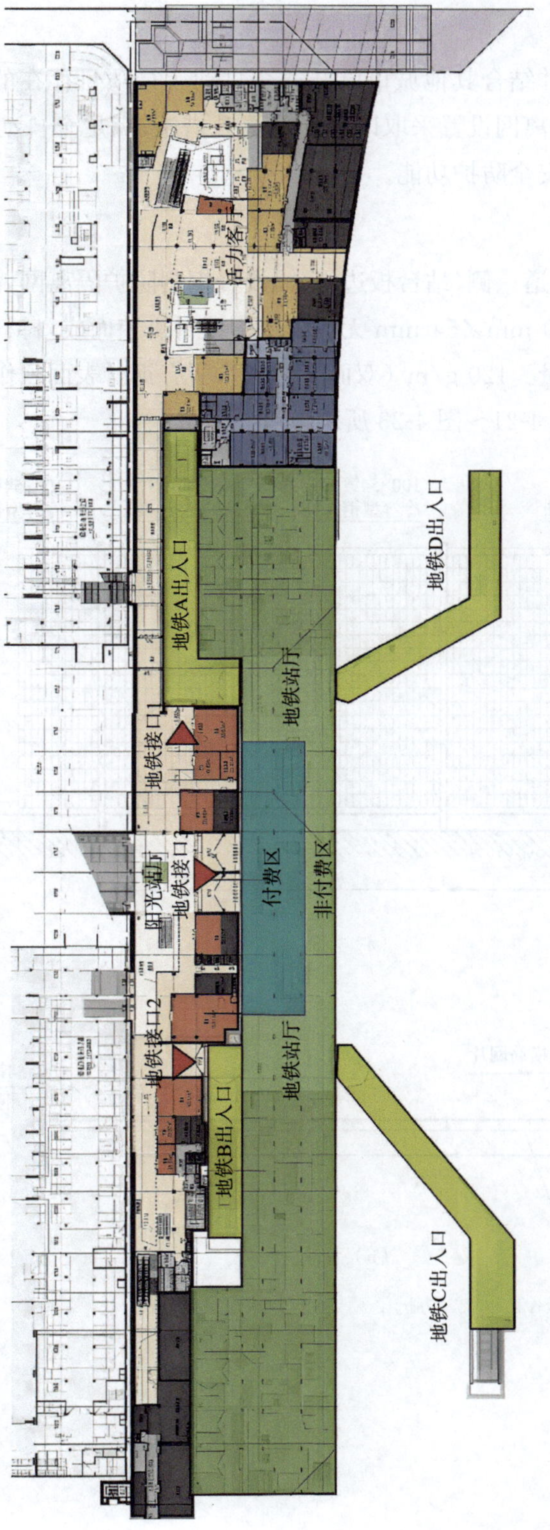

图 4-20　西咸大厦站与地块统筹一体化设计平面

4.2.3 防护隔离网的优化

通过对比常规线路车站，并结合其他城市已开通全自动运行项目存在的问题，16 号线针对车站及区间风井的防护隔离网设置采取以下优化提升措施，满足全自动运行对轨行区的完全隔离要求，同时提升了安全防护功能。

1. 车站防护隔离网

对于车站站台临轨行区走道一侧(站台板边缘)需设置钢制防护隔离网，高度为 2 m，立柱结构强度相对增强，采用 100 mm×54 mm 无焊缝冷弯型材拼装而成，材料为连续热镀锌钢板(Q235)厚度 2 mm，镀锌量≥120 g/m^2(双面)。同时，所有钢材表面须作防锈、防潮、绝缘处理。车站防护隔离网如图 4-21～图 4-23 所示。

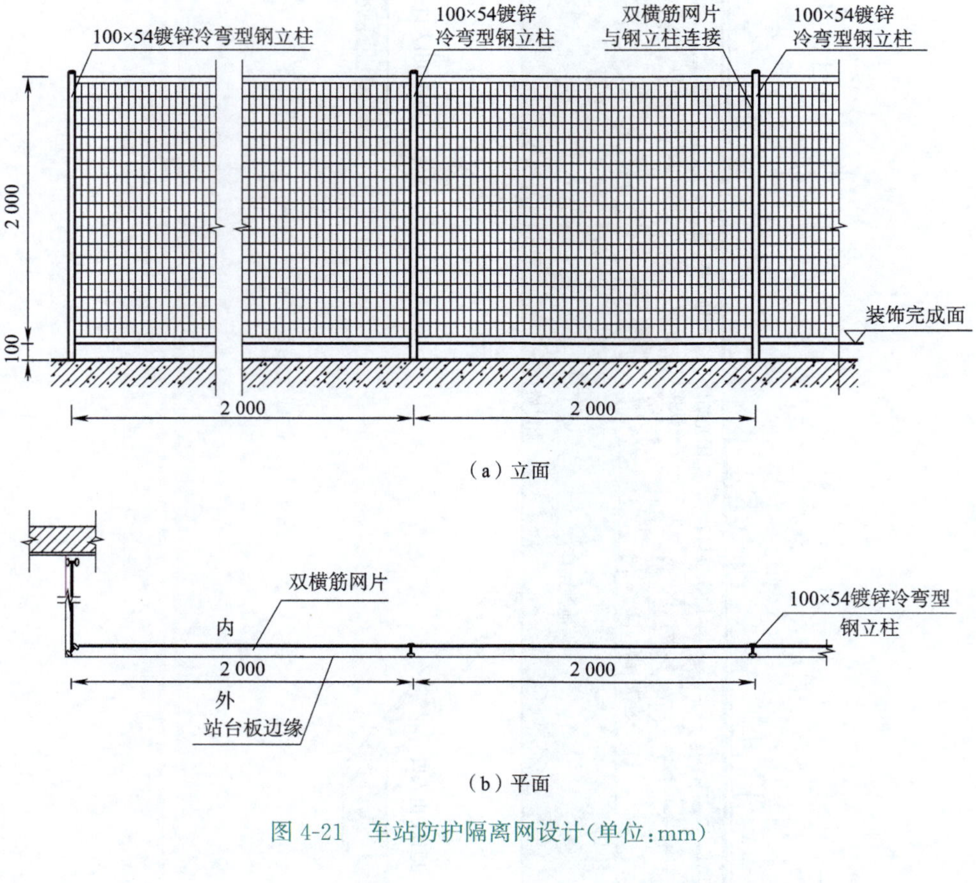

图 4-21 车站防护隔离网设计(单位：mm)

图 4-22 车站防护隔离网

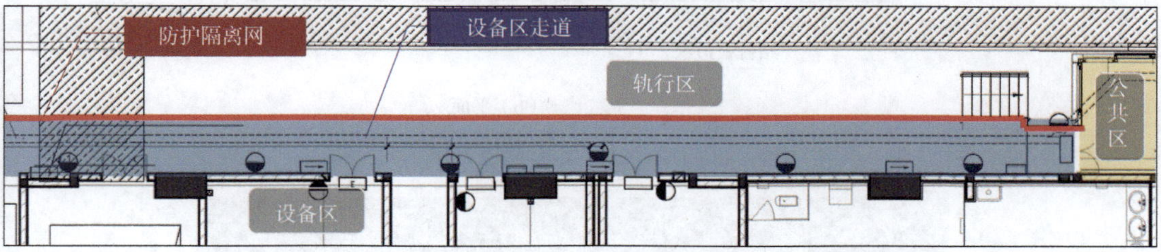

图 4-23 西安国际足球中心站防护隔离网设置局部平面

2. 区间风井防护隔离网

对于区间风井临轨行区疏散平台而言，在有设备房间开门的一侧走道边缘需设置钢制防护隔离网，高度为 2 m。但由于区间隧道风荷载较大，因此需加强防护隔离网抵抗隧道风压的强度，采取防护隔离网的钢立柱每隔 2 m 横向连接（呈 L 形）至设备房间侧墙的措施，与站台板牢固的同时，与侧墙也连接牢固。同时，隔离网外侧需留有不小于 600 mm 宽度的疏散平台空间，以保持与区间疏散平台、疏散路径的通贯性。区间风井防护隔离网如图 4-24～图 4-26 所示。

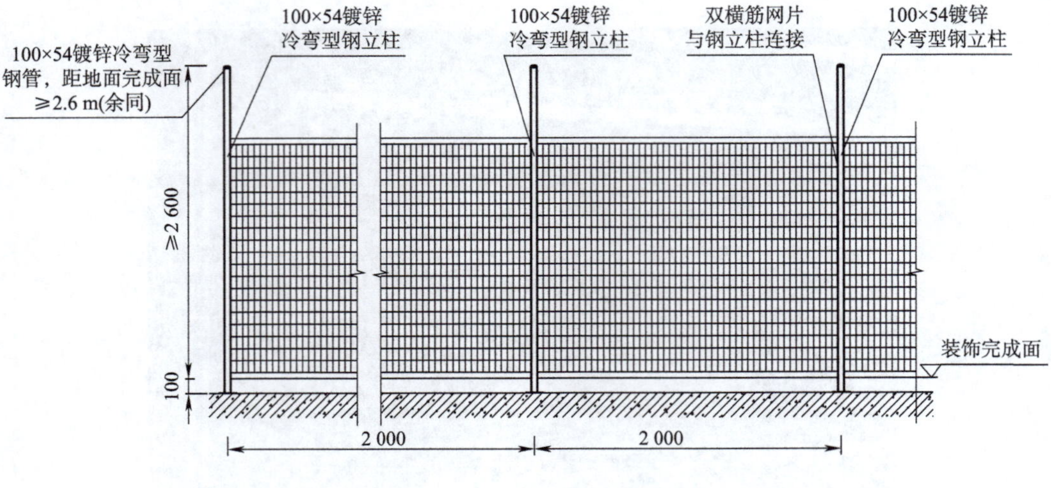

（a）立面

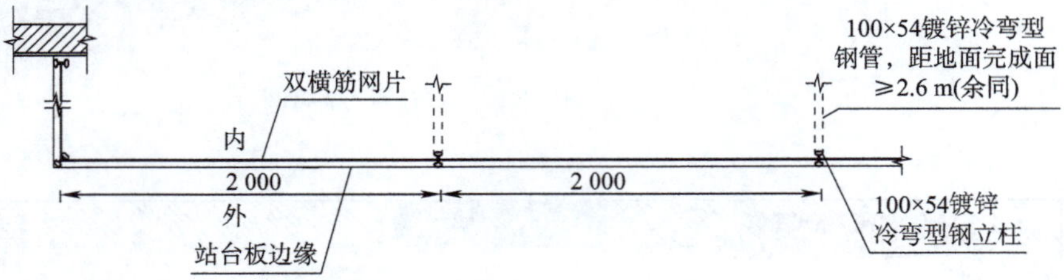

（b）平面

图 4-24　区间风井防护隔离网设计(单位:mm)

图 4-25　区间风井防护隔离网

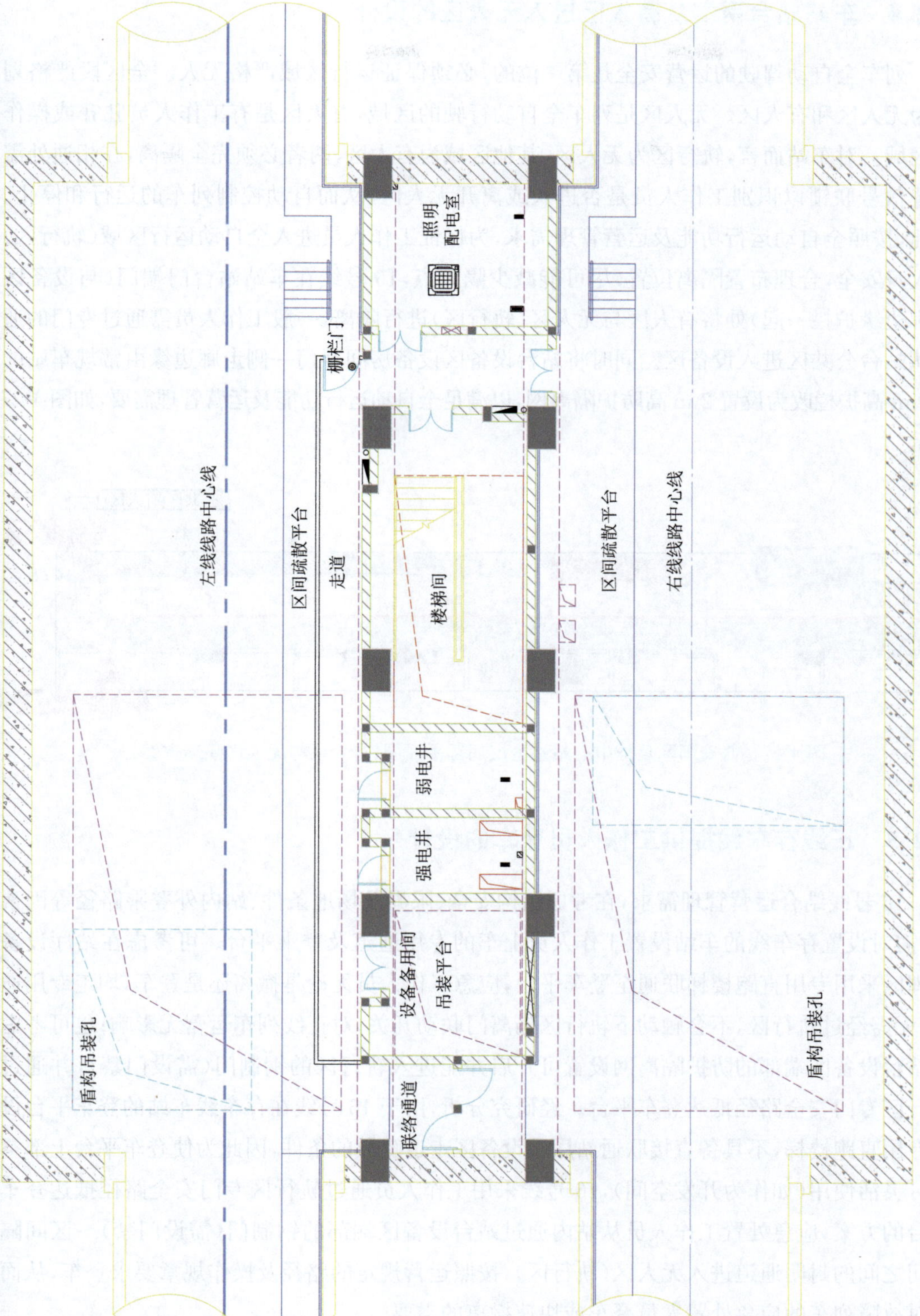

图 4-26　欢乐谷站—浐东城市广场站区间风井防护隔离网设置平面

4.2.4 车站站台两端从有人区进入无人区的设计

列车全自动驾驶的运营安全是第一位的，必须保证运行区域严格无人。全区段严格划分为无人区和有人区。无人区是列车全自动行驶的区域，有人区是有工作人员驻守或操作的区域。对车站而言，轨行区为无人区，其他区域为有人区，两者必须完全隔离，在相通处需设置信号联锁以识别工作人员是否进入或离开无人区，从而自动控制列车的运行和停止。因此，按照全自动运行功能及运营管理需求，为保证工作人员进入全自动运行区域(轨行区)的人身安全，合理布置隔离位置，尽可能减少隔离点，16 号线在车站站台门端门(与设备区走廊边缘护栏一起)处将有人区与无人区(轨行区)进行隔离，一般工作人员需通过专门的通道从站台公共区进入设备区。同时将站台设备区设备房间开门一侧走廊边缘由常规车站的 1.2 m 高护栏改为设置 2 m 高防护隔离网，以满足全自动运行功能及运营管理需要，如图 4-27 所示。

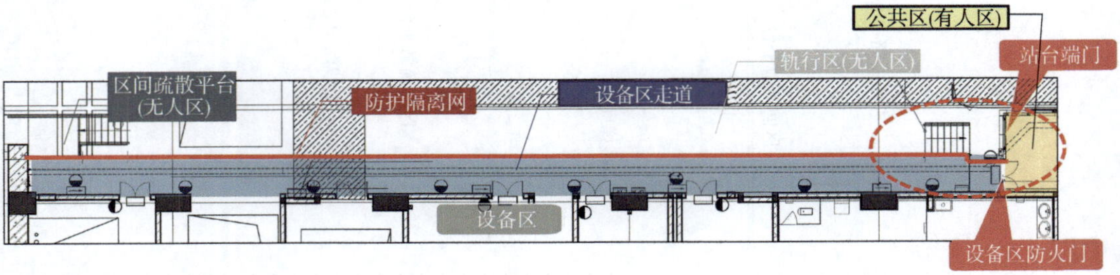

图 4-27 西安国际足球中心站站台层局部平面图(有人区与无人区隔离方案)

4.2.5 正线存车线提供工作人员登车的设计

16 号线结合运营管理需求，在考虑结构安全、限界及场地条件、站内外登乘路径等因素下，需对设置存车线的车站设置工作人员上车的专用通道及登乘平台。可考虑在站厅设备管理区采用专用直跑楼梯联通至登车平台，应急工作人员无论是撤离还是登车，均走专用通道，无需经过轨行区，不会触动下轨行区隔离门联动开关，对正线列车运营无影响；也可考虑在站台设备区端部的防护隔离网设置可开启并能进入轨行区的钢制门(需设门禁)，并通过轨行区专门安全路径抵达登车平台。经研究分析，由于 16 号线在存车线车站的登车平台设置专用直跑楼梯，不具备直接联通站厅层设备区走道疏散的条件，因此为使登车平台上部空间可灵活使用(如作为开发空间)，16 号线采用工作人员通过轨行区专门安全路径抵达登车平台的方案，应急处置工作人员从站内通过站台设备区端部的钢制门(需设门禁)～区间隔断门之间的封闭通道进入无人区(轨行区)，按照运营规定的路径及操作规章要求登车，从而应对故障列车的应急处置人员登车或快速撤离的需要。

4.2.6　多职能待班室的设置

突发事故时，在需要人为处置的情况下，车站驻守工作人员必须马上判断事故情况，迅速赶到事故地点，以便以最短的时间解决突发事件，尽快恢复列车运营。为此，16 号线在有折返线的车站中，设置多职能人员待班室。全自动运行线路中的待班室，其功能为对站台区域设备故障或突发事件开展应急处置并兼顾多职能队员休息、派班功能，宜设置在靠近车站岔区一侧的设备管理有人区范围内，并遵循安全、高效、集约的原则合理布置方位和空间。经研究分析，由于多职能待班室为工作管理人员常驻房间，需具备一定的服务功能，而 16 号线车站站台设备区均为无人区，不满足管理人员疏散条件，因此在符合消防疏散及建筑防火要求的前提下，同时考虑到建筑空间布局的人性化及安全性，16 号线尽可能将多职能待班室设置在靠近车站岔区一侧的站厅层设备管理有人区范围内，并靠近设备区疏散楼梯间，既满足突发事故时的快速应急处置要求，又为多职能人员提供了良好的办公环境。

4.3　车　　辆

4.3.1　车辆概述

16 号线车辆选型采用地铁 B2 型车，DC 1 500 V 架空接触网供电。列车编组采用初、近、远期 6 辆固定编组方案，动拖比为 4 动 2 拖，最高运行速度为 100 km/h。列车采用 GoA4 级全自动运行系统控制技术，具备无人驾驶功能，可实现在无司机和乘务员参与下全自动运营。

列车车体采用不锈钢材质，整体造型以“展翅高飞”为灵感主打科技感、现代感风格，腰线采用淡朱砂，与西咸新区生机活力、日益蓬勃、超越创新的发展风格相匹配，如图 4-28 所示。

图 4-28　16 号线列车

车辆内饰以沣水蓝装饰风格为主，座椅具有防滑耐磨功能，并配备乘客吊环、安全锤、乘客紧急报警、可视化对讲等安全设施，给予乘客更加温馨、舒适的体验感，如图 4-29 所示。

图 4-29　16 号线列车内饰

4.3.2　车辆主要技术参数

(1)车辆长度(两端车钩连接面之间的距离)：Tc 车 20 140 mm，Mp 车 19 520 mm。

(2)车辆自重：Tc 车，≤34 t；M、Mp 车，≤36 t。

(3)车辆高度：空调高度 ≤3 855 mm，受电弓落弓高度 ≤3 810 mm，受电弓工作高度 3 980～5 800 mm。

(4)车体宽度：2 800 mm。

(5)客室地板面距走行轨顶面高度：1 100 mm。

(6)车辆两转向架中心距：12 600 mm。

(7)固定轴距：2 200 mm/2 300 mm。

(8)速度：最高运行速度 100 km/h(车辆构造速度 110 km/h)，平均旅行速度≥45 km/h，通过洗车机稳定运行速度 3～5 km/h。

(9)在超员(AW3)情况下，在平直干燥轨道上，车轮为半磨耗状态，额定电压 1 500 V 时，平均加速度为：

①列车从 0 加速到 40 km/h：≥1.02 m/s^2。

②列车从 0 加速到 100 km/h：≥0.62 m/s^2。

(10)在超员(AW3)情况下，在平直干燥轨道上，车轮半磨耗状态，列车处于最高运行速度 100 km/h 时，从给制动指令到停车，平均减速度为：

①最大常用制动：≥1.0 m/s^2。

②紧急制动：≥1.2 m/s^2。

4.3.3　车辆创新与实践

车辆不仅配置了温馨、舒适、个性化的内装，同时还采用了变频热泵空调、智能灯光调节系统、走行部及脱轨在线监测系统、智能运维系统、被动障碍物探测系统、弓网监测系统、LCU、主动障碍物探测系统、智慧车窗等新技术，为列车的安全、节能、舒适运行提供了有力的保障。

1. 全自动驾驶功能

全自动无人驾驶系统是在完全没有司机和乘务人员参与的情况下，车辆在控制中心的统一控制下实现全自动运营，自动实现列车休眠、唤醒、准备、自检、自动运行、停车和开关车门，以及在故障情况下实现自动恢复等功能，同时也能实现在无人操作的情况下完成自动洗车功能。

全自动驾驶车辆较人工驾驶车辆新增及加强功能简述，见表 4-3。

表 4-3　全自动驾驶车辆新增及加强的功能简述表

序号	功能	内容描述
一	新增功能	1. 增加车辆自动唤醒、自检、运行、自动休眠的功能。 2. 增加列车状态、故障报警信息上传功能。 3. 增加障碍物检测和列车脱轨检测功能。 4. 增加低压系统恢复供电功能。 5. 增加列车远程控制、复位功能
二	增强功能	1. 车辆关键系统具有热备份能力，各子系统需要冗余。 2. 增强火灾报警功能并与视频监控系统联动。 3. 增强车门系统功能及车门对位隔离功能。 4. 增强电磁兼容性。 5. 头车车钩联挂后具有指令传输功能。 6. 增强列车空转滑行控制与信号系统联动。 7. 增强广播系统自动报站、声音采集、故障检测记录的。 8. 司机室操作台增加保护罩，后门、间壁增强为可拆卸。 9. 增强列车视频监控及实时上传功能。 10. 增强列车制动控制功能

2. 驾驶台布置

列车两端分别采用敞开式司机室设计方式，操作台设置于端部两侧，能够给予乘客更加宽阔的视野及体验列车运行的动态视觉感，同时在端部设置逃生门，也是国内 B 型不锈钢车的紧急逃生门首次设置在前端中部的成功应用，如图 4-30 所示。

图 4-30　16 号线列车司机操作台布置及逃生门布置

3. 走行部及脱轨在线监测系统

走行部及脱轨在线监测系统通过安装布置在走行部转向架上的传感器网络，监测轴箱轴承、齿轮箱轴承和牵引电机轴承的温度、振动和冲击等数据，并进行综合分析处理，以实现走行部旋转部件（车轮踏面、轴箱轴承、齿轮箱小齿轮电机侧轴承、电机输出端轴承、小齿轮）故障的在线监测、脱轨在线检测及钢轨波磨离线分析。走行部监测点示意如图 4-31 所示。

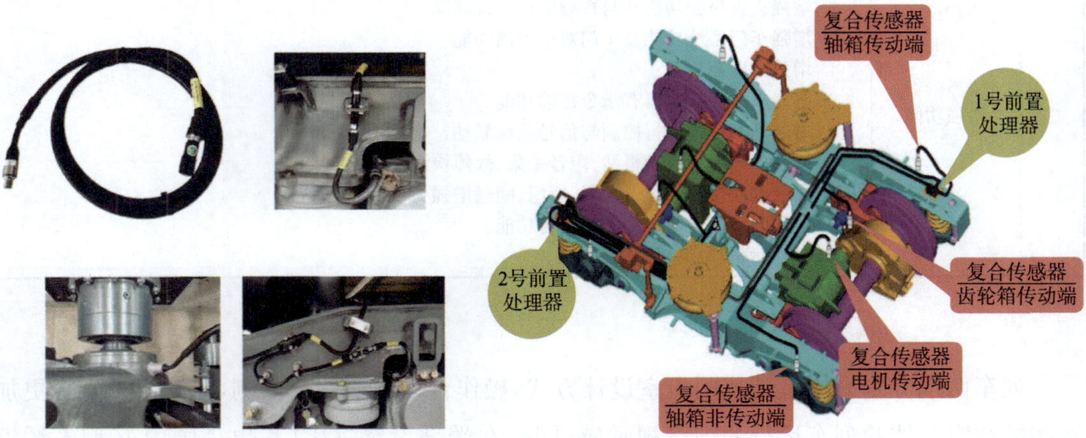

图 4-31　走行部监测点示意

4. 被动障碍物探测系统

当障碍物检测系统检测到一定质量和一定速度的障碍物，触发了障碍物检测系统内部的动作集成结构，接触式障碍物检测系统的检测信号经过信号电缆发送给 TCMS 处理。接触式障碍物检测系统输出的干接点信号用于判断障碍物检测信号，辅助车辆判断目前的运行状态，保证车辆的运行安全。被动障碍物检测系统示意如图 4-32 所示。

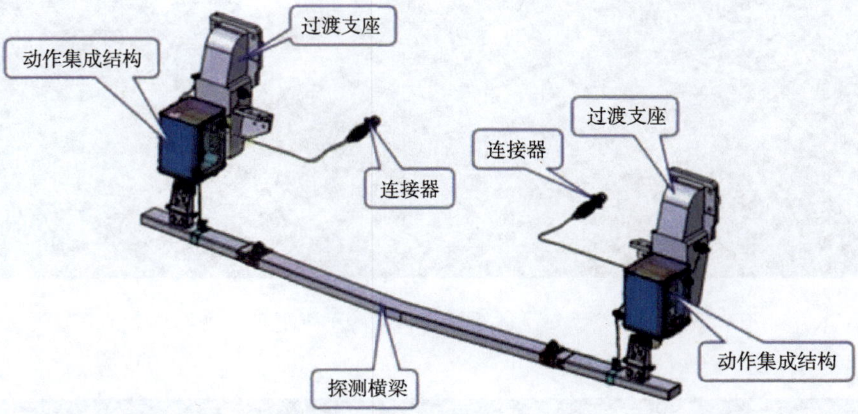

图 4-32　被动障碍物检测系统示意

5. 主动障碍物检测系统

随着列车全自动驾驶技术的发展，主动安全技术在城市轨道交通电客车上逐步应用和推广。考虑到主动安全技术的可靠性尚需进一步验证，本线选取两列车安装有主动障碍物检测系统。该系统由控制主机、雷达传感器、视觉传感器等组成，利用高可靠、高安全的软硬件平台配合传感器，完成列车运行中对前方障碍物的检测识别、预警及防护等功能，保证车辆的运行安全。通过试用经验的积累，为后续主动障碍物检测系统的推广，提供强力支撑。主动障碍物检测系统示意如图 4-33 所示。

6. 智能运维系统

智能运维系统主要功能是收集列车数据，通过无线方式发送到地面智能运维平台，从而为列车运行提供远程专家技术支持和远程故障诊断。地面系统采用 B/S 架构，通过浏览器可实现车辆各个子系统的状态实时监测、故障自动报警、故障分析、故障诊断、故障统计、故障预警等功能，从而为列车运行提供远程专家技术支持和远程诊断。智能运维平台显示界面如图 4-34 所示。

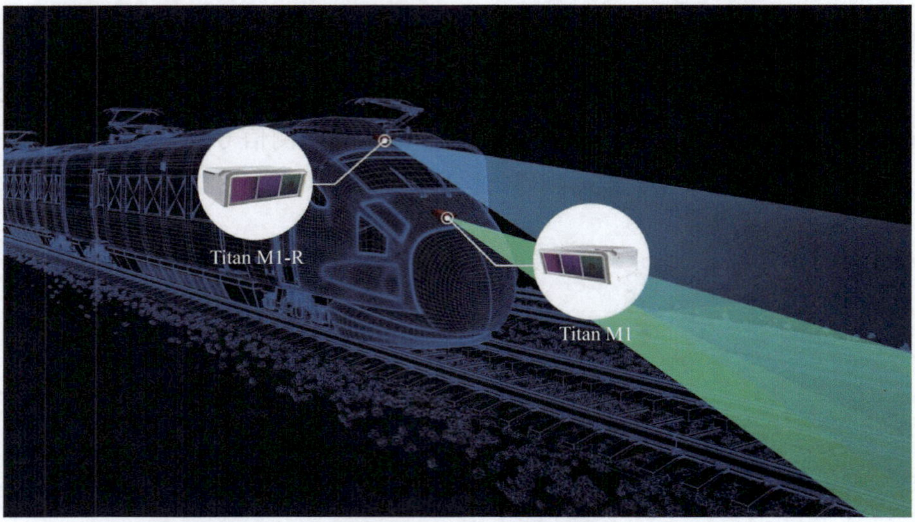

图 4-33　主动障碍物检测系统示意

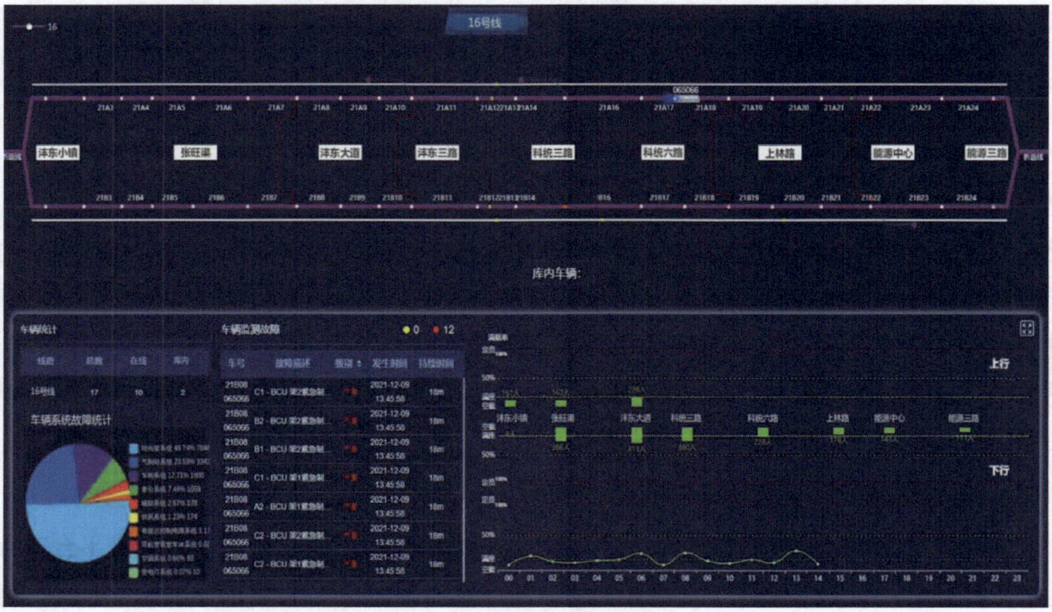

图 4-34　智能运维平台显示界面

7. 弓网监测系统

本线选取两列车安装了高配弓网监测系统，在运营过程中，系统能够对弓网的运行状态进行高清视频监视、弓网燃弧检测、弓网温度检测、弓网压力及硬点冲击检测、接触网导高拉出值等几何参数的检测，并能够对弓网运行状态和对受电弓进行动态监测。同时，系统还具有对弓网运行动态数据进行统计、分析功能，为检修人员检修弓网系统提供有效的指导数据。弓网监测系统如图 4-35 所示。

图 4-35 弓网监测系统

8. 蓄电池在线管理系统

蓄电池在线管理系统能够实现对蓄电池状态实时监测。系统可将蓄电池电压、电流及蓄电池箱温度通过 MVB 实时反馈给 TCMS，TCMS 将该信息转发给 ATC，并且在显示屏上实时对蓄电池电压、电流及蓄电池箱温度等进行显示，并且具有蓄电池电压过低或蓄电池箱温度过高时实现在显示屏上弹出报警信息等功能。车载蓄电池如图 4-36 所示。

图 4-36 车载蓄电池

9. OLED 智慧车窗

本线选取两列车安装了 4 块 OLED 车窗，如图 4-37 所示。OLED 车窗通过以太网通信与乘客计数器进行接口，接收乘客计数器转发的 TCMS 数据实现报站联动。OLED 车窗主要功能如下：

(1)4G 上网功能，乘客自由浏览指定的网站信息。

(2)周边美食、美景信息查询。

(3)报站信息显示联动。

(4)车站 3D 站台视频播放联动。

(5)车速信息显示联动。

(6)实时天气信息显示。

(7)时间信息显示。

(8)车内温度信息显示。

(9)故障上报。

图 4-37 OLED 智慧车窗

10. 逻辑控制单元

逻辑控制单元用于替代列车控制电路中的硬接线继电器电路，采用了无触点控制驱动方式，并实现其相应的逻辑控制能力，避免了继电器卡滞、抖动、接触不良等先天缺陷。数字控制技术的应用替代了传统中间继电器，解决了继电器的分层驱动问题。热备冗余技术应用，有效提升了地铁列车控制电路的整体可靠性。逻辑控制单元网络拓扑图如图 4-38 所示。

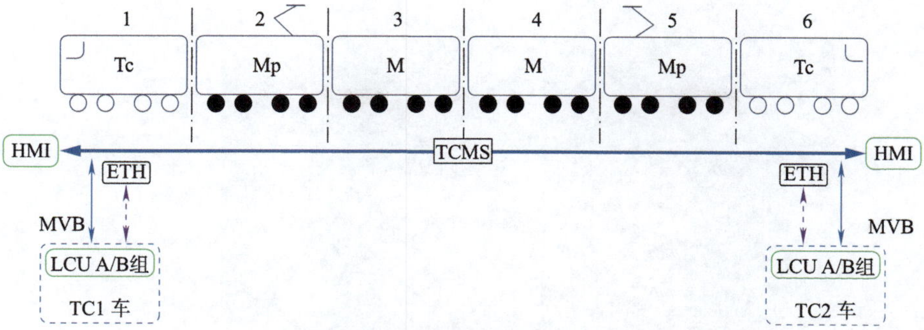

图 4-38　逻辑控制单元网络拓扑图

4.4　车辆基地

4.4.1　车辆基地概述

1. 车辆基地工程概况

沙河滩车辆基地接轨于 16 号线一期工程线路起点秦创原中心站。车辆段选址位于尚航六路以东、规划尚航三路以西、规划能源三路北侧、规划能源四路以南地块，地块内有上跨车辆段的规划尚航五路。段址用地范围内地势平坦，地块现状主要为农田、蔬菜大棚，段址内西侧有太平河流经，流向自南向北。太平河东侧为 330 kV 高压走廊。地块东侧有绕城高速及西成铁路，规划为轨道交通建设用地。

沙河滩车辆基地功能定位为大架修段，主要承担 16、17、18、19 号线配属车辆的大架修任务，以及本线配属车辆的定修及以下检修、运用任务。车辆基地设有大架修库 3 列位（预留 3 列位）、定修库 1 列位、临修库 1 列位、静调库 2 列位、双周三月检库 4 列位、停车列检库 16 列位（预留 16 列位），占地约 27 万 m^2，总建筑面积约 11 万 m^2，如图 4-39 和图 4-40 所示。

图 4-39　沙河滩车辆基地航拍图

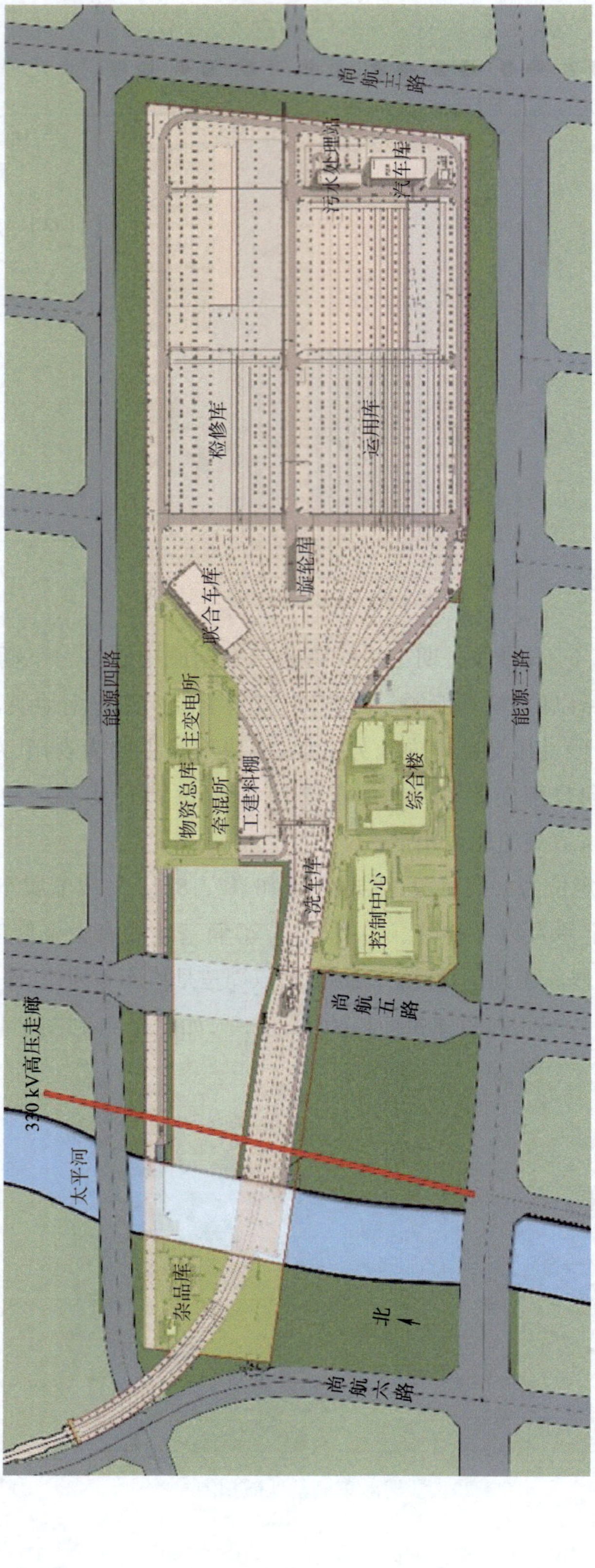

图 4-40 沙河滩车辆基地总平面布置

2. 车辆基地总图布置及特点

沙河滩车辆段整体呈东西向布置，运用库、检修库采用尽端式与出入段线顺接位于段内东端，运用库布置在场区东南侧，其中，停车列检库采用1线2列位布置，共32列位(其中近期16列位，预留16列位，考虑上盖物业开发先行实施盖板及相关工程)，周月检库采用1线1列位布置，共2跨4列位。运用库顺接于出入段线，运用列车进出段方便快捷。

动态检测棚置于入段线上，洗车库呈往复式布置于咽喉东侧；运用库、洗车库布置为全自动驾驶区。

检修库位于运用库北侧，布置在非全自动驾驶区，共设置大架修库3列位(预留3列位)、定修库1列位、临修库1列位、静调库2列位、吹扫库1列位；旋轮库布置在运用库和检修库咽喉区之间。试车线沿段内北侧布置，有效长度为1 162 m，可满足高速试车要求。联合车库顺接于出入段线，邻近工建料棚、存车线及材料堆放场地，调机与工程车进入区间检修救援方便快捷。

综合楼、乘务员公寓、食堂(含换热站)布置于咽喉区南侧，呈“回”字形布置，靠近段主出入口，方便人员进出、乘务员出乘；物资总库、牵混所、主变电所设置于调机及工程车库西侧、咽喉区北侧，邻近负荷中心；污水处理站、汽车库、垃圾房设置于运用库尾部；杂品库及危废品存放间、跟随所分别设置在段址西北角空地。控制中心位于规划尚航五路东侧、综合楼西侧，预留公安派出所位于段址内部太平河西侧布置。

车辆基地有人区与无人区通过设置的牵出线进行信号转换，并设置隔离栅栏进行物理隔离；车辆基地设2处出入段道路，分别位于车辆基地南侧与规划能源三路相连接。段内主干道宽7 m，次干道宽4 m，道路呈环状布置，能够满足生产、生活和消防、新车运输等的要求。

4.4.2 全自动驾驶车辆基地设计原则及功能

1. 总平面布置设计原则

(1)总平面图布置应满足全自动驾驶区域、人工驾驶区域、驾驶模式转换区域和车辆段厂前区等主要功能分区明确、联络方便、交通顺畅。

(2)全自动驾驶区和人工驾驶区尽量避免交叉作业，不同功能分区应尽量相对集中，减少交叉作业，方便管理。

(3)车辆段应设置专门的转换轨作为不同驾驶模式的转换区域，列车跨区域调车或行车时必须经过转换轨。

(4)洗车线纳入全自动驾驶区，宜靠近运用库一侧布置；旋轮线和调机、工程车存放线纳入人工驾驶区，宜靠近检修库一侧布置。

(5)试车线尽量靠近检修库一侧布置，以减少列车调车作业时对全自动驾驶区域的干扰。

(6)停车列检线、双周/三月检线、洗车线、牵出线等全自动驾驶区域的线路长度均应考虑列车自动运行的安全保护距离,满足信号系统的要求。

2. 全自动驾驶车辆基地功能变化

根据 FAO 系统对车辆基地的要求,全自动驾驶车辆基地划分为全自动驾驶区和非全自动驾驶区。与人工驾驶车辆基地相比,其主要功能存在如下变化:

1)新增功能

(1)新增全自动驾驶区域,由信号系统实现列车的全自动驾驶。正线服务的列车自"唤醒"至"休眠"应全部纳入 ATS 时刻表管理与控制。

(2)新增全自动驾驶区域与非全自动驾驶区域的隔离设施,并增设门禁系统。人员及车辆通过门禁进入全自动驾驶区域时,必须得到控制中心授权。

(3)新增全自动驾驶区域若干防护分区的划分,并增设通往各防护分区的地下通道(当采取接触轨供电时为人行天桥)。检修和清扫作业人员须通过库位打开 SPKS 开关及门禁才可进入无人防护分区作业,多职能人员(兼司机)可从库中地下通道打开门禁通往指定列车登车随车上正线运营。

(4)新增列车自动唤醒、自检、启动列车并自动运行至正线等全自动驾驶新要求的功能。

(5)新增列车洗车机与信号系统的接口,实现全自动洗车功能。

(6)新增试车线全自动无人驾驶测试,包括列车休眠、唤醒、对位停车、自动开关门、列车自动换端等功能。

(7)新增全自动驾驶区车库内照明远程控制功能。

(8)新增段内调车信号转换功能。在全自动驾驶车辆基地,需要有一段轨道用于列车往返全自动驾驶区至非全自动驾驶区时的驾驶模式转换,通常可利用常规车辆基地的牵出线作为信号转换轨。

2)增强功能

(1)增强全自动驾驶区域火灾报警系统、广播系统、视频监控系统等功能,并增加各系统的联动功能。

(2)全自动驾驶区域车库大门增强为自动门(或远程控制大门)。

3. 全自动/非全自动驾驶区划分

全自动运行系统是指完全没有司机参与,车辆在控制中心的统一控制下实现全自动运营,自动实现列车休眠、唤醒、准备、自检、自动运行、停车和开关车门,以及在故障情况下自动恢复等功能。

根据全自动运行功能需求,车辆段设计时需进行有人区(即全自动驾驶区)与无人区(即人工驾驶区)的划分,在有人区与无人区出入口处设置门禁系统。一般将停车列检库与洗车库纳入无人区范围，组合检修库及试车线、旋轮库、工程车库等纳入有人区范围。有人区与无人区之间设置转换轨，实现列车信号模式的转换。本段全自动化场段的自动驾驶区及非自动驾驶区划分见表4-4。

表4-4 自动驾驶区与非自动驾驶区划分

序号	名 称	自动驾驶区	非自动驾驶区
1	大架修库		✔
2	定临修库		✔
3	工程车库		✔
4	调机库		✔
5	静调库		✔
6	吹扫库		✔
7	周月检库		✔
8	洗车库	✔	
9	停车列检库	✔	
10	动态检测棚	✔	
11	材料线及平板车存放线		✔
12	旋轮库		✔

4.4.3 全自动驾驶相关设计变化

1. 工艺流程相关设计

1)停车列检作业

车辆入段→(洗车)→入库→列检、清扫、消毒→休眠/检后出库→进入正线。

2)检修作业

车辆入段→(洗车)→车辆进入信号转换轨→信号转换→车辆入检修库→根据修程完成各项检修工作→静调→动调→出库→车辆进入信号转换轨→信号转换→进入运用库或出段。

3)洗车线的作业流

DCC值班员制定洗车计划，设置待洗列车的车组号、洗车时刻；车辆与行车综合自动化系统判断满足条件时，对预定义的被洗列车进行洗车提示，行调确认后，自动触发至洗车库的进路，一批次连续洗车计划全部完成后列车入库。

2. 停车列检库长度设计

场段停车列检库采用一线两列位尽端式布置，为 100%柱式检查坑。在停车列检库长度设计时，应考虑到信号防护距离，停车列检库 2 列位之间的安全距离应不小于 20 m；库尾车钩距车档的安全保护距离（不含车档）应不小于 15 m。停车列检库防护距离如图 4-41 所示。

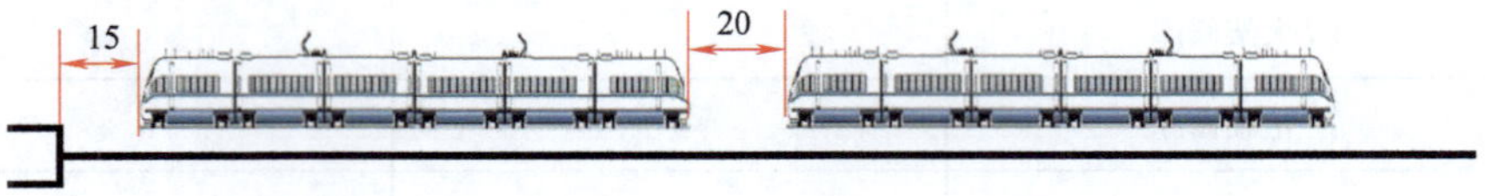

图 4-41　停车列检库防护距离（单位：m）

停车列检库总长度为 306 m，较普通场段的库长 282 m，加长 24 m。运用库分区示意如图 4-42 所示。

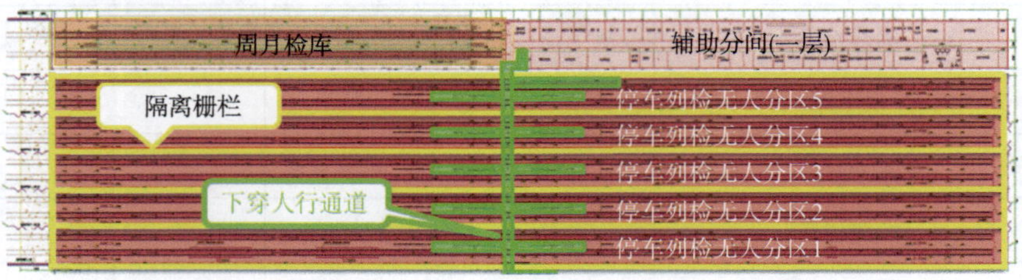

图 4-42　运用库防护分区示意

3. 牵出线长度设计

地铁车辆段牵出线主要用于完成地铁列车由停车列检库往返各条检修线、周月检线和洗车线的转线调车作业。全自动驾驶车辆段，需要有一段轨道用于列车往返全自动驾驶区至非全自动驾驶区时的驾驶模式转换，这条轨道被称为转换轨，通常可利用常规车辆段的牵出线作为转换轨，也可以单独设置转换轨。牵出线长度需考虑信号机距道岔的距离（自连接道岔岔尖或岔后警冲标计算）、列车距信号机的瞭望距离（列车停车位置至信号机的距离）、列车长度、信号保护距离（40 m），如图 4-43 所示。

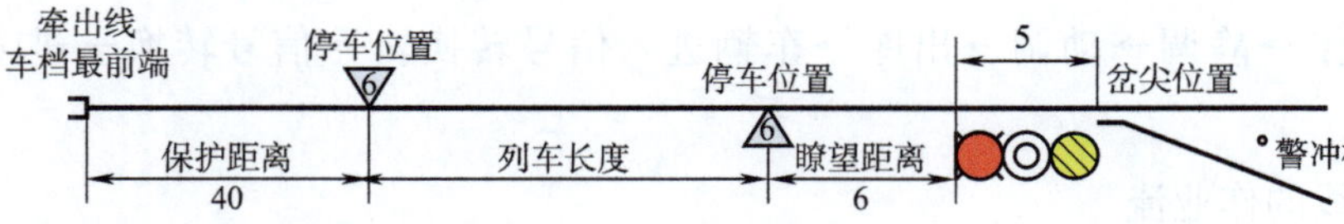

图 4-43　牵出线长度变化示意（单位：m）

4. 隔离及安全防护措施

场段自动驾驶区和非自动驾驶均通过围蔽措施进行物理隔离区分。停车列检库内按每跨2线为一个独立分区，均通过围蔽进行隔离，库中4 m宽平过道设置门禁，库中通道下面设置地下通道，每个安全防护区均通过门禁与地下通道连接。库前10 m长平过道均设置门禁，并且与咽喉区围蔽连接，此围蔽向咽喉区延伸一定长度，以警示人员通过咽喉区绕行。

停车列检库内当某个分区内车辆停满后，调度确认后，启动SPKS开关，分区内车辆进行锁闭，无法自动运行，检修人员获得授权，领取门禁卡后，进入分区内进行作业。

5. 地下通道和人员防护

在停车列检库中间平过道通道下方设置地下通道，通道通往每个保护分区入口处设门禁系统。工作人员需要被授权才能领取门禁卡，当门禁被激活时，才可进入库内。在库后横向通道处的铁栅栏上的每一个防护分区位置设置栅栏门，并安装门禁系统，工作人员从库后到每个分区中时必须通过门禁才能进入。

在库中设置了SPKS开关，可禁止相应分区中的车辆运行和库外车辆驶入库中。当作业人员需要入库进行某一分区作业时，可先启动相应分区的SPKS开关，该区域会被封锁，此区域内的车辆处于无法运行的状态，禁止该分区的列车自动移动，且库外的车辆也无法进入此分区中，从而减少因车辆出、入库而造成大范围的平面干扰。

1)在初期有人驾驶模式时

SPKS开关与门禁不启用，列检人员、保洁人员、司机进入停车列检库的模式与传统车辆段相同。

2)当采用全自动运行模式时

列检人员、保洁人员进入停车列检库的某一分区需要先到运转值班室进行申请；运转值班室人员接收申请后开启所对应防护分区的SPKS开关，这时相应防护分区不能进行收发车的作业，运转值班室人员联系综合楼电调人员进行牵引供电系统的断电操作；人员通过申请后在运转值班室领取人行地下通道的门禁卡，从人行地下通道进入相应的分区刷门禁卡进入；人员若退出防护分区时需把门禁卡退还至运转值班室，运转值班室人员确认所有人员退出防护分区后，将SPKS开关复位，并通知电调人员恢复供电。

司机进入相应防护分区的时候，也要向运转值班室人员申请，运转值班室人员关闭SPKS开关，并发放司机门禁卡(司机门禁卡与其他人员所持门禁卡为两种，区别分发)，司机从地下通道刷门禁卡进入防护区内。司机上车、通过TETRA向值班员汇报已经到位后，值班人员将SPKS开关复位，司机可以动车。

6. 运用库自动库门设计

运用库停车列检库设置为全自动运行区，每股道宜设置全自动库门，实现列车进出库自动开闭的同时有效防止人员擅自进入咽喉区或库内其他防护分区，如图4-44所示。

图 4-44　沙河滩车辆基地停车列检库库门

4.4.4　设计创新与实践

1. 自动驾驶区综合管控系统

自动驾驶区综合管控系统通过对自动驾驶区内信息进行集中监控，融入各种安全防护措施，保障作业安全，实现自动驾驶区作业过程的综合管控。自动驾驶区综合管控系统由作业人员管理系统、作业安全管理系统等组成。

1)作业人员管理系统

作业人员管理系统运用先进的计算机技术、网络通信技术、数据库技术来搭建一个完整的信息化平台，对检修作业人员考勤及作业手续办理进行智能化、信息化管理。作业人员管理系统框架如图 4-45 所示。

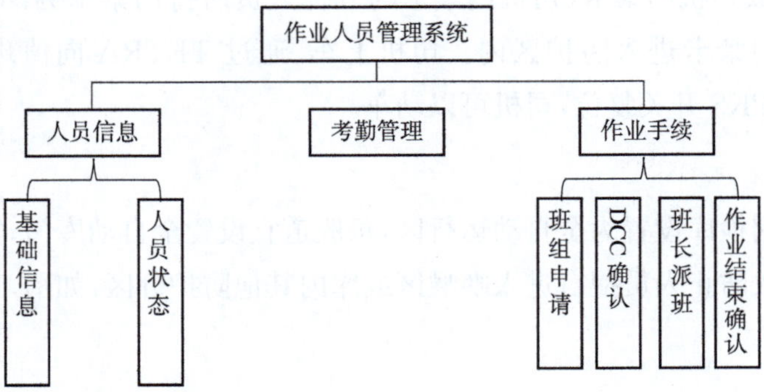

图 4-45　作业人员管理系统框架

2)作业安全管理系统

作业安全管理系统分为智能门禁、视频监控、轨道资源监测、接地棒检测、安全帽检测、安全带检测、空调防踩踏检测、蓄电池防火灾检测、作业遗留物检测等九个功能模块,可对自动驾驶区进行实时、有效的监控,保障作业区的安全性、管理的便捷性。作业人员管理系统框架如图 4-46 所示。

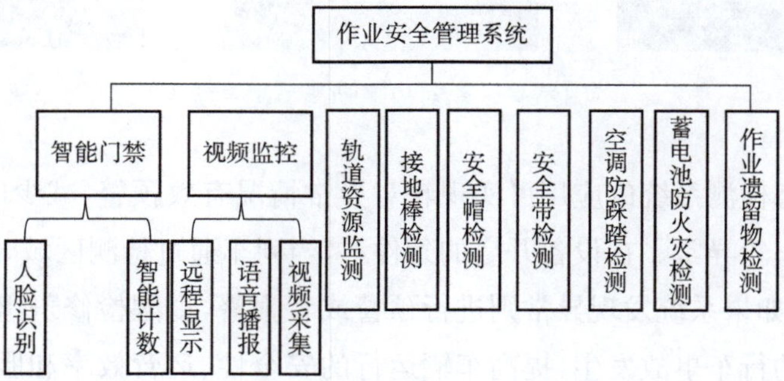

图 4-46　作业人员管理系统框架

2. 受电弓在线动态检测系统

受电弓在线动态检测系统安装在地铁车辆入段线,采用高速、高分辨率、非接触式图像分析测量技术,实现对受电弓滑板磨耗、中心线偏移、工作压力等关键特性参数的动态自动检测,系统无需停车,无人值守,动态自动检测。受电弓及车顶状态动态检测系统如图 4-47 所示。

图 4-47　受电弓及车顶状态动态检测系统

受电弓及车顶状态动态检测系统安装在地铁车辆入库线上,通常距离检修库有 3～10 min 的行车时间。检修人员通过系统检测结果提前获取受电弓和车顶状态的关键信息,可提前制定车顶维护策略,有效地缩短人工作业难度、作业时间,提高线路利用效率。

3. 轮对故障动态检测系统

轮对故障动态检测系统安装在地铁车辆段入段线或者正线上(无接触式擦伤检测),采用图像测量技术、高精度位移测量技术和图像模式识别技术,实现对车轮外形尺寸、车轮踏面缺陷的在线自动检测。系统无需停车,无人值守,动态自动检测。轮对故障动态检测系统如图 4-48 所示。

图 4-48　轮对故障动态检测系统

轮对故障动态检测系统的应用可实现轮对异常情况有效预警，减少因车轮磨损故障或其他原因导致的车轮异常。在设备开启的条件下，当列车通过检测区域时，系统自动快速完成车轮缺陷检测，如果系统发现异常则进行预警或者报警，提醒检修班组注意，可有效防止列车因车轮造成的行车事故发生，提高车辆运行的安全性、运营效率和服务水平，推动城市轨道交通行业安全保障技术的发展。

4. CV360°设备的应用

地铁车辆 360°在线监测系统对运行列车的车顶、车侧、走行部、车底等可视部位形成 360°高清图像采集，通过图像分析技术、模式识别技术可自动判别出零件的缺失、脱落变形等异常情况。CV360°设备如图 4-49 所示。

图 4-49　CV360°设备

在现行的检修工艺中，主要依靠人工进行地铁车辆日检作业，具有工作时间长、人工作业强度大等缺点。采用该系统能有效地降低人工作业难度、缩短作业时间、降低人工成本，同时可延长日检作业间隔，有利于由日检向 4 日检、8 日检过渡。CV360°设备使用效果，已被维保认可，整体智能识别率已达到 90%以上，误报率在 8%以内，基本成为目前场段设计的标配。

5. 智能巡检机器人

智能巡检机器人通过采用机器人技术、自主导航技术、高清光学成像技术等，对车底进行全景扫描、关键部件拍照，通过智能算法及分析系统对关键部件是否异常进行判断，并提供诊断结果，可有效解决人工作业强度大、效率低等问题。巡检机器人如图 4-50 所示。

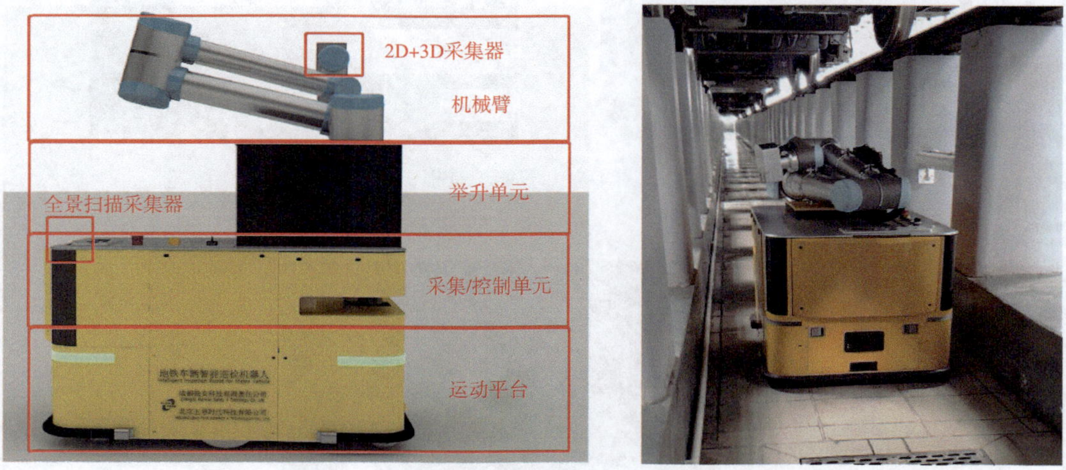

图 4-50　巡检机器人

按照常规日检作业方式，检修一列车车底需要 2 人，作业时间大概需要 50～60 min；采用机器人后，作业时间为 30～40 min。如检测有问题需要人工确认时，只需 1 人对检测出故障的部位进行重点检查、故障处理。这样缩短了检修时间，检修效率极大地提高，降低了人工成本(据测算降低约 50%)。同时，可延长检修时间间隔，有利于日检或双日检向 4 日检、8 日检过渡。

6. 智能工具柜

智能工具柜能够实现检修工具的智能化存储、取用、清点、管理等，提高工具取存效率，减少人工清点、记录等手续，降低了人工成本。智能工具柜如图 4-51 所示。

7. 智能车底吹扫系统

智能车底吹扫系统，适用于地铁车辆的车底吹扫除尘作业，主要由智能吹扫机器人与移动风场式除尘系统组成，如图 4-52 所示。该系统具有以下功能：自动实时扫描生成车底三维轮廓数据，对列车停放位置无严格要求，可适应多种车型；自动识别车底吹扫部件并具有安全避障功能，确保吹扫作业安全进行；通过路径规划系统选择最优路径，自动完成整列车底的吹扫作业；与除尘系统无缝衔接，自动控制吹扫位置所对应的吸尘装置，进行吸尘作业。

图 4-51　智能工具柜

图 4-52　智能车底吹扫系统

设备的工作过程主要分为以下几部分：获取车底三维轮廓数据→识别车底吹扫部件→避障处理→执行吹扫任务。智能车底吹扫系统气流流动示意如图 4-53 所示。智能车底吹扫系统可实现吹扫作业的自动化与智能化，从而解决人工吹扫劳动强度和难度大的问题，提高车辆维护作业质量、作业效率、作业智能化水平。

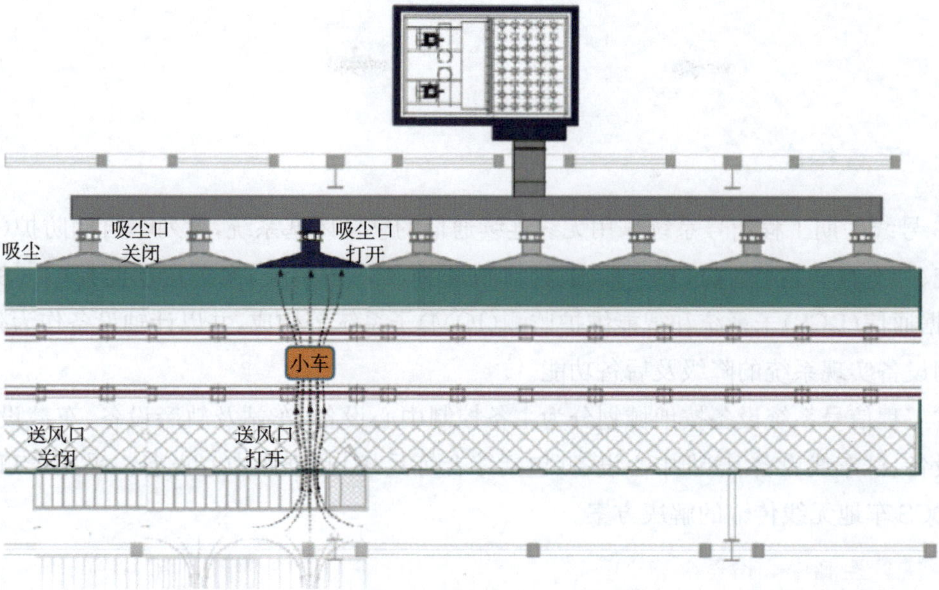

图 4-53 智能车底吹扫系统气流流动示意

8. 激光限界检测装置

激光限界检测装置为非接触的激光扫描检测系统，采用激光测量和光学图像识别技术，在车辆通过测量区时自动对被测车辆做外部轮廓扫描，形成三维点云图（车辆轮廓图），并与系统中预先储存的被测车辆标准限界数据作对比，计算超限量。激光限界门如图 4-54 所示。

图 4-54 激光限界门

4.5 信 号

4.5.1 系统构成

16号线一期工程信号系统采用无线连续通信的移动闭塞系统，由列车自动防护(ATP)子系统、列车自动运行(ATO)子系统、计算机联锁(CI)子系统、列车自动监控(ATS)子系统、数据通信(DCS)子系统和智能维护监测(IOM)子系统等构成，并以计轴设备作为列车次级检测设备实现系统的降级及后备功能。

本工程信号系统设备按地域划分为主备控制中心设备、车站及轨旁设备、车载设备、车辆段设备、试车线设备、培训中心设备(包括综合练兵场)和维修中心设备。采用LTE技术作为DCS车地无线传输的解决方案。

1. 主备控制中心设备

主备控制中心设备主要由中央ATS设备、中央DCS设备、IOM设备、电源设备等组成。其中，中央ATS设备包括数据库服务器、应用/通信服务器、车辆调服务器、通信前置机、ATS维护工作站、时刻表/运行图编辑工作站、与线网(应急)指挥中心接口设备、与大屏接口设备、ATS培训模拟设备等。中央DCS设备包括交换机、时钟服务器、GPS天线、网管设备等。IOM设备包括维护终端、网络设备和打印机等设备。

2. 车站及轨旁设备

车站及轨旁设备包括正线ATS设备、正线ATP/ATO设备、正线联锁子系统设备、DCS子系统设备、IOM设备、电源设备、计轴等组成。

(1)正线ATS设备包括ATS服务器、ATS监视工作站、ATS全线显示工作站、现地控制工作站、站台发车指示器等。

(2)正线ATP/ATO设备包括室内设备和室外设备。其中，室内ATP/ATO设备主要有区域控制器、线路控制器、LEU设备等，室外ATP/ATO设备主要包括应答器设备。

(3)正线联锁子系统设备主要包括联锁计算机、现地控制工作站、联锁维护工作站(与IOM工作站合设)、室外信号机、转辙机、紧急停车按钮、SPKS、清客确认按钮、开门/关门联动按钮、自动折返按钮等设备。

(4)DCS子系统设备主要由接入交换机、光电转换设备、轨旁射频拉远单元、基带处理单元、核心网、漏泄电缆、天线、网管系统设备等组成。

(5)IOM设备包括信号集中监测设备、采集机柜、采集单元、维护站机、车站接口机、维护终端、道岔缺口监测设备、网络设备、打印设备等。

(6)电源设备包括智能电源屏、稳压器、UPS电源、蓄电池组等。

3. 车载设备

车载设备主要是车载ATP/ATO设备,由车载控制器、司机显示单元、编码里程计、应答器天线、唤醒单元等组成。

4. 车辆段设备

车辆段设备主要包括车辆段联锁室内外设备、全自动控制区域的ATP/ATO室内外设备、车辆段ATS设备、DCS设备、IOM设备、计轴、电源设备。

(1)车辆段联锁室内外设备主要由联锁计算机、现地控制工作站、联锁维护工作站(与IOM工作站合设)、室外信号机、转辙机、SPKS、与洗车机接口、与正线接口、与试车线接口等设备组成。

(2)全自动控制区域的ATP/ATO室内外设备主要包括区域控制器、LEU、应答器等。

(3)DCS设备主要由接入交换机、光电转换设备、轨旁射频拉远单元、基带处理单元、核心网、漏泄电缆、天线、网管系统设备等组成。

(4)IOM设备包括信号集中监测设备、采集机柜、采集单元、维护站机、车站接口机、维护终端、道岔缺口监测设备、网络设备、打印设备等。

(5)电源设备包括智能电源屏、稳压器、UPS电源、蓄电池组等。

5. 试车线设备

试车线信号系统设备包括联锁室内外设备(与正线配置一致)及维护设备(IOM站机)、ATP/ATO室内外设备(与正线配置一致)及维护设备、DCS设备(与正线配置一致)及网络管理设备、试车线控制工作站、与车辆段联锁设备的接口、试车控制盘、电源设备(含智能电源屏、UPS及蓄电池)等。

6. 培训中心设备

培训中心具备模拟ATC系统的设备运行情况,展示ATC系统设备的工作原理,演示ATC系统的工作原理,要求能实现与正线最大设备集中站管辖区一致情况下的培训模拟,具备相应系统测试功能。培训中心信号系统设备主要包括培训服务器、培训操作终端、培训工作站、与正线配置一致的联锁及ATP/ATO设备、DCS设备、车载ATP/ATO设备、计轴、发车计时器、转辙机、紧急关闭按钮、自动折返按钮、站台开门/关门联动按钮、清客确认按钮、人员防护开关、应答器、电源设备等。

综合练兵场设备由信号机、转辙机、紧急关闭按钮、计轴、应答器设备(含无源应答器和有源应答器)、电源设备等组成。

7. 维修中心设备

维修中心设备是智能维护监测子系统的中央级设备,主要包括智能维护监测子系统的应用及数据处理服务器(双机热备)、日志服务器、磁盘阵列、维护终端、网络设备、打印机、电源设备等。

4.5.2 系统功能

信号系统各子系统间相互协作，通过地面控制与车上控制结合、现地控制与中央控制结合，构成一个以安全设备为基础，集行车指挥、运行调整、列车驾驶自动化及维护监测支持等功能于一体的列车自动控制系统。正线信号系统采用区域控制模式，将正线部分根据车站数量和线路长度划分为多个控制区域，在每个控区的设备集中站设置 ATS、ATP/ATO 及联锁室内设备。车辆基地自动控制区域采用与正线一致的 ATC 系统；非自动控制区域设置联锁设备，控制段内列车及调车作业。

1. 列车自动监控子系统

ATS 子系统负责管理、监督、协调、控制列车的运行，在 ATP、ATO 及联锁子系统的支持下完成对全线列车运行的自动管理和监控。系统具有中央和本地两级控制，可将异常情况或设备故障而产生的不良影响降至最低。通常情况下控制中心 ATS 控制全线，当控制中心 ATS 发生故障，系统切换至本地车站设置的 ATS。

ATS 子系统主要具备的功能有列车识别号跟踪和显示、列车运行图编制及管理、运行图调整、进路控制、监视和报警、操作与数据记录、培训和运行模拟等。

2. 列车自动防护子系统

ATP 子系统负责保证列车运行安全、提高运输效率，由车载设备和地面设备组成。系统符合故障-安全的原则，并具有自检和自诊断能力。

ATP 子系统主要具备的功能有列车间隔控制和超速防护、列车定位和测速、列车完整性监测、紧急制动、临时限速管理、车门/站台门开闭安全监督、非正常移动防护、不同驾驶模式下列车防护、轮径校正等功能。

3. 列车自动运行子系统

ATO 子系统在 ATP 的安全防护下根据 ATS 的指令实现列车的自动驾驶，负责列车车速的调整和列车运行的自动控制，主要完成列车启动、牵引、巡航、惰行和制动的操作，实现列车的站间运行、车站的定点停车、折返控制等。系统控制重点在于列车的准点运行、舒适度和精确度，有利于行车效率的提升、列车节能、提高旅客乘坐的舒适度和减轻司机的劳动强度。

ATO 子系统主要具备的功能有自动速度控制、车站精确停车、区间运行时分控制、车门/站台门控制、实现节能运行、ATO 或无人驾驶自动折返等。

4. 计算机联锁子系统

计算机联锁子系统是保证列车运行安全，实现轨道区段、道岔、信号机之间的正确联锁的安全设备，符合故障-安全原则，确保行车、折返、出入段及转线等作业的安全。

计算机联锁子系统主要具备的功能有：按正确的联锁关系、运行计划及列车位置，自动设定、建立、解锁列车进路，有一定的自动排列进路的功能；对列车进路、敌对进路、延续进路、超限区段及侧翼道岔进行防护；在现地工作站上对联锁集中站控制范围内的道岔实行单独操纵、单独锁闭及对列车开放信号，对道岔、信号机、轨道区段等信号控制元素实施封锁等；利用现地工作站进行轨道和道岔区段的临时限速等 ATP 命令的操作，并给出状态表示；向 ATP 提供信号状态、列车进路设置情况、保护区段的建立、轨道区段的临时限速及区间运行方向等条件；与 ATS 系统结合，实现车站和中央两级控制，根据运营要求实现自动和人工控制两种模式办理进路等。

5. 数据通信子系统

数据通信子系统是一个封闭通信网络，为信号系统中的 ATP/ATO、ATS、联锁、智能维护监测等各子系统提供稳定、可靠、安全的数据传输通道，主要由轨旁数据接入网络、骨干传输网络、车载数据通信网络和车地双向通信网络构成。

(1)轨旁数据接入网络提供各轨旁子系统(区域控制器、联锁、ATS 等)和轨旁设备接入数据通信子系统的接口。

(2)骨干传输网络采用具有自愈功能的双环拓扑结构，当单个设备故障时，不会导致与任何网络设备的通信丢失。

(3)车载数据通信网络分别由车头驾驶室网络部分及车尾驾驶室网络部分组成，车头和车尾驾驶室网络部分均由车载无线网络单元、车载天线、车载网络交换机和车载 CBTC 系统设备组成。

(4)车地双向通信网络是沟通车载数据通信网络与轨旁数据通信网络的渠道，实现车地之间的双向通信。

6. 智能维护监测子系统

智能维护监测子系统是保障轨道交通运营安全、加强信号设备结合部管理、监测信号设备状态、发现信号设备隐患、分析信号设备故障原因、辅助故障处理、指导现场维修、提升维护终端集成度、反映设备运用质量、提高维保部门维护水平和维护效率的重要系统。智能运维系统主要实现以下功能：

(1)对道岔/转辙机、计轴、信号机、电源设备等基础信号设备的模拟量、开关量状态进行实时监测，并及时给出报警。

(2)对 ATC、ATS、CI、DCS 设备状态进行实时监测，并及时给出报警。

(3)对站场运用状况、信号设备运用情况、作业操作记录进行实时监视、记录存储和历史回放。

(4)对报警/预警信息可进行实时及历史调阅查看，对故障及自定义时刻进行回放。

(5)以设备图形化展现方式，显示主要设备的运行状态及给出报警。

7. 培训子系统

培训子系统有完整的 ATC 模拟系统软件，能实现与正线站场情况一致的培训模拟，能对 ATC 系统进行功能演示，用于培训在日常和紧急情况下如何操作系统，培训信号维修人员熟悉并掌握 ATP/ATO 子系统、联锁子系统的功能及发现和处理故障的能力，考核维修人员的技术水平，对车站级值班员及列车驾驶员也具有一定的培训功能。

培训设备能体现中央各种 ATS 设备的工作状态、正线区段内一个设备集中区（联锁控制区）内的主要设备工作状态及一套 ATC 车载系统的工作状态，并使培训系统设备的工作状况最大程度接近 ATC 系统实际工作状况。

4.5.3 设计创新与实践

与既有非全自动线路相比，本工程信号系统在系统配置、设备布置、功能需求实现等方面的设计有所提升和创新。

1. 车辆基地信号系统配置方案

西安轨道交通已运营线路车辆段/停车场设置与正线独立的计算机联锁系统设备，列车占用/空闲检测设备采用 50 Hz 单轨条式相敏轨道电路方案，试车线设置车辆段联锁设备及试车线设置试车所需的配套信号设备。

本工程采用全自动车场方案，车辆基地根据不同的列车作业需求，划分为全自动控制区域（无人区）及非全自动控制区域（有人区）。全自动控制区域包含停车列检库、周月检库、转换轨牵出线、洗车库、咽喉区，其余区域划分为非全自动控制区域。全自动控制区域与非全自动控制区域之间采用物理隔离措施。

非全自动控制区域内信号系统配置与常规非全自动线路基本相同。全自动控制区域按与正线一致的信号系统设备进行配置，增设轨旁 ATP/ATO 主机、应答器等设备，列车在全自动区域具备 CBTC 级别下的 ATP/ATO 功能及 ATS 监控功能，可实现列车自动唤醒、自动休眠、自动出入库、自动清洗等功能。车辆基地内无线设备全覆盖，列车占用/空闲检测设备采用与正线一致的计轴设备。

全自动控制区域及非全自动控制区域之间设置驾驶模式转换区，本工程驾驶模式转换区设置在牵出线上。此外，考虑到全自动运行系统向下兼容既有 CBTC 系统的运用模式，仍设置车辆基地与正线衔接处的转换轨，设置位置及长度与传统线路保持一致。

2. 人员防护开关设置方案

全自动线路信号系统增设人员防护开关，可在列车全自动运行时，为工作人员提供可靠的安全防护，防止进入人工作业区域或者在人工作业区域启动。对于 SPKS 的具体防护区域范围目前行业内尚无统一标准，本工程 SPKS 设置方案如下：

本工程信号系统在正线车站和车辆段设置有 SPKS，SPKS 打开后，会激活相应的防护区域，该 SPKS 防护区域内禁止所有 CBTC 列车运行，并阻止该区段外 CBTC 列车进入该防护区段。

1)正线车站

正线车站 SPKS 设置在车站控制室 IBP 盘。车站站台每个端门对应设置一个 SPKS,一般每个车站设置 4 个,在有存车线的车站(沣东城市广场站)对存车线专用通道门设置 1 个独立的 SPKS。

出站端的 SPKS 防护范围为本站站台和至下一站的本侧区间,进站端的 SPKS 防护范围为本站站台和至上一站的本侧区间。正线 SPKS 防护区域示意如图 4-55 所示。

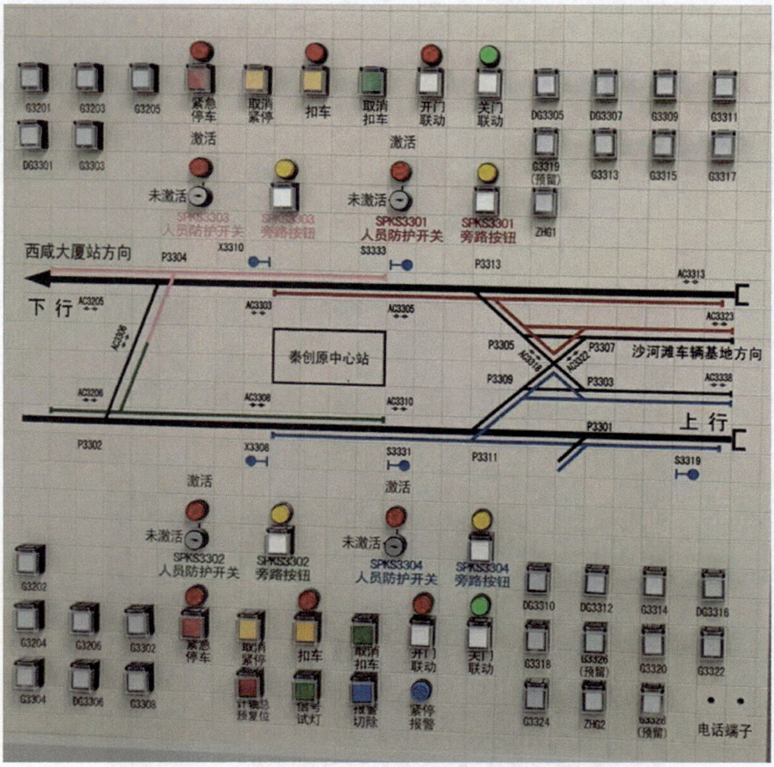

图 4-55　正线 SPKS 防护区域示意

2)车辆基地

车辆基地 SPKS 设置在 DCC 室 SPKS 控制盘。本工程沙河滩车辆段共设置 13 个 SPKS:存车线设置 1 个 SPKS,咽喉区设置 1 个 SPKS,洗车库设置 1 个 SPKS,运用库设置 10 个 SPKS(周月检库+停车列检库共 20 股道,每 2 股道为一个防护分区)。车辆基地 SPKS 防护区域示意如图 4-56 所示。

3. 站台信号按钮设置方案

全自动运行线路增加清客、站台门和车门联动功能,为此,本工程信号系统设有开门联动按钮、关门联动按钮、清客确认按钮,如图 4-57 所示。

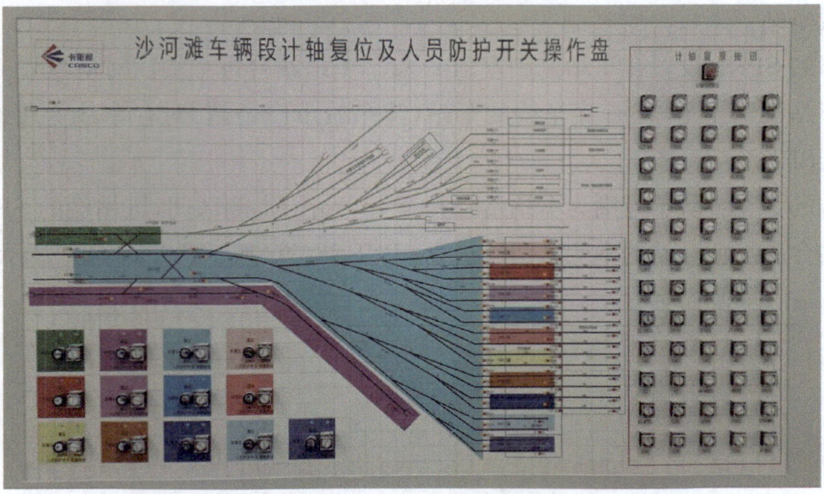

图 4-56　车辆基地 SPKS 防护区域示意

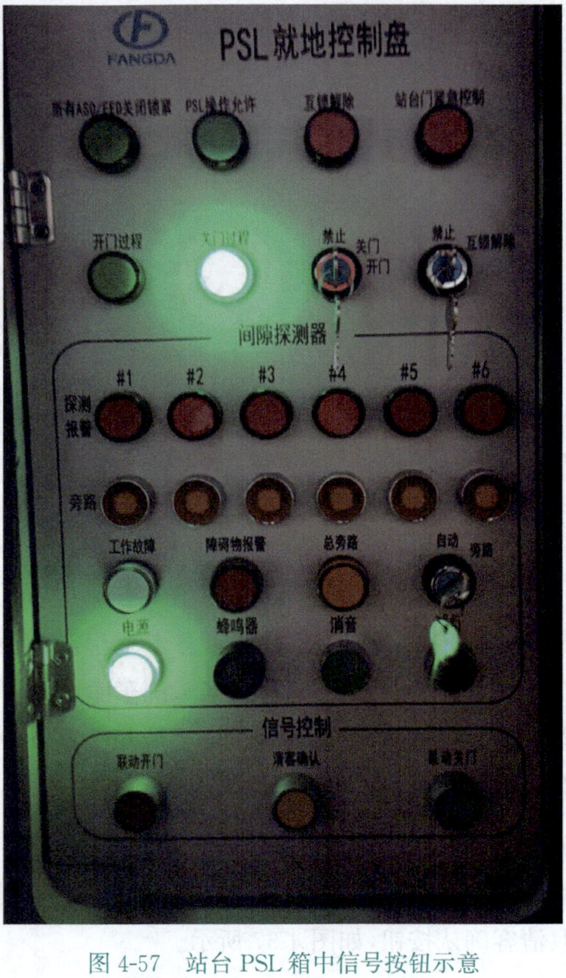

图 4-57　站台 PSL 箱中信号按钮示意

本工程在所有车站站台和车站控制室设置开门联动按钮、关门联动按钮，用于站台工作人员手动打开/关闭车门和站台门。每侧站台设置 3 个开门联动按钮、关门联动按钮，站台的按钮设置于站台门专业的 PSL 箱内，车站控制室的按钮设置在 IBP 盘上。

所有车站站台设置清客确认按钮，用于站台工作人员人工确认清客。每侧站台设置 3 个清客按钮，设置于站台门专业的 PSL 箱内。

此外，传统非全自动线路自动折返按钮箱设置在站台端门外设备区侧墙上，本工程自动折返按钮箱设置在站台公共区柱子/侧墙上，方便站台工作人员在特殊情况下人工操作折返按钮。

4. 驾驶模式设置方案

西安轨道交通已运营线路信号系统自动化等级为 GoA2 级，列车驾驶采用司机＋ATO/ATP 防护的方式，驾驶模式包括列车自动驾驶模式、受控人工驾驶模式、限制人工驾驶模式、非限制人工驾驶模式。

本工程按 GoA4 级建设，信号系统在常规驾驶模式的基础上，还增加了全自动运行模式、蠕动模式、远程限制运行模式。其中，全自动运行模式为全自动运行线路的主要驾驶模式，实现列车的全自动运行功能，仅当列车处于全自动运行区域中才能使用全自动运行模式。蠕动模式为车辆网络出现故障，或车辆与信号车载设备网络通信故障时的应急模式。远程限制运行模式是指车地通信正常情况下，列车定位丢失时，可远程授权列车以限制模式运行一定距离（可根据现场情况确定）直至再次获得定位。各驾驶模式转换关系如图 4-58 所示。

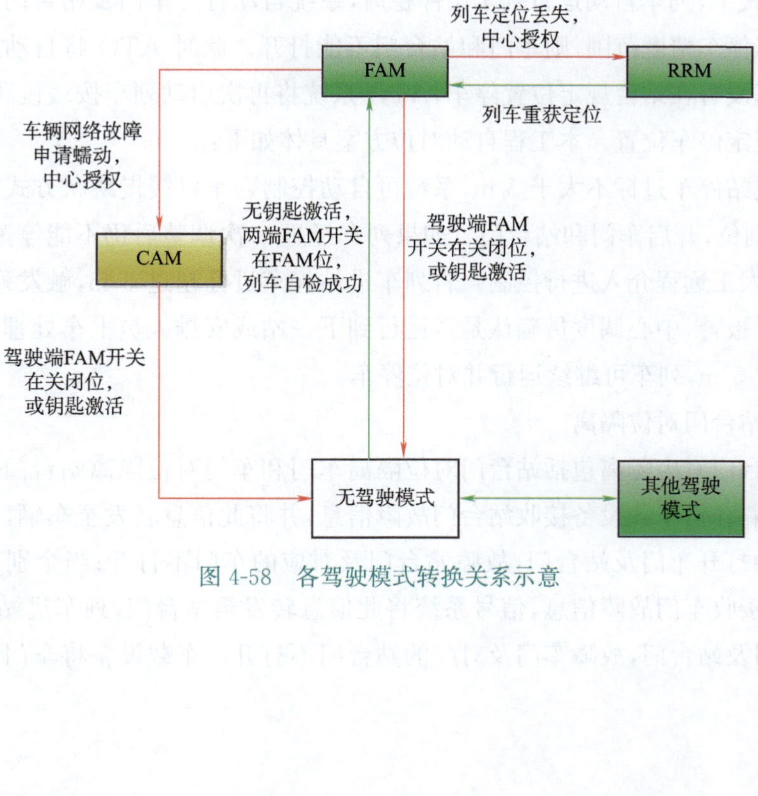

图 4-58　各驾驶模式转换关系示意

5. 全自动相关功能设置方案

本工程信号系统新增的全自动运行相关功能主要包括：

1)自动休眠/唤醒

全自动模式下，列车在休眠区域且具备休眠条件后，ATS 自动或人工向列车发出休眠命令，车载系统在接收到休眠命令后，确定当前列车处于可休眠位置，列车切断供电，并使车载信号系统进行休眠状态。同理，全自动模式下，ATS 根据计划，提前一定时间(可配置)向休眠列车信号设备发出唤醒指令，信号车载设备向车辆转发唤醒指令，车辆将指令转发至车辆各子系统，用于各子系统启动命令。

本工程信号系统将正线所有车站的上下行站台、诗经里站两条存车线、沣东城市广场站两条存车线、秦创原中心站存车线、车辆段库内股道、试车线虚拟站台设置为休眠唤醒区域。

2)全自动折返

非全自动线路折返模式主要包括 ATO 有人/无人自动折返模式、ATP 监督下的人工折返模式、限制人工折返模式、非限制人工折返模式。本工程在既有线折返模式的基础上，还增设全自动运行折返模式。处于 FAM 模式下运行的列车，当列车在折返站规定的停车时间结束，车门和站台门关闭后，列车根据移动授权，从到达站台自动运行进入折返线，自动激活/关闭相应的驾驶端，实现驾驶端的自动转换后，自动驶出折返线，进入发车站台后自动打开车门和站台门。列车在站台进行驾驶端转换时，应使车门和站台门保持开启状态；列车在折返线等非站台区进行驾驶端转换时，应使车门保持关闭状态。

3)自动对位

FAM 模式下，列车自动运行到车站停稳后，系统自动打开车门及站台门。列车进站停车时如超出了停车精度范围，则车门和站台门不能打开。此时 ATO 将自动进行站停位置调整。若列车没有在站台规定位置停车，ATO 系统将再次启动列车按缓慢跳跃方式调整，直至对位至规定停车位置。本工程自动对位方案具体如下：

若列车进站停车过标不大于 5 m，系统可自动控制列车以缓慢跳跃方式重新对位调整 3 次，若调整到位，开启车门和站台门。如果列车经过 3 次调整后仍不能停车到位，向中心进行报警，由人工远程介入进行控制。若列车进站停车过标超过 5 m，触发列车紧急制动，并向中心进行报警，中心调度员确认是否运行到下一站或安排人员上车处理。若列车进站停车欠标超过 5 m，列车可继续运行并对位停车。

4)车门/站台门对位隔离

车门/站台门对应隔离包括站台门对位隔离车门和车门对位隔离站台门。当个别车站站台门故障隔离时，车载设备接收站台门故障信息，并将此信息转发至车辆，列车进站停稳后，ATO 自动打开车门及站台门，故障站台门及对应的车门不打开；当个别车门故障隔离时，车载设备接收车门故障信息，信号系统将此信息转发至站台门，列车进站停稳后，ATO 自动打开车门及站台门，故障车门及对应的站台门不打开。车载设备将车门故障报警信息和车门隔离信息发送给中心。

本工程信号 ATS 子系统与站台门系统之间传递车门/站台门对位隔离信息，接口采用网络接口。

5)全自动洗车

全自动洗车模式下，洗车机将洗车模式设置为“自动”模式。收到洗车机的洗车就绪状态后，列车可根据 ATS 运营计划自动执行洗车计划，也可通过人工设置洗车计划。信号系统控制列车运行至洗车库前指定位置。检查相关条件满足后自动触发至洗车库的进路。信号系统自动控制列车进行洗车作业。洗车完成后，信号系统自动将列车调回存车线。系统提供“全洗”“仅侧洗”两种洗车模式，车辆段值班人员设置洗车计划时，可选择其中一种洗车模式。

6)中心增设车辆调

相较传统非全自动线路的控制中心，全自动线路的控制中心新增车辆调度和乘客调度，实现车辆远程控制、状态监控及乘客服务的功能。本工程车辆调由信号专业负责实施，在主备控制中心配置有车辆调工作站，用于辅助调度人员实现对全自动无人驾驶车辆的综合监督，远程控制/复位，高效地辅助车辆调度进行故障应急处置和运营决策。

6. 智能维护监测系统

正线及车辆基地配置信号综合维护监测系统，充分利用通信及信息资源，实时采集信号设备运行状态及故障报警信息，形成对信号相关设备的远程监测，减少运营人员维护工作量，缩短故障处理时间，提高电务技术装备和维修管理水平，为“计划修”向“状态修”转变提供基础条件。

在信号综合维护监测系统功能要求基础上，对信号设备维护监测提出更高要求，采用智能维护监测系统，以期实现加强信号设备结合部管理、监测信号设备状态、发现信号设备隐患、分析信号设备故障原因、辅助故障处理、指导现场维修、提升维护终端集成度、反映设备运用质量、提高维保部门维护水平和维护效率的目的。

4.6 综合监控

4.6.1 系统构成原则

(1)综合监控系统应围绕行车和行车指挥、防灾和安全、乘客服务等开展设计，以进一步提高运营行车管理的水平。

(2)综合监控系统面向的对象主要包括车站控制室的值班人员和车辆段维修中心的系统维护人员等。综合监控系统应满足以上这些岗位的功能要求。

(3)综合监控系统的故障告警功能，在车辆段维修中心、车站维修工班实现，车辆段维修中心及车站维修工班应能采集相关集成系统的重要设备故障信息，并具备对所采集信息进行汇总统计的功能，从而方便车辆段维修及车站维修工班人员进行日常的系统设备的维护工作。

(4)当出现异常情况列车由正常运行模式转为灾害运行模式时，综合监控系统应能迅速转变为应急模式，为防灾、救援和事故处理指挥提供方便。

(5)地铁自动化系统应由上位监控层、中间控制层和末端设备层三层构成；综合监控系统属于上位监控层，是由控制中心级、车站级综合监控系统设置的服务器、交换机、前置处理器和工作站等设备组成；中间控制层和末端设备层由相关接入系统和现场设备组成。

(6)控制中心与车站上位监控层的计算机设备通过工业级骨干传输网络连接。上位监控层与中间控制层设备主要通过符合国际或行业标准的通用开放式的智能通信接口形式进行连接。中间控制层与末端设备层主要通过通用开放式的工业控制网络、现场总线和硬线等接口形式进行连接。

(7)综合监控系统应根据各集成系统的实际需求向相关集成系统开放全线骨干网络资源，为集成系统提供具有逻辑上独立的全线网络传输通道，并保证综合监控系统网络安全。

(8)综合监控系统应能实时反映各监控对象的工作状态，应具备对监控对象进行模式控制、程序控制、时间表控制和点动控制等控制功能。

(9)地铁弱电系统的安全联锁控制功能主要在中间控制层实现。控制层设备应具备相对独立的工作能力，即控制层设备脱离中央或车站信息管理层时，仍能独立运行，满足紧急情况下运营的应急需求。

(10)综合监控系统应采用模块化设计，易于扩展。综合监控系统不仅应满足16号线一期工程运营管理的需求，同时还应为其他线路的接入和更高一级管理系统的连接预留一定的条件。

(11)综合监控系统应采用高可靠的产品，保证能全天候不间断地运行。

4.6.2 系统构成概述

1. 硬件构成

ISCS的硬件分为中央级综合监控系统和车站级综合监控系统两层。

1)中央级综合监控系统

第一层为中央级综合监控系统，包括冗余的实时服务器、冗余的历史服务器、外部磁盘阵列、各种调度员工作站(如电调、环调、行调、维调和总调等)、NMS工作站、事件打印机、报表打印机、彩色图形打印机、冗余的带路由功能的网络交换机、FEP、OPS、UPS、NCC接口服务器等，如图4-59所示。

(1)实时服务器主要功能是完成实时数据的采集与处理，从OCC向分布在各站点的集成系统发送模式、程控或点控等控制命令。

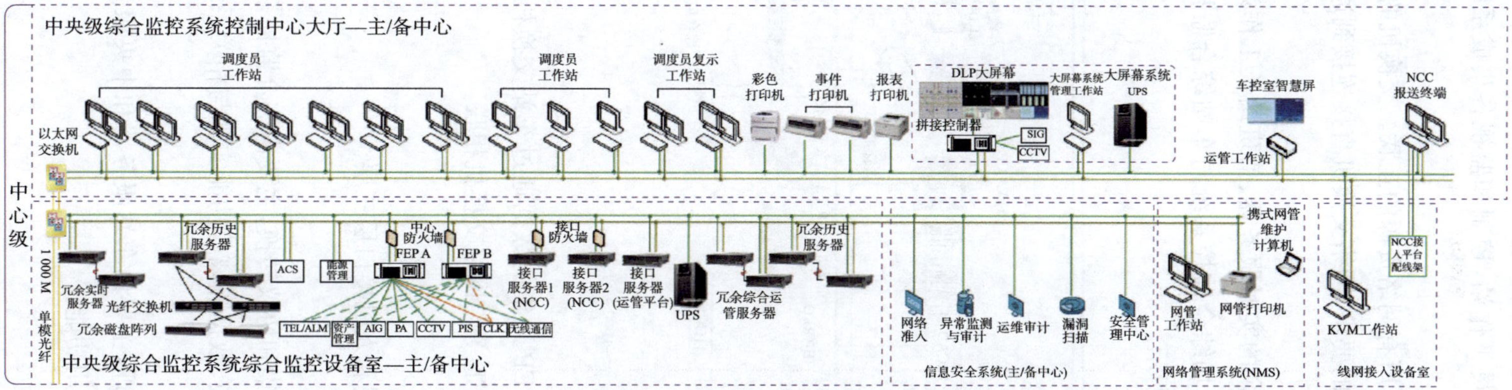

SIG—信号系统；CLK—时钟系统；DLP—数字处理。

图 4-59 中央级综合监控系统构成

(2)历史服务器主要功能是完成历史数据的存储、记录和管理等功能。

(3)在正常情况下,OCC 调度通过调度员工作站,控制和监视各集成系统。OCC 的命令,通过 ISCS 网络发送到各集成系统。

(4)OCC 配置的网络交换机,实现 OCC 所有网络资源的互联。交换机的端口数量和带宽的选择应充分考虑 ISCS 和网络通信设备的要求,网络交换机直接连接到通信传输网络。

2)车站级综合监控系统

第二层为车站级综合监控系统,包括冗余的实时服务器、值班站长工作站、冗余的网络交换机、FEP、IBP 和 UPS 等。车辆段、停车场综合监控系统与车站综合监控系统一样,都属于第二层,只是配置有所不同,如图 4-60 所示。

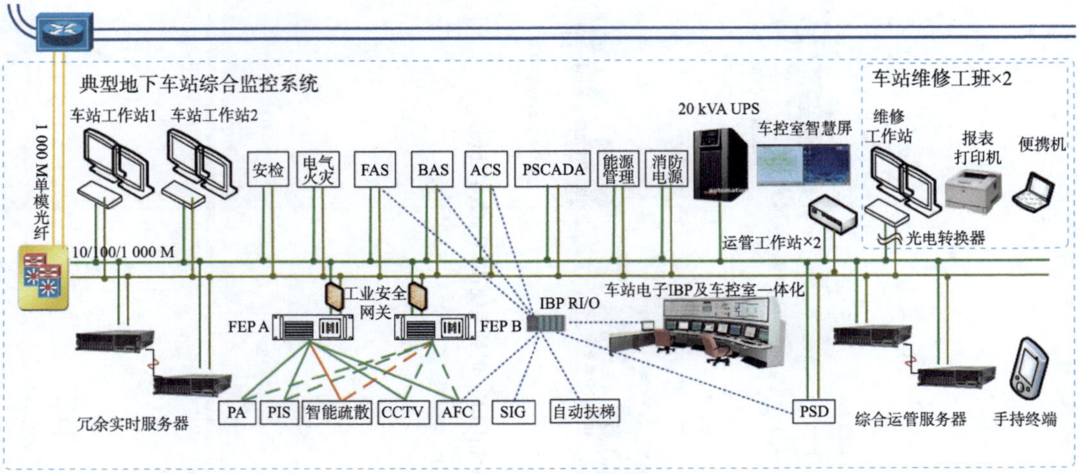

图 4-60 车站级系统构成

FEP 处理所有与集成系统的接口,从 FEP 采集的数据通过车站交换机送到车站服务器。车站服务器、车站值班站长工作站和 FEP 等与网络交换机相联。

2. 软件构成

ISCS 软件分为数据接口层、数据处理层和人机接口层三层。

1)数据接口层

第一层为数据接口层,专门用于数据采集和协议转换,主要由综合监控系统前端处理器构成,通过前端处理器的数据采集、协议转换、数据隔离等功能实现与相关系统的数据通信。

2)数据处理层

第二层为数据处理层,专门用于数据处理,主要由车站服务器和中央服务器构成,通过实时数据库和关系型数据库提供 ISCS 的应用功能。

3)人机接口层

第三层为人机接口层,专门用于处理人机接口,主要由操作员工作站构成,通过从车站和中央服务器获取数据，在工作站上显示人机界面。

3. 综合监控系统获取车辆信息的路由设计

采集车辆运行追踪类的信息很多，根据专业划分及重要程度可分为涉及安全的行车信息、车辆联动报警信息、车辆状态信息。

考虑到目前国内主要的城市轨道交通系统设置车载综合监控的情况较少，本工程通过与ATS、PIS、车辆智能运维等系统的接口分别实现上述信息路由，满足综合监控系统采集车辆运行追踪类信息的需求。

4. 涉及安全的行车信息

整体路由为车辆TCMS→车载信号设备→信号车地无线(LTE)→ATS中心设备→ISCS中心设备。通过ISCS与ATS的接口，ATS向ISCS提供列车位置信息、列车驾驶模式、列车阻塞信息、列车实际到发点、计划列车运行信息、实际列车运行信息、站台状态信息、列车联动信息等。ISCS向ATS提供车站火灾信息、区间隧道测温信息。

5. 车辆联动信息

整体路由为车辆TCMS→车载PA主机→通信车载PIS主机→PIS车地无线(WLAN)→通信传输有线网络→OCC PIS中心设备→ISCS中心设备。通过ISCS与PIS的接口，PIS向ISCS提供车门关闭/锁闭状态丢失报警、乘客紧急对讲终端触发时的位置及报警、车辆端部疏散门请求装置激活时的位置及报警、列车灭火器被取出时的位置及报警、车门监测到障碍物报警、车辆脱轨监测告警、感烟/温烟组合探测器触发、被动障碍物/脱轨检测、紧急手柄触发、列车火灾信息等。

6. 车辆状态信息

通过ISCS与PIS的接口或独立设置ISCS与车辆智能运维系统的接口，实现整车信息、车厢状态、能耗设备、车门状态、空调机组、载客率等车辆状态信息的实时监测。

4.6.3 全自动核心接口功能设计

本线采用全自动驾驶方案，综合监控系统在完成原有系统功能的基础上，强化与全自动驾驶相关的监控功能和联动功能。

(1)综合监控系统增加对车辆状态信息的采集，通过增加综合监控系统与车辆智能运维系统的接口，实现车辆状态信息的实时监测。综合监控系统增加对列车预录广播的播控功能，增加与无线传输系统的接口，实现对指定或全线列车的预录广播下发。

(2)门禁系统能根据SPKS开关激活的防护区域，激活相对应区域的门禁开关权限。

(3)强化与信号ATS的接口，接收ATS提供的信号系统信息。强化与通信CCTV、PA、PIS等系统接口，增强与相关系统的联动。强化与PSD的接口，ISCS对车门的状态、车门与站台门的对位隔离状态实时监视。强化自动开站、关站等联动功能，提高车站自动化水平。

(4)综合监控系统考虑与车载信息系统通过 PIS 车地无线系统接口，收集列车实时联动状态和报警信息，为调度人员提供列车实时联动状态信息和列车报警信息，作为信号系统传输列车实时状态和报警信息的后备。

(5)综合监控系统配合 FAS 确认火灾信息[获取确认的车载 FAS 报警信息、区间火灾报警(非列车着火)信息]，控制中心环调通过综合监控系统人工启动区间消防模式。综合监控系统配合 BAS 确认区间水患报警信息，为控制中心环调提供决策辅助。

4.6.4 设计创新与实践

1. 人员防护开关与门禁联动

全自动运行为运营维护人员进出轨行区的安全防护带来更大的挑战。16 号线结合国内全自动运行相关规范和西安地铁运营需求，采用全自动运行系统人员防护开关与门禁联动技术，用电子控制系统取代传统的纯机械控制门禁，优化 SPKS 激活后列车触发紧急制动至停稳时间的算法，通过 SPKS 与门禁控制安全电路、视频智能分析技术，实现门禁授权、视频联动的精准控制，在有效保障进入全自动区域工作人员安全的同时，也兼顾了全自动运行系统的运营效率，尤其是在发生突发事件的情况下，提升了全自动线路的应急处置能力。

2. 区间水位监测智能联动

在每段区间最不利点设计区间水位监测点，通过设置实时液位监视装置(含超道床水位报警、超轨面水位报警、超轨面 50 mm 报警、超轨面 150 mm 报警)，并将相关信息纳入 BAS 监视。当区间水位达到报警阈值时，综合监控环调工作站会显示报警信息，同时该报警信息利用综合监控系统发送至信号系统，信号系统自动执行全自动运行场景下停车指令。另外，综合监控系统调取区间水位监测点处轨道摄像机的视频画面，便于中央调度人员人工确认区间水淹的实际情况。综合监控系统环境管理界面如图 4-61 所示。

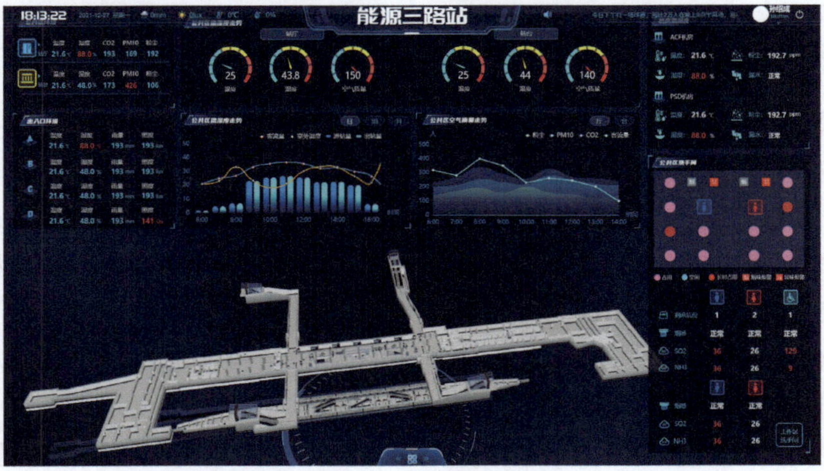

图 4-61　综合监控系统环境管理界面

当列车在区间停车时,信号系统将列车运行信息提供至综合监控系统,根据该信息,综合监控系统联动区间应急疏散指示、区间广播和列车内 PIS 屏紧急文本信息、列车内广播,指导乘客利用列车首尾端头的逃生门下至轨面,并借助联络通道门洞上至疏散平台有序疏散。

综上,该设计通过综合监控系统在线监测及智能联动技术,为全自动运行场景下的水患灾害提供极早期的探测、报警、联动机制,并为运营提供应急预案决策辅助,解决了区间列车运行遭遇水灾时造成人员伤亡而不能有序疏散的难题,达到了地下区间列车运行遭遇极端水患灾害时极早期探测、报警、联动以及应急预案决策辅助的目的。

3. 自动开关站联动

在每日预定时间,信号系统自动向综合监控系统下发列车当日运行计划表,综合监控系统根据该信息执行车站自动开关车站,并将车控室智慧屏页面自动切换至自动开关站页面,通过图元的形式显示自动开站流程。

1)自动开站

自动开站控制设备开启的专业包括售检票、乘客信息、照明、扶梯。视频监控、广播专业在自动开站过程中起辅助和提示作用,设备不做开启动作。开启的设备按照顺序如下:

(1)进行自动开站流程,CCTV 切换至站厅站台公共区域,开站广播响起。

(2)向 AFC 专业发送自检命令,AFC 进行自检。

(3)自检成功则发送 AFC 开启命令,自检失败则超时后跳过不发送开启命令。

(4)向 PIS 专业发送自检命令,PIS 专业进行自检。

(5)自检成功则发送 PIS 开启命令,自检失败则超时后跳过不发送开启命令。

(6)通过模式向 BAS 下发导向飞顶照明开启。

(7)通过模式向 BAS 下发节电照明开启。

CCTV 自动切换至出入口摄像机,"扶梯正在开启"广播响起,同时联动出入口扶梯。根据各个站出入口数量不同,CCTV 摄像机切换和扶梯开启命令按照出入口依次下发,例如典型站有 A、B、C、D 四个出入口:摄像机切换至 A 口,发送 A 口扶梯开启命令,等待 30 s;摄像机切换至 B 口,发送 B 口扶梯开启命令,等待 30 s;摄像机切换至 C 口,发送 C 口扶梯开启命令,等待 30 s;摄像机切换至 D 口,发送 D 口扶梯开启命令,等待 30 s;摄像机切换至站内,发送站内扶梯开启命令。

进入卷帘门开站流程,CCTV 切换至出入口卷帘门摄像机,卷帘门正在开启广播响起。依次向不同出入口卷帘门发送全开命令。

2)自动关站

自动关站控制设备关闭的专业包括售检票、乘客信息、照明、扶梯。视频监控、广播专业在自动关站过程中起辅助和提示作用,设备不做关闭动作。关闭的设备按照顺序如下:

(1)进行自动关站流程,CCTV 切换至站厅站台公共区域,关站广播响起。

(2)向 AFC 专业发送关闭命令,AFC 执行关闭。

(3)向 PIS 专业发送关闭命令,PIS 执行关闭。

(4)向 BAS 下发关闭出入口导向飞顶照明。

(5)向 BAS 下发照明停运模式。

CCTV 切换至出入口摄像机,“扶梯正在关闭”广播响起,同时联动出入口扶梯。根据各个站出入口数量不同,CCTV 摄像机切换和扶梯开启命令按照出入口依次下发。例如,典型站有 A、B、C、D 四个出入口:摄像机切换至 A 口,发送 A 口扶梯关闭命令,等待 30 s;摄像机切换至 B 口,发送 B 口扶梯关闭命令,等待 30 s;摄像机切换至 C 口,发送 C 口扶梯关闭命令,等待 30 s;摄像机切换至 D 口,发送 D 口扶梯关闭命令,等待 30 s;摄像机切换至站内,发送站内扶梯关闭命令。

进入卷帘门关闭流程,CCTV 切换至出入口卷帘门摄像机,卷帘门正在关闭广播响起。依次向不同出入口卷帘门发送全降命令。

综上,该设计通过综合监控系统在线监测及智能联动技术,进一步降低了车站运营定员,为下一阶段的无人车站和精细化运营提供技术支持。综合监控自动开关站界面如图 4-62 所示。

图 4-62 综合监控自动开关站界面

4. 面向全专业的设备故障管理

由 16 号线综合监控系统设置的智慧车站综合运管平台搭建了面向全专业的故障管理维护系统。线路级综合运管平台利用车站级运管平台接入的各机电专业数据,结合实际运营组织结构,分别针对供电工班、机电工班、通号工班等打造相应的运维管理模式,从而通过线路级设备维修平台实现运营对全线设备的综合维修管理功能,实现移动终端工单派发及各类故障信息的采集，便于运营维护沟通、协助、远程指挥，提高运营管理水平、效率，提高应急事件处理能力，实现节能降耗，提高机电设备运转效率、维护效率，降低运维成本。

5. 线路级智慧安防平台

考虑到安全防范系统技术规范对安防集成平台的要求，同时结合综合监控系统资源共享设计思路，在线路中央将安防集成平台作为一个软件功能模块，采用功能独立的方式集成于综合运管平台。

综合监控系统在车站级需在互联视频监控、门禁系统、电子巡查系统、场段安防系统的基础上，通过有线网络将智慧安检系统接入。各类数据通过传输网上传至线路级中央，并在线路级安防平台结合线路级安检平台信息实现各系统数据统一监管、协同和联动。将安防、消防系统与运营生产系统共同建立在一个融合平台之上，有利于智能化、自动化、整体化的应急操作和处置。安防联动界面如图 4-63 所示。

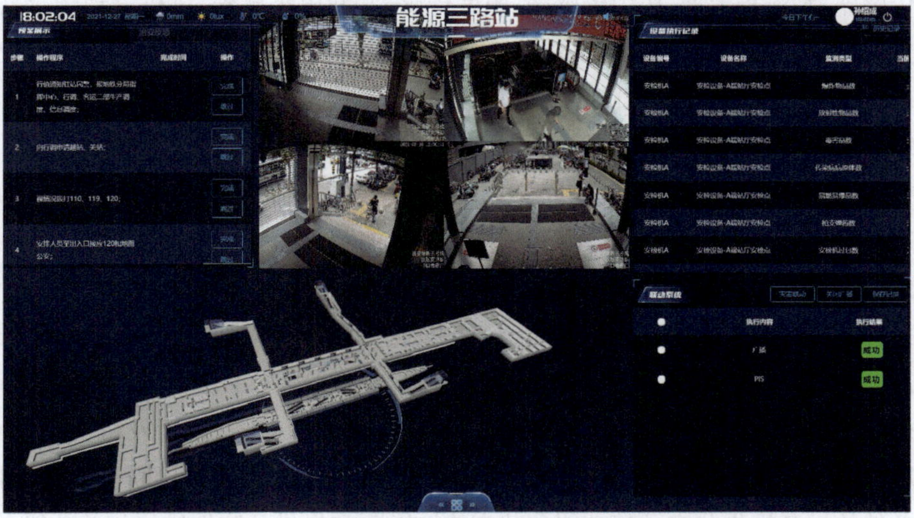

图 4-63 安防联动界面

6. 应急处置、决策支持及大数据分析

1)综合运管平台部署应急处置及决策支持模块

系统运行初期将西安地铁各维修工段的应急处置办法电子化，通过综合运管平台的人工智能学习能力，自动识别应急工况，提供远程视频查看，在得到操作员确认后，系统将迅速自动执行应急联动预案，自动形成应急处置日志和报告。对于某些无法实现自动执行的内容，综合运管平台须提供可视化手段(或通过单兵作业系统上传的图像、语音等)以保证操作员的远程操作的安全性。综合运管平台应分别为线路级和车站级设计专门的应急处置及辅助决策的流程和 AI 驱动模型，应具备应急预案的事后分析、自学习、持续优化功能，以及智慧运营大数据分析功能。

2)客流应急处置

线路级中央综合运管平台可与线路控制中心实现信息互通,控制中心行车的运行图可根据本线大客流及时作出调整,线路级综合运管平台主动推出客流变化超限的预警值,供行车专业调整运行图、行车间隔及密度。行车的运行图调整后,综合运管平台配合进行 PIS、广播等系统的联动控制。

3)大数据分析

线路级综合运管平台应具有异构复杂数据的采集、存储、处理和大数据挖掘、分析的功能,应采用可靠、先进的人工智能技术对本线路所有运营数据进行持续的分析、学习,持续优化智能调度、决策支持功能的 RAMS 指标。

7. 设备管家

设备管家实现基于既有 ISCS、BAS 与风机、水泵、站台门、电扶梯等机电设备接口,通过增加传感器、水流指示器、压力传感器、照度传感器、漏雨传感器、风机震动传感器等在线检测装置等,从车站、区间等大型设备就地采集状态参数,并通过综合运管平台进行分析、处理来实现对设备的实时监控、故障预警。

1)维修支持

监视车站受控对象的运行状态和故障报警信息,具备所见即所得图形化显示的跨专业设备状态综合监督展示功能;统计车站和区间设备的累计运行时间,并根据设备保养要求,对设备的维护保养提供建议提示。

根据有关机电设备的平均使用时间,实现主、备用设备自动切换运行,从而延长此类设备(如各种水泵等)的使用寿命。远程自动控制冷水机组的运行台数,统计设备运行时间,调整冷水机组的启动次序,均衡设备运行时间。构建车站受控对象(电力及机电设备)维护管理数据库,实现对受控对象设备的全信息管理;采用趋势诊断和寿命诊断等方式,对具备基本诊断条件的设备提供状态预警功能(“状态修”功能)和提供预防性维修相关功能。

2)综合智能分析

具备跨专业的故障智能诊断功能;具备基于电气特性的设备隐患预警分析功能,在设备电气特性出现异常波动、突变、趋势变化时,及时预警;具备设备运行质量评价和健康度分析功能,辅助实现“状态修”和“预防修”;具备运维联动分析功能,与综合监控主体系统进行智能联动分析,为动态智慧调度提供维护建议和支持。

8. 人员管理

1)车站工作人员管理

目前,西安既有运营正在使用的车站管理系统,能够实现基本的人员管理、智能化排班、电子化任务表单等功能。综合运管平台应能将目前运营正在使用的车站管理系统嵌入其中。现综合运管平台与站务人员管理的界面集成,能在其基础上根据运营实际需求进行功能优化和扩展。

多功能移动终端内的应用软件，通过覆盖车站的专用无线网络与综合运管系统服务器通信，同时通过站内的无线AP定位系统为站务人员、保洁人员、维保人员等工作人员进行大致定位管理。

2)车站临时人员进出入权限管理

新增施工及委外人员管理系统，在车控室内设置人脸与身份证件统一性识别装置，认证并记录委外人员或施工人员的出入信息并能进行数字化管理，免去人工登记工作量，降低安全隐患。

在国际足球中心车站设置了智慧边门，即具备掌静脉、人脸识别系统，实现注册、更新、激活、删除用户掌静脉数据，远程添加和管理各种类型的掌静脉控制设备，实时记录出入车站边门人员数据，便于站内工作人员管理。设置无人化票亭车站，车控室可远程控制边门开启。

实现夜间施工人员进出车站自动化管理，利用选定出入口的摄像头视频分析功能，自动对来访施工人员进行身份识别。

3)巡更管理

综合监控系统采用门禁系统现有的读卡器来做巡更点。后台能够实时了解巡逻的状态，在发生异常时启动报警。该系统合理而灵活地部署巡逻路线和巡逻密度，将巡逻任务量化(路程和时间)，并确保巡逻到位，值班人员在岗，最后对巡逻工作生成统计报表，对工作实现准确的考核，以确保值班与巡逻达到效率最高的效果。

门禁系统中所有的读卡器均可兼作为巡更人员的巡检点，当保安人员巡逻至该点时，读卡即表示已到该巡检点，系统实时将所有签到数据记录下来。管理后台电脑据此生成巡检报表。报表可反映巡检过程的真实情况，如过快、过慢、遗漏、重复巡检等。这些数据也会保存在管理后台的数据库中，定期统计汇总，作为评估巡更效果和考核保安人员工作表现的依据。

9. 智慧厕所

车站卫生间内设置异味报警、烟味报警等装置，具有侦测卫生间坑位使用情况、实现长时间占用报警提示等功能。采集的数据智能纳入BAS，并传送至综合运管平台进行分析、处理，以及推送至车控室大屏及单兵设备等终端，实现车控室远程了解车站厕所使用情况，配合车控室关站人员实现关站前远程巡视，及时呼叫保洁人员进行厕所环境维护，提高厕所使用舒适度。

10. 能耗管理与节能

(1)综合运管平台通过ISCS与通信管理主机、PSCADA、能源管理主机等的接口获取本站电能数据，通过BAS获取智能水表及节能系统数据，在综合运管平台上综合电能、水量及节能运行模式数据，对车站运行耗能进行总结分析。以指标化的形式显示能源数据和信息，分析出不正常的能源消耗，并能对耗能设备和系统提出技术改造建议。

(2)综合运管平台可以调用ISCS功能，通过BAS的节能策略，对空调冷水系统的冷水机组投入台数、二通调节阀开度、公共区空调机组风机转速等参数进行调节，达到运营对环境的需要。

(3)综合运管平台对通风空调节能控制系统定制专用的HMI，并能结合能源管理功能与环境监测功能对通风空调设备和系统提出运行参数设定建议。

(4)综合运管平台可以调用ISCS功能，通过风水联动软件模块对车站的环境参数、空调设备运行参数、设备能耗变化及室内负荷等进行实时监视与预测，利用系统模型与控制策略实现通风空调设备的自动调节，从而充分利用设计余量、关站前余冷及室外冷量来节约冷量供应，平衡站内热量波动，达到空调系统安全、舒适、高效、节能运营的目的。

为提升车站供水系统的管理水平，优化管网运行以及减少管网漏损，实现对车站用水的实时控制和精细化管理，给排水专业在关键用水节点处(市政生产生活给水引入总管、各处卫生间给水总管、冷却塔补水管、冷水机房补水管等)设置智能远传水表。综合运管平台通过能源管理系统收集实时数据，完成数据的整合、分析和处理。为各类数据建立各个环节的相互规约模型，分析各生产、生活环节水量的使用情况、对比每天、每周、每月、每年的数据，实现对车站用水的实时控制和精细化管理，达到规范管理、节能降耗的目的。

11. 无线单兵系统

车站无线单兵系统，是为将车站控制室建设成为高效联动、快速反应、创新执行的车站中枢平台。无线单兵系统手持端硬件采用专用的三防手机，并配套开发专用的手机App软件。

(1)车站工作人员在执行现场通过单兵设备对现场图像进行实时采集和本地化存储，当网络环境不佳时，现场实况可通过抓拍或者录像，将图片、音视频图像保存在本地无线单兵设备上。在本地无线单兵上可以进行图片浏览、音视频录像文件的回放。

(2)网络情况良好时，无线单兵设备采集的实时图像通过3G/4G/5G/Wi-Fi网络传输到车站指挥平台，通过车站的指挥平台进行统一管理和集中备份存储。

(3)车站指挥人员可以通过固定座席、手机App、电视墙大屏等多种方式浏览现场实时图像，并与前端人员进行实时沟通指挥。

(4)指挥后台可以对前端无线单兵设备进行统一的设备班组管理。

4.7 通　　信

4.7.1 系统功能

专用通信系统是轨道交通指挥列车运行、组织运输生产、提高运营管理效率和服务质量的重要手段，应建立一个安全可靠、有效的通信系统来保证本工程的正常运营，并在轨道交通运营出现异常情况时，能迅速转为供防灾救援和事故处理的指挥通信使用。

专用通信系统主要由传输、无线通信、公务电话、专用电话、视频监视、广播、时钟、电源系统及接地、集中告警、办公自动化、场段安防、视频会议以及乘客信息系统构成。各子系统主要功能如下：

1. 传输系统功能

传输系统是地铁确保列车安全、高效运营的必备工具和重要手段，在地铁线路控制中心、车辆段及各车站之间，保证准确无误和及时地传送运营管理的语音、数据、图像、文本等基本信息。系统具有完善的网络自愈特性，光缆线路、传输设备的重要部件均具有冗余备份保护及故障切换功能。

2. 无线通信系统功能

无线通信系统为轨道交通内部固定工作人员与流动工作人员及乘客之间提供话音通信和高效数据短信息。

系统为运营控制指挥中心的行调、环调、维调、乘客调、车辆调、总调等对运营人员、维护人员和现场工作人员等无线用户分别提供无线通信，为场段值班员对场段内的无线用户提供无线通信，以及提供相应的无线用户之间必要的无线通信，同时还具有相应的呼叫、广播、录音、存储、显示、检测和优先权等功能。系统以调度组通信为主，同时还可实现用户间一对一的单独通信。

3. 公务电话系统功能

公务电话系统为轨道交通管理部门、运营部门、维修部门提供一般公务联络，主要是电话业务和部分非话业务。系统应具有交换、计费功能，具有识别非话业务能力和 2B+D 交换接续，能与分组交换网连接，能实现会议电话、自我诊断、维护管理、新业务等功能，应能与本地公用电话网互联，实现与本市用户（包括火警 119、匪警 110、救护 120 等）通话，还可以实现国内、国际长途通信。

4. 专用电话系统功能

专用电话系统包括调度电话、站间行车电话及站（段）内直通电话等。其中调度电话是为列车运营、电力供应、日常维修、防灾救护提供指挥调度的手段，要求高可靠、迅速、直达，任何情况下均不应发生阻塞，且不允许与运营无关的其他用户接入。调度电话用于中心行调、环调、维调、电调、乘客调、车辆调、总调之间，以及各调度员与各站（段）相关值班员之间的调度电话通信。

5. 视频监视系统功能

视频监视系统是轨道交通运营管理现代化的配套设备，供控制指挥中心调度管理人员、车站值班员对车站客流、列车出入站及旅客上下车等情况实时监视，以提高地铁运行组织管理效率，保证列车安全、正点地运送旅客。

系统可为车站值班员提供对车站的站厅、站台、出入口等主要区域的监控，为中心调度员提供对全线各监控点的实时监控。系统可预设监控优先级，其中车站和中心级具有人工选择和自动轮循的监视功能，并具有录像功能。

6. 广播系统功能

(1)正线广播采用车站和控制指挥中心两级控制方式，平时以车站广播为主，控制指挥中心可以插入。车站广播主要用于对车站乘客、维修和运营人员进行广播，通知有关时刻表的变更、列车的误点、安全状况、偶发事件等信息或预先录制的通告等。在事故抢险、组织指挥、疏导乘客安全撤离时，系统立即转为紧急状态，按照预先设置的优先级进行防灾广播。

(2)场段广播由控制中心统一管理，平时以场段广播为主，控制中心可以插入。场段行车值班员、运转值班员及防灾值班员对车场、运用库等播音区进行定向语音广播。

(3)各调度员、值班员的播音控制台应具备对其播音区的监听功能。

7. 时钟系统功能

时钟系统作为轨道交通通信系统的一个部分，在轨道交通运营过程中为工作人员、乘客及其他系统(信号、ISCS、FAS、BAS、PSCADA、AFC 等)提供统一的时间标准，以提高运营效率和质量。

8. 电源系统及接地功能

电源系统主要为主备控制中心、车站和场段通信设备提供高质量、高可靠的电源供应，保证在主电源中断或发生超限波动的情况下，通信设备在规定的时间内仍能正常工作，等待主电源恢复正常。接地系统应做到确保人身、通信设备安全和通信设备的正常工作，防止通信电源系统引入串杂音、强电干扰和雷害，确保整个通信系统安全。

9. 集中告警系统功能

通信集中告警系统是利用计算机网络技术和计算机本身的数据处理能力，对通信系统中的各子系统进行集中管理，将各系统的运行状态集中反映到某一管理终端设备上，使通信维护人员能及时、准确了解整个通信系统设备的运行状况和故障信息，以便于处理。系统应具备故障管理、配置管理、性能管理、安全管理等基本功能，可对子系统的告警信息进行汇总、显示、确认及报告，可进行故障定位，达到综合管理目的。

10. 办公自动化系统功能

办公自动化系统是面向地铁组织的日常运作和管理，员工及管理者使用频率很高的系统，是整个地铁信息交流的重要平台。办公自动化系统着眼于地铁运营工作人员间的协同工作。借助于相应的软硬件系统能够提供日常办公、信息发布、网上论坛、电子邮件、

Internet 连接、多媒体信息、接收传递运营与生产信息、人事管理、文档管理、会议管理、财务管理、门户网站等功能。

11. 场段安防系统功能

场段安防系统是以视频监视功能为核心，配合周界报警、电子巡更设备组成的一套高科技、高智能、高可靠性的主动防范系统，主要用于场段内人身财产安全、生产基地防盗、防破坏和作业的监控管理。该系统设备的设置，使场段实现智能化、多方位、全天候的现代化管理，确保地铁场段正常、有序地作业生产，从而保障地铁运营的正常进行。

12. 视频会议系统功能

视频会议系统能实现提高办公效率，信息化办公，开通地铁高清晰、高质量的运营视频电视电话会议系统，以及会议视频交互功能。

13. 乘客信息系统功能

乘客信息系统是一个综合计算机网络技术和电子媒体技术的综合服务性系统，是一个多媒体资讯发布、播控与管理的平台，是多种类型的、多种显示终端的、多信源的、平行的、分区的、带优先级的媒体显示系统，是一个为乘客提供全方位的导乘和其他资讯服务的分布式全数字播控网络。

4.7.2　系统构成

专用通信系统主要由传输、无线通信、公务电话、专用电话、视频监视、广播、时钟、电源系统及接地、集中告警、办公自动化、场段安防、视频会议以及乘客信息系统构成。各子系统构成如下：

1. 传输系统

传输系统由主用控制中心（沙河滩控制中心）、备用控制中心（沙河滩车辆段综合楼）、各车站和车辆段节点设置的光纤数字传输设备组成。各个节点设备分别使用上、下行区间光缆中的光纤，采用隔站跳接方式连接，构成具有自愈环结构的传输系统。

2. 无线通信系统

无线通信系统采用 TETRA 数字集群通信系统，由多基站的集群系统形成一个有线、无线相结合的网络，每个基站覆盖区根据地铁运行特点进行划分。正常运行时各基站由设置在主、备控制中心的控制器控制，当基站在与主、备控制中心的控制器通信中断时，它以单站集群方式支持单站系统的正常运行。车辆段及主用控制中心分别独立设置一个基站覆盖区。

3. 公务电话系统

本工程公务电话系统按两级结构进行组网，采用主备中心交换节点＋接入节点方案。

公务电话系统设置主备中心交换局,主备中心交换局通过传输系统提供的以太网通道互联,形成负荷分担、冗余热备或主-备方式控制,提高系统可靠性。各车站、车辆段和控制中心大楼的接入网关通过专用传输系统提供的以太网通道接入本线路软交换系统,实现本线控制中心、车辆段、控制中心大楼及各车站的公务通信。

4. 专用电话系统

在主备控制中心设置专用电话主系统设备,在各车站、车辆段设专用电话分系统设备,各分系统分别以点对点 2M 数字中继方式接入主备中心主系统,同时分系统与分系统间配置 2M 数字中继作为专用电话的备用中继通道,另外在相邻站专用电话分系统之间利用站间电缆采用模拟中继方式相连,为站间电话提供实回线备用通道,以保证在光传输通道中断的情况下站间电话畅通。

5. 视频监视系统

各车站、车辆段、车载、主备控制中心、派出所、公安分局视频监视系统,通过传输系统提供的网络通道组成一个完整的视频监视系统。主备控制中心的视频监视系统在故障情况下具有热备倒换的功能。

6. 广播系统

广播系统由正线广播、场段广播、列车广播三个系统组成,其中列车广播系统由车辆专业进行统一的系统设计、采购和安装。

7. 时钟系统

时钟系统由中心一级母钟、站/段二级母钟、子钟、连接中心一级母钟和站/段二级母钟的传输通道以及必要的系统检测终端设备等组成。主、备控制中心均设置一级母钟(冗余热备)和北斗/GPS 接收装置,使之具备向本线各站点二级母钟以及相关系统提供标准同步时间码的能力。

8. 电源系统

在主备控制中心、车站、车辆段各站点设 UPS 电源系统,为专用通信、乘客信息提供电源供应。电源系统由 UPS 交流不间断电源设备、交流配电屏、免维护胶体蓄电池及电源监控采集设备组成。

9. 集中告警系统

集中告警系统由以太网交换机、集中网络管理服务器、终端、打印机、声光报警器、系统软件以及各相关子系统(与集中网络管理系统接口,提供有关信息)等组成。

10. 办公自动化系统

办公自动化系统由核心层、汇聚层和接入层组成,其中核心层设备具备本区域控制中心多条线路接入的能力。

11. 场段安防系统

场段安防系统由视频监视、周界报警和电子巡更三个子系统组成。

12. 视频会议系统

视频会议系统由多点视频会议控制单元和车站、车辆段、控制中心分会场组成。在控制中心设置 2 台 MCU 互为备份，同时在控制中心配置 1 台会议管理服务器，通过服务端管理台能对全网所有的会议视频终端和设备进行实时管理和控制，并与西安地铁视频会议系统进行互联互通。

13. 乘客信息系统

乘客信息系统由主用控制中心子系统、备用控制中心子系统、车站子系统、车辆段子系统、车载子系统以及实现各子系统间信息传送的网络子系统构成。

4.7.3 设计创新与实践

1. 智能视频分析

通过后台对各路视频数据进行不间断实时监视和分析，在车站和车辆段无人区人力无法兼顾的情况，智能视频分析系统自动代替人眼分析出重要的信息数据，并第一时间通知监测人员该关注的视频信息，并能集成在由综合监控专业搭建的智慧车站综合运管平台(ISCS-SOM)上，与其他来源的数据综合得出对某类事件的判定结果，为运营提供不同场景的应用。

2. 无线网络接入

作为智慧车站各类无线终端数据接入和联通的载体，无线网络为运营提供不同系统及不同场景的无线设备接入服务。

3. 电子导向

车站出入口门匾中分隔出部分区域，增加 LED 显示屏；各站可根据现场实际情况，在日常情况下向乘客显示门匾内容、日期时间及乘车相关规定等运营相关信息，在面对线网大客流以及地铁运营中出现的突发事件或事故时，可通过 LED 显示屏，及时发布疏散提示及应急管理信息。换乘节点、大客流车站客流集中处设置电子导向屏，在客流集中时段可以调整导向信息，分流客流提高疏散能力。

4. 车载 CCTV 联动

车载 CCTV 在全自动运行系统中尤为重要，它相当于调度的“眼睛”，能够实时监视列车运行和车厢内乘客的状态。为了能够在第一时间对列车的突发状况进行处置，车载 CCTV 与列车相关系统进行联动，在相关系统发生告警时联动车载 CCTV，并将对应摄像机的视频画面推送至控制中心调度。

5. 乘客紧急可视对讲

紧急情况下乘客按下紧急对讲按钮，车载 CCTV 自动联动视频监视画面至中心 CCTV 终端和大屏，OCC 调度通过 CCTV 远程查看现场情况，OCC 乘客调通过无线调度台接听乘客紧急对讲进行处置。

6. 视频对标

列车两侧设置视频监视摄像机，接入车载 PIS。车载 PIS 接收车辆 PA 转发的进站信息，人工或自动进入对标模式，PIS 监控触摸屏自动全屏显示车外设置的对标摄像机视频图像，通过 PIS 在监控触摸屏中显示标志线，与地面标志线重合以达到精准停车到位。

4.8 站 台 门

4.8.1 系统概述

站台门是设置在站台边缘，将乘客候车区与列车运行区相互隔离，并与列车门相对应、可多级控制开启与关闭滑动门的连续屏障，如图 4-64 所示。站台门系统的设置是为了防止乘客掉下站台，减小噪声及活塞风对站台候车乘客的影响，改善乘客候车环境的舒适度。全自动运行对站台门系统的功能和性能提出了更高的要求。

图 4-64 秦创原中心站台门

站台门系统由机械和电气两部分构成，机械部分包括门机和门体，电气部分包括供电和控制系统。门机主要包括门机梁、驱动电机、减速器、传动装置、门锁、行程开关等；门体主要包括梁柱结构、滑动门、固定门、应急门、端门、门槛、绝缘件、顶箱盖板等；供电是指从动力照明专业自动切换箱至站台门电机及其他用电设备的中间所有元器件，主要包括断路器、继电器、电缆等；控制系统主要包括中央接口盘、门控单元、就地控制盘、与综合监控系统及信号系统间的接口设备、系统软件等，见表 4-5。

表 4-5　站台门系统构成

站台门	门体	1. 滑动门、固定门、应急门、端门。 2. 顶箱、承重结构、门槛、顶箱上部结构。 3. 密封件、绝缘件
	门机	1. 门机梁。 2. 驱动及传动装置。 3. 门锁及其他相关附件
站台门	电源	1. 驱动电源。 2. 控制电源
	控制系统	1. 控制设备。 2. 现场总线网络。 3. 相关软件
	站台绝缘层	暗敷绝缘层
	附属设备	间隙探测系统、防踏空胶条、防夹人挡板、对位隔离提醒装置

4.8.2　站台门控制模式

为满足 16 号线一期工程全自动运行模式需求，站台门除了常规线路的系统级控制、站台级控制和手动操作以及 IBP 紧急开门、单道门单元维修控制的功能外，还具有与车门的对位隔离功能。

1. 系统级控制

系统级控制是在正常运行模式下信号系统对站台门进行开门/关门控制的控制方式。列车到站并停在允许的误差范围内时，ATC 发出开门命令，经过信号系统信道传到站台门系统 PSC，由 PSC 控制门控单元打开滑动门；列车驶出站台时，关门命令经信号系统传输至 PSC，最后由 DCU 实现滑动门的关闭；当所有的滑动门完全关闭并解锁时，DCU 向 PSC 反馈“关闭且锁紧”信息到信号系统，列车可驶离车站。

2. 站台级控制

站台级控制是在系统级控制因故障失效，站务人员在 PSL 上进行操作控制。站台级控制还可以实现 ASD/EED 与信号系统的互锁解除，强制发出闭锁信息，使列车尽快离站出发。

3. 手动操作

单道门故障情况下，站务人员或乘客可进行手动操作。当控制系统故障或个别控制回路故障或站台门的传动装置等机械部件发生故障时，站台工作人员用钥匙或乘客手动操作开门把手打开滑动门。手动操作是通过机械手段对单道门单元进行解锁，可独立于各种控制方式。

4. 单道门单元的维修控制功能

当单道门单元在维修时，可以利用模式转换开关进行开门/关门操作，不影响其他门单元的状态。

5. 车控室 IBP 的控制功能

车控室 IBP 发送打开站台门的命令，实现紧急状态下乘客的快速疏散，此控制级别高于系统级和站台级。

6. 对位隔离功能

当个别车站站台门故障隔离时，站台门将故障信息(站台编号及故障站台门编号)发送给信号系统，信号系统将此信息转发至车辆相关设备。列车进站停稳后，ATO 自动打开车门及站台门，故障站台门(站台门系统控制)及对应的车门(车辆控制)不打开。当个别车门故障隔离时，信号系统接收车门故障信息(故障车门编号)，并将此信息转发给站台门系统，列车进站停稳后，ATO 自动打开车门及站台门，故障车门(车辆控制)及对应的站台门(站台门系统控制)不打开。同时，通过滑动门对位隔离提醒装置将故障信息告知乘客。

4.8.3 设计创新与实践

为满足全自动系统的场景与功能需求，16 号线站台门系统相比传统线路做出以下创新。

1. 门体总体设计

本线车辆不设司机门，站台门系统全部滑动门开度均为 1 900 mm，与传统线路站台门第 1 道、第 24 道滑动门净开度 1 700 mm 不同，使列车在停车点±300 mm 停车精度范围内停车时，滑动门不会遮挡列车门。

2. 间隙探测系统

1)系统构成

为确保行车安全，避免有乘客或大件物品有意、无意被夹在站台门与列车车体之间造成危险，至少每侧站台滑动门配置一套探测报警装置。该系统应由光源发射器、光束接收器、报警装置及接口组成，如图 4-65 所示。

2)系统功能

(1)异物监测功能

应能探测间隙异物。当间隙有异物时，应实时给出异物输出报警信号和异物定位信号，站务人员可根据报警信息及时处理。

图 4-65　间隙探测系统

(2)安全防护功能

接入站台门安全回路。检测系统的报警应使站台门系统无法向信号系统发送“所有门关闭并锁紧”信号。

(3)旁路功能

在 PSL 上具有旁路隔离异物监测系统的功能。隔离后间隙探测报警系统应仍正常工作,并在 PSL 上报警,但站台门安全回路不再有异物监测系统的状态信号。

3)系统工作流程

列车发车前,当检测完成车辆与站台门间无异物时,探测系统向站台门系统发送安全状态信息,站台门系统将门体关闭锁紧状态信息与间隙无异物检测信息,以安全回路的硬线方式发送信号系统,信号系统下发开车命令,列车驶离站台;当检测到车辆与站台门间有异物时,系统进行报警处理,站台门安全回路断开,列车不能发车。

3. 对位隔离系统

建立站台门与车门状态信息的传输通道,并具备站台门单道滑动门的独立控制功能。通过信号系统的车-地通信功能,实现站台门与车门状态信息的交互。对位隔离信息流如图 4-66 所示。

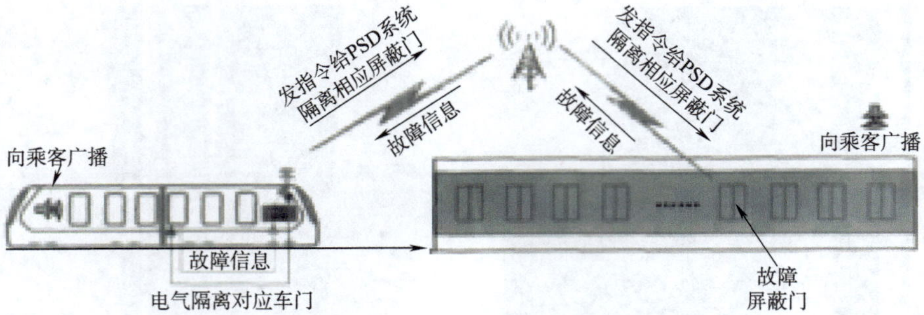

图 4-66　对位隔离信息流

4. 对位隔离提醒装置

每道滑动门上方门状态指示灯有表面红色全亮和表面红色“X”两种显示方案，并配有蜂鸣器报警。当滑动门未被对位隔离情况下，亮灯时表面显示红色全亮，蜂鸣器响；滑动门正常但被车辆系统对位隔离情况下，亮灯时表面显示红色“X”，蜂鸣器响，引导站台乘客走其他滑动门。对位隔离提醒装置如图 4-67 所示。

图 4-67　对位隔离提醒装置

5. 多 PSL 设置方案

本线车辆司机室不设司机门，每侧站台设置 3 套 PSL。1 套 PSL 设置在站台中部扶梯下三角机房，两套设置在站台公共区端部靠站台门端门处，便于站务人员紧急情况下操作。站台门就地控制盘如图 4-68 所示。

图 4-68　站台门就地控制盘

第5章 总结与展望

回顾过往，城市轨道交通运行控制经历了“人工时代”“机械时代”“继电时代”，正在进入“智能化时代”。

目前全自动运行中的最高等级UTO，采用基于现代计算机、通信、控制和系统集成等技术，实现列车运行全过程自动化，除了可以自动管理列车的日常运行外，还可以根据预设场景在故障情况下进行自动应对。

未来，随着数据挖掘、神经网络、云计算和多传感器融合等感知技术，尤其是人工智能的发展，并在城市轨道交通行业的深化应用，城市轨道交通全自动运行系统的智能化水平也将随之提升，系统将向感知、决策、执行一体化演进，如基于运能和运量匹配的运行计划调整的智能调度系统，基于灵活运营需求的高效列车自主控制系统，列车主动安全防护系统，基于设备可用状态和乘客舒适度要求的一体化环境保障系统等，这些系统最终会进一步提升城市轨道交通的全自动运行等级，引领城市轨道交通进入智能化时代。

5.1 总　　结

5.1.1 行　　车

行车组织与运营管理紧密结合16号线采用全自动运行的要求，交路及配线设置方案均满足全自动运营要求，并积极进行创新与实践，主要体现在正线配线区登车平台和车站多职能待班室的设置方面。

结合土建条件及功能需求，经研究，16号线一期工程在泮东城市广场站（泮东大道站）配线区设置登车平台，以便于存放于停车线的列车故障时相关人员上下车作业，为运营提供较为灵活的条件。

根据调研，大部分已运营的全自动线路仅在起终点站及小交路折返站设置多职能待班室。16号线一期工程进行了提升创新设计，有停车线的车站也增加多职能待班室的设置。结合功能需求，16号线一期工程在诗经里站（泮东小镇站）、泮东城市广场站（泮东大道站）、秦创原中心站（能源三路站）设置多职能待班室，并明确要求设置在站台层或站厅层靠近楼扶梯的位置，便于应急救援时，多职能人员能快速到达故障点，为运营提供更加灵活的条件。

5.1.2 建 筑

基于全自动运行的特性，考虑安全、高效、合理的要求，16 号线针对车站及区间风井在建筑设计方面所应具备的应对措施进行了研究，提出在全自动运行模式下车站及区间风井应对无人区的完全隔离方案、正线存车线车站为工作人员提供的登车或快速撤离方案，以及在有折返线的车站中设置多职能待班室的处置方案。

首先，是车站及区间风井应对无人区的完全隔离方案。16 号线按照全自动运行功能及运营管理需求，为合理布置隔离位置、尽可能减少隔离点，一是在车站站台端门将有人区与无人区(轨行区)进行隔离，工作人员通过专用通道从站台公共区进入设备区，二是在车站及区间风井临轨行区走道一侧(站台板边缘)设置防护隔离网，满足全自动对无人区的完全隔离要求。同时为提升安全防护功能，将隔离网高度增设至 2 m，并采取结构加强措施。

其次，为保证突发事故，应对故障列车的应急处置人员登车或快速撤离的需要，16 号线结合运营管理需求，在存车线车站设置专用路径及登车平台，为应急处置人员提供登车及撤离方案。由于在登车平台设置专用直跑楼梯，不具备直接联通站厅层设备区走道疏散的条件，因此在考虑结构安全、限界及场地条件、站内外登乘路径等因素下，16 号线采取工作人员通过轨行区专门安全路径抵达登车平台的方案。该方案既能满足应急工作人员获得授权后，快速登车进行人工激活故障列车的操作需求，又能使应急工作人员迅速撤离出无人区，保证人员安全，恢复无人区的无人状态及列车的全自动运行。

最后，为应对站台区域设备故障或突发事件开展应急处置并兼顾多职能人员休息、派班的功能，16 号线在有折返线的车站中设置多职能待班室。由于站台设备区均为无人区，不满足管理人员疏散条件，因此在符合消防疏散及建筑防火要求的前提下，16 号线尽可能将多职能待班室设置在靠近车站岔区一侧的站厅层设备管理有人区范围内，并靠近设备区疏散楼梯间，以便工作人员以最短时间赶到事故地点，迅速判断事故情况，采取相应处置措施。该方案既满足全自动运行对车站建筑的功能需求，又体现人性化及安全性的空间布局，遵循“安全、高效、集约”的设计原则。

城市轨道交通全自动运行的关键是车辆控制自动化和以信号通信为核心的自动控制系统，但同时需具备为满足全自动运行所必需的应对措施和处置方案，包括硬件和软件都应做相应的优化完善。只有各个方面都做得更优更强，才能最终实现最优化的全自动运行。16 号线的车站及区间风井部分建筑设计方案就是响应全自动运行设计的典型之一。

5.1.3 车 辆

城市轨道交通电客车是复杂的机电一体化系统，除了包括车体、转向架、列车控制与诊断、牵引电传动、辅助供电、制动、车门、车钩与缓冲器、照明、贯通道、空调与采暖、乘客信息等系统，还安装了信号、通信等车载设备以实现接口功能，为各城市轨道交通提供安全、可靠、快速、高效、准时的运输服务。

目前,我国城市轨道交通已处于高速发展阶段,电客车作为城市轨道交通行车系统的核心设备,其设计、制造也得到了前所未有的突飞猛进发展。随着智能化、数字化、系统融合技术的全面发展及乘客出行需求的不断增长,"标准化、模块化、智能化、自主化、轻量化"的设计、制造、应用理念也在不断强化,整车及部件的设计、制造产业在国内已成熟,特别是自主化牵引、制动等核心系统已实现大批量应用。

随着城市轨道交通事业的蓬勃发展,运营的可靠性及检修维护的便捷性、个性化、智能化等要求不断提高,从车辆自身出发,不断提升车辆可靠性和对外部环境的适应性,从而缓解运营压力,同时给予乘客更加舒适、美好的体验感是今后电客车技术不断发展前进的动力。

5.1.4 车辆基地

车辆基地作为轨道交通的重要组成部分,承担着运用管理、整备保养、检修维护、抢险救援等任务。随着智慧轨道交通的发展趋势,车辆基地也改变了其传统设计、建设方式,越来越多的城市开始建设全自动驾驶场段。

为满足列车全自动运行需求,全自动运行线路的车辆基地在设计时需按照自动驾驶区和非自动驾驶区分区布置,两区域应清晰划分并设置物理隔离。车辆基地自动驾驶区一般包括出入段线、洗车线、停车列检线;非自动驾驶区包括检修线、旋轮线、调机及工程车库等;周月检线可根据实际运营需求,布置在自动驾驶区或非自动驾驶区。综合考虑作业安全与运营效率,停车列检库内划分为若干防护分区,各分区间设防护栏及隔离门等,库中或库前设置地下通道或架空天桥供人员出入等。

此外,随着信息化、数字化、智能化工装设备和系统的发展及应用,许多先进的检修工装设备应运而生,如自动驾驶综合管控系统、CV360°监测设备、智能巡检机器人、智能工具柜、智能吹扫机器人等逐渐列装,渐渐改变了传统完全靠人工检修的作业方式及检修作业流程,延长了检修时间间隔,提高了作业效率,降低了运营成本。

5.1.5 信　　号

信号系统采用全自动无人驾驶信号系统方案,按轨道交通自动化水平最高等级 GoA4 级建设、一次性全功能建成和开通运营。

相较既有非全自动线路,16 号线信号系统增设了中心车辆调、车辆段 ATP/ATO 设备、SPKS、开门联动按钮、关门联动按钮、清客确认按钮等设备,利用高效列车自动控制系统,以行车指挥为核心,实现智能运转的功能保障,结合人工监视、干预的机制,落实高精度列车运行的同时,减少不必要的误操作,进一步减少人为因素对运营的影响,实现了列车自动唤醒、段内行驶、正线区间行驶、进站停车及自动对位、站台发车、端站折返、列车回段、休眠、洗车等全过程的自动控制。自动化程度的提高，使系统可以快速、有效地应对运营过程中的扰动，具备更强调整能力，提升列车运行效率和运营能力。

5.1.6　综合监控

1. 综合监控系统构建智慧车站综合运管平台

综合监控系统创新性地构建了智慧车站综合运管平台，其强大的功能实现了车站海量数据的汇集应用，并为运营决策提供了技术支持，这其中包括设备维修管理功能、线路级安防平台功能、应急处置及决策支持功能、客流应急处置功能、大数据分析功能、环境在线监控功能、设备管家功能、能耗管理与节能功能、无线单兵系统功能等。

创新了综合运管平台智慧能源管控，提出了能源管理与控制一体化解决方案，实现功能分级应用、灵活组合；成功应用了节能控制系统，分析环境变化趋势，自动调节系统运行模式，简化日常运营管理操作流程；自主研发了综合能源管理系统，对节能调控过程及用能情况进行综合分析，建立多维度评价体系，提高用能管理水平，降低用能成本。

(1)综合运管功能具备数据可视化功能的综合看板界面，以便直观地反映车站客运管理、设备运管及全线路运维的整体情况。与车站级、线路级客运组织，运维管理，乘客服务等其他业务系统的有机融合。

(2)综合运管功能把采集到的数据和各类信息资源，包括信息点、视频、文本、报表、图片、运行图等，根据调度岗位预定的业务规则，调用一系列功能进行重新的过滤、筛选、分类、组合和同步展示，以达到在有限的信息展示空间中，向用户提供针对性的展示服务。

(3)综合运管功能通过嵌入调用、界面集成等多种方式集成智慧地铁所涉及的各子专业应用软件，综合看板界面能显示反映各类信息的车站三维图形(轻量化 BIM、3D 等技术)的内容，能以 3D 场景展示本车站结合设备实时状态信息的虚拟现实场景，涵盖地铁站厅、站台范围内车站实时运行情况，包括不限于列车上下行到站情况，视频监控画面，FAS、AFC、电扶梯等运行情况，公共区及机房环境参数，客流热力图等，辅助站务直观地了解当前的地铁站。智慧车站综合运管功能界面如图 5-1 所示。

2. 综合监控系统区间探测

(1)火灾探测方面

为保证 16 号线地下区间火灾探测方面的良好通风和温度响应时间，充分考虑避开远离高压接触网和受电弓，同时避开照明灯发热。区间感温光纤采用 Z 形支架安装，在强电侧固定感温光纤，采用 M6 膨胀螺栓用于固定支架。感温光纤主机设置于车控室，对所辖车站上下行区间做到连续全覆盖，当区间发生火灾触发感温光纤系统差温报警阈值时，综合监控环调工作站会显示报警信息，同时该报警信息利用综合监控系统发送至信号系统，由车站及控制中心行调执行相关应急指令的下发。

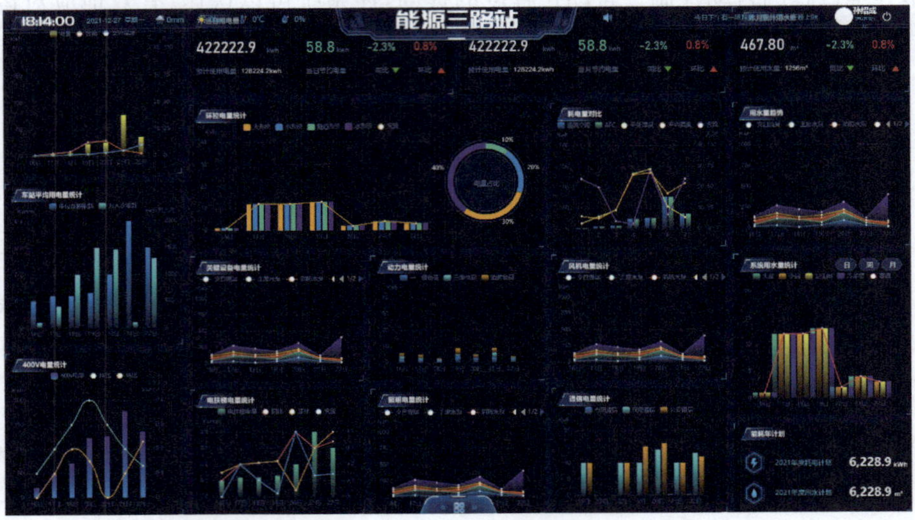

图 5-1　智慧车站综合运管功能界面

(2)水患探测方面

16 号线地下每段车站区间最不利点设计区间水位监测点，设置实时液位监视装置(含超道床水位报警、超轨面水位报警、超轨面 50 mm 报警、超轨面 150 mm 报警)，并将相关信息纳入 BAS 监视。当区间水位达到报警阈值时，综合监控环调工作站会显示报警信息，同时该报警信息利用综合监控系统发送至信号系统，由信号系统一键执行全一键运行场景下停车指令。另外，综合监控系统调取区间水位监测点处轨道摄像机的视频画面，便于中央调度人员人工确认区间水淹的实际情况。

该设计通过综合监控系统在线监测及智能联动技术，解决了区间列车运行遭遇火灾和水患时造成人员伤亡而不能有序疏散的难题，达到了地下区间列车运行遭遇极端水患灾害时的极早期探测、报警、联动以及应急预案决策辅助的目的。

3. 优化能源管控方案，实现多层级协作一体化

综合监控系统在 16 号线一期成功应用落地，提供了从设备信息采集到运行状态实时监测、运行策略切换、节能策略有效性分析、策略能耗评价的一体化解决方案。借鉴济南 R2 线、西安 5 号线、杭州 7 号线等国内多条地铁线路的节能系统项目经验，16 号线一期采用能源管控方案，实现多层级协作一体化，打破了车站之间的信息壁垒，实现数据互通，由管理促进调控，由调控体现管理；采用标准化模块结构，系统可自主组合，满足不同用户的使用需求，提高系统适配性，简化部署与运维过程，可节省运维成本约 30%；增加自学习算法与预测算法，对能耗、客流、环境等运营数据分析，监管策略调控过程，实现数据价值最大化，在满足舒适需求的同时节约用能，节能率可达 30%左右；对标 ISO 50001 能源管理体系标准，建立多维度能耗评价管理体系，建立考核及激励机制，挖掘潜在用能点，对异常的用能情况进

行识别、报警，提供科学有效的用能评价指标；提出浮动电价管理方案，对用电趋势进行分析，实现不同时段电价预测，为用电管理提供合理建议，辅助节约电费约 20%。

4. 进一步优化的综合监控一键开关站功能

在西安地铁 5、6、14 号线一键开关站功能基础上，进一步优化开关站流程设计。在每日早间、晚间，站务员在当站车控室将车控室智慧屏页面切换至一键开关站页面，一键下发指令，通过图元形式显示一键开站流程。一键开关站采用自动化控制技术与视频分析技术相结合，实现远程分系统、按流程、标准化开启站内设备；结合视频分析技术，确保关键设备及关键区域安全；将多人耗时 30 多分钟的工作降低至一键 10 min 内完成。同时，实现车站级常见八大类型 35＋应急场景，利用各系统报警推送快速定位应急场景，调取预案及设备状态，提供设备联动一键处置，为地铁安全、可靠和高效运行提供支持。

（1）系统具备弹窗提醒功能。启动或关闭重要设备时，系统界面上弹出对话框“是否启动或关闭”。

（2）系统设置对 CCTV 系统“开站”“关站”按钮，可实现对 CCTV 系统启停控制，并反馈 CCTV 系统启停状态。

（3）系统设置对 PA 系统“开站”“关站”按钮。PA 系统接收综合监控控制命令后，播放开关站提示广播。

（4）系统设置对 PIS“开站”“关站”按钮。PIS 接收综合监控控制命令后，开启或关闭所有显示屏。综合监控命令权限高于 PIS 控制权限。

（5）系统设置对智能照明系统“开站”“关站”按钮。智能照明系统接收综合监控控制命令后，将照明系统设定为“开站”“关站”模式。综合监控命令权限高于智能照明系统控制权限。

（6）系统设置对 BAS“开站”“关站”按钮。BAS 接收综合监控控制命令后，控制机电设备进入开站或关站模式。

（7）系统设置对电扶梯“开站”“关站”按钮。系统控制电扶梯启停控制时，联动该电扶梯视频 CCTV 图像，CCTV 图像识别功能结合人工判断图像判断，确认安全后启停电扶梯。

（8）系统设置对出入口卷帘门“开站”“关站”按钮。卷帘门接收综合监控控制命令后，打开或关闭卷帘门。

（9）系统设置“启运检测”按钮。

（10）“启运检测”启动，可扫描并弹出一键开关站涉及所有设备的故障信息。

（11）系统设置“一键开站”“一键闭站”总控制按钮。

（12）“一键开站”顺序如图 5-2 所示。

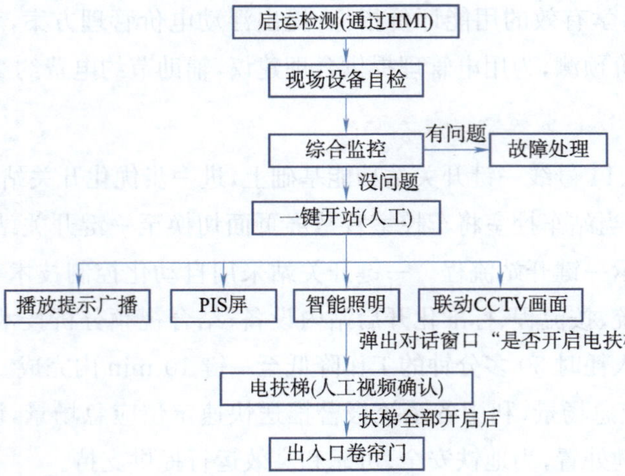

图 5-2 “一键开站”顺序

(13)“一键关站”顺序如图 5-3 所示。

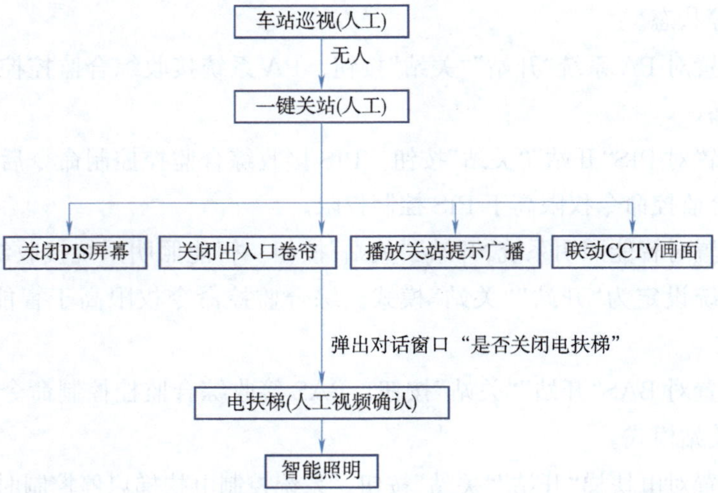

图 5-3 “一键关站”顺序

综上,该设计通过综合监控系统在线监测及智能联动技术,进一步降低了车站运营定员,为下一阶段的无人车站和精细化运营提供技术支持。

5. 综合监控系统引入远程 3D 视频巡检技术

为了满足“安全、高效、精准”的运营智慧化需求,综合监控系统利用数字孪生技术将车站内设备运管、客流热力、数据信息多维度立体展示,实现站内信息全景掌控,打通各生产系统之间的数据壁垒,加强客运组织的工作效率,改变异常情况被动接报。

利用视频分析技术,对车站内的人员、设备、空间进行全方位 24 h 监控,实现站厅、站台、出入口等重点区域的客流密度实时监测、全方位感知客流态势,密切关注站内拥挤度变化，对可疑行为和人员进行实时追踪，保障空间内物品安全。

将数字孪生与视频分析技术相结合，实现远程 3D 视频巡检，为每 2 h 一次的站内巡检提供在线补充方案，并将巡检结果在线记录，实现巡检信息可追溯。

6. 智慧运维优化方案

针对地铁安全生产网每日生成的海量数据，传统的以人工登记为主的运维场景存在人工投入大、智能化水平低、效率低、出错率高等弊端，难以实现对检修数据的深度挖掘和分析的现状，综合监控系统智慧车站综合运管平台采用在线监测、故障诊断与预测、设备健康度分析、全生命周期管理等关键技术，结合数据可视化技术，形成基于设备状态感知的精准维修模式，将“计划修”转向“状态修”，为车站运维场景提供智能决策支持。同时，打通运维和资产数据，支持资产寿命周期管理，结合无线单兵可以移动办公的特点，形成体系迭代的智能运维决策支持。综合监控集成能源管理系统，能源管理系统只做后台分析，利用综合监控集成互联系统采集的各类能源数据转发给能源管理系统，能源管理系统通过专业数据处理、分析，实现能耗统计、数据分析、节能建议等功能。

5.1.7　通　　信

通信系统是轨道交通中的一个重要系统，本系统共包含众多子系统。其中，传输系统不仅承载着本专业各子系统的数据传输，还承载着本专业外的信号、AFC、ISCS、PSCADA、可视化接地、安检、车辆等专业的数据传输。根据全自动运行模式的需求，视频监视系统、专用无线通信系统和乘客信息系统还为调度人员提供运行车辆现场视频、音频、故障信息以及相关联动调度指令下发的信息传送通道。

16 号线采用全自动运行系统，按照 GoA4 标准建设，通信系统方案设计时考虑充足的冗余配置，减少运行故障。系统自身的故障诊断和自愈功能也提高了系统的可用性和可靠性。此外，全自动系统的运营控制中心的作用远高于传统的轨道交通线路。为防止控制中心失效影响运营，加强了控制中心的配置级别，建立了备用控制中心。将涉及行车安全的专用无线通信系统的产品安全完整性等级按 SIL1 设计，并在主备控制中心增加乘客调，以满足紧急情况下乘客的紧急求助对讲需求。

作为区域控制中心首条线路，16 号线在通信系统工程设计时充分考虑延伸线及后续线路的资源共享及预留条件。本工程办公自动化系统、公务电话系统、视频会议系统等子系统均考虑了后续线路扩容接入的条件。

5.1.8　站 台 门

全自动运行系统是以现代信息及自动化技术提升运营服务水平，增强系统装备的功能和性能为目的的新一代城市轨道交通系统。

站台门系统设备采用技术先进、结构合理、维修方便、质量稳定、运行可靠的产品，系统的软硬件设计充分考虑可靠性、可维修性和可扩展性，遵循模块化和冗余设计的原则，性能应满足全自动线路 RAMS 指标要求。站台门系统安全完整性等级为 SIL2 级，与信号接口的完整性等级应与信号系统相匹配。

站台门除了常规线路功能外，站台门增加了与车门的对位隔离功能，通过滑动门对位隔离提醒装置将故障信息告知乘客。同时，为确保行车安全，在站台门与车辆之间的间隙内设置间隙探测系统，将监测状态纳入站台门安全回路，作为车站发车的前提条件。为实现全自动运行系统站台门站台级控制功能，并提供高效的控制方案，每侧站台设置 3 部 PSL，满足运营需求。

5.2 展　望

5.2.1 行　　车

中国城市轨道交通协会积极响应国家政策要求，在 2020 年 3 月发布了《中国城市轨道交通智慧城轨发展纲要》，在 2022 年 8 月发布了《中国城市轨道交通绿色城轨发展行动方案》。两个文件提出：

(1)要实现网络客流的监测预警、网络运力资源的优化配置、运能运量的精准匹配和全自动列车运行的行车组织。

(2)要应用新一代通信技术和人工智能技术，研制支持灵活编组和协同编队功能的车辆，实现运能运力的精准匹配。

(3)要实施网络化运能运量的精准匹配，降低列车的空驶率，提高列车的满载率和乘客便捷舒适体验。

(4)要采用多交路运营组织技术，优化列车行车组织方式。采取重联编组、虚拟编组或混合编组等灵活编组方式。

综上，国家政策层面鼓励支持灵活编组技术的推广应用，但截至目前，国内仅有上海地铁 16 号线试点了在线解编联挂模式，且该线为非全自动运行线路，全日仅有 2 对列车实现了在线解编联挂，尚处于试运营阶段，并未实现高密度、常态化的在线解编联挂运营。全自动模式下地铁列车灵活编组技术，适用于初期实际客流不理想或高峰、平峰客流量差异较大的线路，可实现运能与运量的精准实时匹配、提高列车满载率、降低运营成本。16 号线开通运营后，可根据客流实际情况，适时开展灵活编组技术的应用研究。

5.2.2 建　　筑

在 16 号线的建设中，建筑师们从空间布局、站点设计、导向标识等多个方面入手，确保了乘客出行的便利性与舒适性。空间布局上充分考虑了乘客的出行需求。宽敞明亮的站厅、便捷的换乘通道、人性化的无障碍设施，都为乘客提供了舒适的乘车环境。而站点设计则充分融入西安的历史文化元素，使每一座车站都成为城市文化的展示窗口。

此外，全自动运行对建筑设计的另一大挑战是确保功能性与安全性。与传统轨道交通不同，全自动运行线路对建筑布局、结构的要求更为严格。从建筑材料的选择到防灾系统的设计，每一项细节都经过精心考量与试验验证，以确保在紧急情况下能够迅速疏散乘客，最大程度地保障乘客的生命安全。

随着科技的不断发展，建筑专业在轨道交通领域将拥有更广阔的发展空间。人工智能、大数据等新兴技术将为轨道交通带来更多可能性，如个性化站点设计、智能导向标识等。而这些都需要建筑专业人员进行前瞻性的思考与探索。16 号线全自动运行设计为城市交通的发展树立了新的标杆。在未来的实践中，建筑师们应以此为契机，不断探索创新，需要更加深入地研究全自动运行轨道交通的特点与需求，以适应不断变化的城市环境。例如，在站点设计中融入更多的绿色建筑理念，提高站点的环境质量；在建筑材料的选择上，更多地采用环保、低碳的新型材料，降低建设过程中的碳排放；同时，借助先进的技术手段，如 BIM 技术，实现从设计到运营的全过程监控与管理。

5.2.3　车　　辆

为推进我国城市轨道交通电客车技术的发展，在《中国城市轨道交通智慧城轨发展纲要》的引领下，城市轨道交通电客车技术将基于新材料、新工艺、新方法、新设备、新技术的发展现状及应用需求不断发展。

1. 轻量化技术

随着列车智能化要求的不断提高，车载设备种类越来越丰富，在车辆既要容纳不断增加的车载设备、轴重又不允许超过标准规范要求的技术背景下，对于列车减重的需求日益强烈。列车轻量化技术可通过新材料、结构优化、系统升级等技术手段对车辆进行减重。碳纤维车体可较同类地铁金属车体减重约 35%，对提高运载能力、降低能源消耗、降低全寿命周期成本、减少线路损害等具有重大意义。对车体、内装、客室设备、车钩、空调、门、转向架等部件结构进行全面优化升级改造，使用玻璃纤维、碳纤维、铝镁合金、碳纤维/复合材料、高强度钢板等多种新材料代替普通材料；对牵引、辅助系统、空调等系统进行全面升级，系统融合，减少系统组件等；蓄电池可采用钛酸锂电池，能量密度高，比镍镉减重 30%以上、体积减小 20%以上；对于转向架，可采用铝/陶制动盘、空心车轴、永磁同步电机车轴驱动等轻量化技术。

2. 永磁牵引系统

与交流异步牵引系统相比，永磁牵引系统具有高功率密度、高效率、高功率因数和低噪声、轻量化等显著优势。永磁牵引系统被业界公认为是轨道交通车辆牵引系统的发展方向。永磁牵引系统应用于轨道交通车辆牵引，可以提高牵引功率、节能降耗、减少维护量、降低全寿命周期成本等。在降噪方面，永磁牵引系统噪声更小，低速段更为明显，其中在 0～1 900 r/min 范围平均降低噪声 5.5 dB(A)，可有效提高乘客的舒适度；在轻量化方面，永磁电机则比异步电机轻了 110 kg，可有效减少空间占比和能耗比。

3. 通风空调技术

车辆系统采用全新风的送风模式，安装具有一定杀毒菌功能的空气净化装置，如运用光等离子或低温等离子技术等空气净化技术等，如图 5-4 和图 5-5 所示。在空调机组回风口设阀门，必要时可实现切断回风通道，即采用新风经空调机组制冷或加热处理送入车内，多余污浊空气经过排风装置排出车外，避免带有病毒的空气通过回风再次送入客室。同时，对车辆车内空气质量进行了深度测试，对室内空气主要污染物 $PM_{2.5}$、PM_{10} 悬浮颗粒物，有害气体以及细菌、病毒等微生物进行净化。

图 5-4　光等离子空调

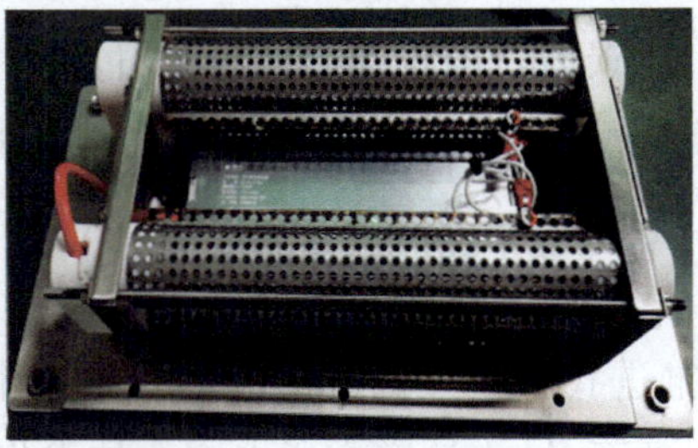

图 5-5　低温等离子空调

客室内通风口可采用微孔送风的方式进行均衡送风，以优化客室内气流组织，提升乘坐舒适性。

空调可采用环保制冷剂的二氧化碳空调（含热泵技术），可快速去除异味、臭味，杀灭各种细菌病毒，并有效去除总挥发性有机化合物、甲醛、苯等有毒有害气体。同时，在空调控制方面，将车内温度、湿度及乘车率等车上数据发送到地面服务器，利用人工智能实现空调控制的优化，从而达到精准动态调节客室温湿度、使其始终保持在适宜范围内的目标，并降低空调能耗。

4. 列车减振降噪技术

列车减振降噪技术水平的提升，有利于提升客服服务品质，改善旅客乘车的舒适性及体验感。

（1）采用新材料。新材料的应用能够更有效地达到隔声降噪效果，如采用腔型隔音棉（由纳米/超细纤维材料制成）、复合/浮动静音地板等。

（2）提高车辆气密性。针对市域快线大规模建设的现状，基于对电客车压力控制及气密性的更高要求，可通过压力波控制技术，检测车内外压力波动变化，控制新风和废排风压力保护装置动作，以维持车内压力稳定。同时，对车门采用辅助锁闭＋双层密封结构＋内部填充的措施，进一步提升气密性。

(3)振动主动控制技术。城市轨道交通车辆在运营中不可避免地要产生振动噪声，对司机、乘客以及周边的行人、居民产生或多或少的影响。振动主动控制技术是根据所检测到的振动信号，应用一定的控制策略，经过实时计算，进而驱动作动器对控制目标施加一定的影响，有针对性地寻求降低、衰减振动噪声，最大限度地降低对人体造成的影响。

5. 通信及控制技术

通信及控制技术的快速迭代发展为城市轨道交通电客车相关系统技术的进步带来了前所未有的机遇。第五代移动通信(5G)、高速转储、以太网控车、三网(控制网、维护网、子系统网)深度融合、可编程逻辑控制单元等技术，为增强列控系统集成度、提高数据传输速度提供了强有力的技术支撑。同时，为顺应多专业融合的需求，列车自主运行控制系统的引入也取得了突破性进展，部分城市已开始应用该技术进行新车制造和老线改造工作，多个新造试验平台已启动试验线上的动车验证工作。

6. 列车灵活编组及虚拟编组技术

列车灵活编组运营技术与列车编组、列车控制、安全门系统、信号系统控制、运营管理等密切相关，对客流变化较大的城市轨道交通市域旅游线路具有重要意义。列车灵活编组运营技术是根据运营线路全日和全年的不同客流变化情况，高峰小时或旅游旺季开行大编组列车，平峰期或旅游淡季开行小编组列车，在满足运能需求的前提下，既保证列车满载率，同时又能提高服务水平，还可在一定程度上节省运营成本。

虚拟编组是近年来提出的一个新概念，即使用无线通信及车-车通信技术代替机械联挂，实现不同型号列车的虚拟编组。列车虚拟编组后，行车间隔极大缩短，能够很大程度上提高线路的运输能力。应用虚拟编组技术，列车可在动态中解编和组编，按需组成不同编组车队，实现客流-车流精准耦合，通过更高效的列车控制手段以及精细的运营调度方式，减少能量损耗和排放。

7. 车辆健康管理系统

车辆健康管理系统能够充分采集围绕车辆所产生的所有数据，包括车辆实时状态数据、各监测子系统检测分析数据及轨旁检测数据，并且从车辆投入运营就开始收集，全面支持列车运维管理，在列车全寿命周期内，获取列车运行过程中可以监测到的所有数据信息，通过无线传输将车上的故障信息、记录文件等传输到地面大数据中心，通过对车辆部件的性能判断、故障预测、健康管理、部件寿命追踪等，为车辆计划修提供更准确的数据。检修人员可根据故障诊断、故障预警和寿命预测，进行检修维护计划安排，为“状态修”向“计划修”的转变提供有力支持。

该系统也是智能运维的一部分，为智能运维提供基础数据支撑。一般车辆健康管理系统主要由车载智能检测系统、车地无线传输系统及地面健康管理系统组成。

(1)车载智能检测系统

车载智能检测系统车载部分包括车载智能检测系统主机、相关传感器。传感器应包括加速度传感器、温度传感器、摄像头等类型,用于实现车辆失稳数据采集、旋转部件数据采集、轨道平顺性数据采集。车载智能检测系统通过以太网接口采集牵引与辅助电源系统、制动系统、空调、车门、蓄电池和乘客信息系统的实时状态数据,以实现健康管理系统的故障预警及健康评估等功能。系统可以通过对列车各子系统状态及故障信息、车辆视频信息实时采集,用于实现对列车运行状态全面监控,提高列车运营可靠性及安全性。车联网系统示意如图 5-6 所示。

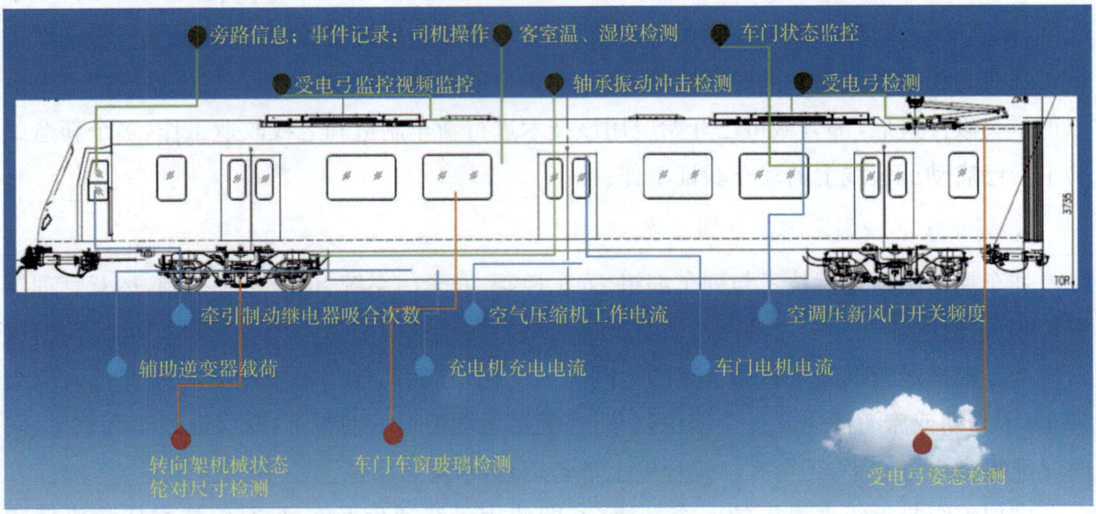

图 5-6　车联网系统示意

(2)车地无线传输系统

车地无线传输系统应能够将车载智能检测系统的数据实时传输到地面数据服务器,实现对列车运行状态全面监控,提高列车运营可靠性及安全性。

(3)地面健康管理系统

以车辆为中心,进行大数据挖掘和建模,构建车辆全方位的地面健康管理系统,为车辆综合检测信息管理系统监控中心提供了一个网络集中监控平台、信息资源共享平台和分析决策平台。

5.2.4　车辆基地

车辆基地作为轨道交通的重要组成部分,承担着运用管理、整备保养、检修维护、抢险救援等任务。随着绿色环保、智慧的轨道交通发展趋势,车辆基地改变了传统设计、建设方式,而不仅仅作为“检修工厂”。随着信息化、数字化、智能化工装设备和系统的发展及应用,渐渐改变了传统完全靠人工检修的作业方式及检修作业流程，延长了检修时间间隔，提高了作业效率，降低了人员成本。依靠技术的不断发展及革新，车辆基地检修作业及管理向数字化、智能化、无人化发展成为未来发展的一种趋势。

1. 智慧场段

随着国内越来越多的城市逐步开启全自动无人驾驶地铁的建设，地铁场段作为承担车辆的运用管理、整备保养、检查等工作，以及承担定修或架修车辆检修任务的基本生产单位，迫切需要新的能力与手段，使地铁场段的生产管理和服务能力获得增强，资源利用能力和生产要素组织能力获得提升，有效信息资源空间获得扩展，并为地铁场段提供全方位、全寿命周期的发展方式。在此情况下，地铁智慧车辆场段作为信息化与工业自动化高度融合的产物应运而生。

地铁智慧车辆场段是在工业自动化与信息化融合的背景下，围绕改善地铁场段生产、运营、管理等资源，综合利用地铁工业互联网、物联网、大数据、5G、云计算等信息技术手段，结合地铁车辆场段先进的管理理念，建立广泛覆盖和深度互联的地铁车辆场段信息网络，对地铁车辆场段的设施、设备、物料、人员等资源的多方面生产要素进行全面感知采集，并整合构建协同共享的地铁车辆场段信息网络平台，对采集的信息进行智能处理利用，从而为地铁车辆场段的日常生产和资源配置提供智能响应控制，为地铁车辆场段的生产管理、设施管理、设备管理、物料管理、人员管理等提供智能决策依据及手段，为地铁车辆场段管理提供智能信息资源及开放式信息应用平台，如图 5-7 所示。

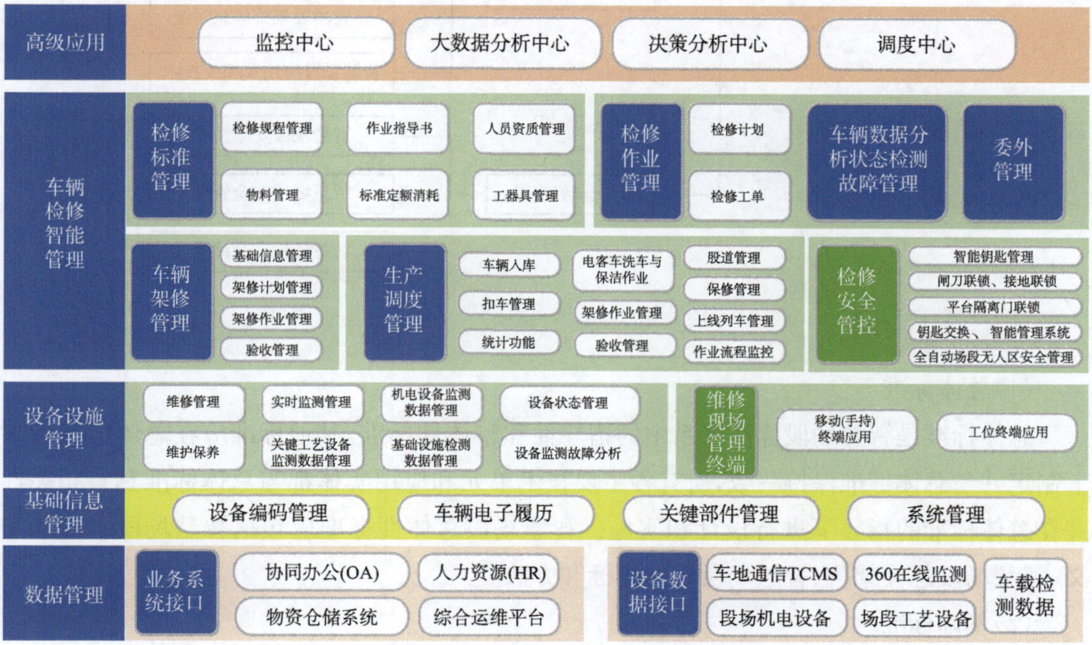

图 5-7　轨道交通场段信息应用平台示意

地铁智慧车辆场段的核心特征在于其“智慧”,需搭建广泛覆盖的信息采集网络,建立协同的信息资源共享机制;地铁智慧车辆场段信息资源的应用以开放为特性,应具有深度互联的信息传输体系,拥有信息的智能分析处理能力,具备自我学习进步的功能。地铁智慧车辆场段必须包含从地铁场段信息的感知、采集、传输、共享、分析、处理到应用的全过程,以形成一个完整的信息智慧循环。

智慧场段标准体系主要包括智慧场段总体标准、智慧场段基础标准、智慧场段应用标准和智慧场段安全标准四类,其标准体系框架如图 5-8 所示。

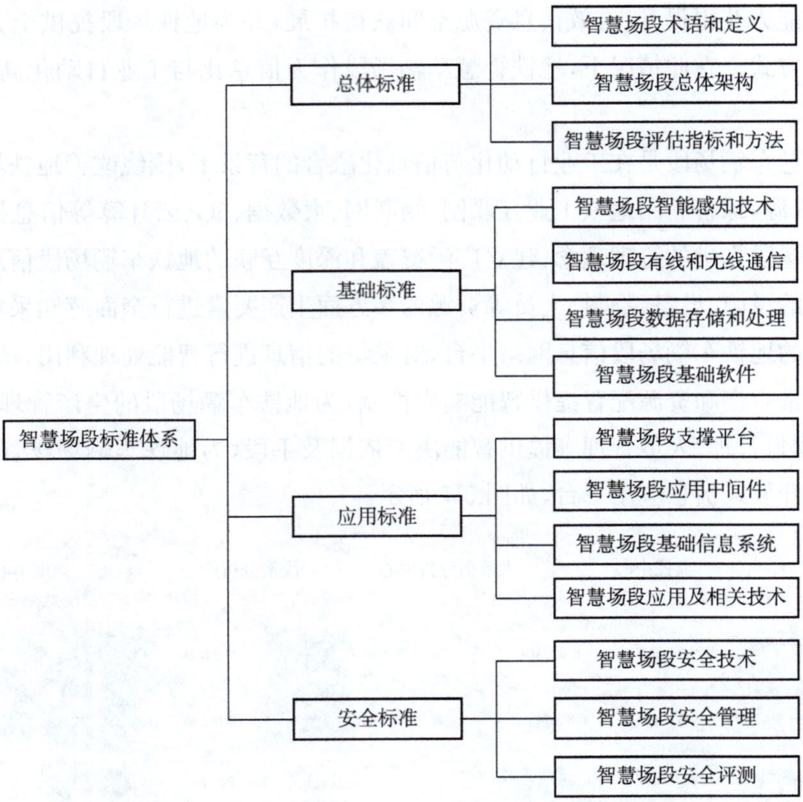

图 5-8　智慧场段标准体系框架

(1)总体标准

总体标准是智慧场段标准体系中的指导性和整体性标准,其他标准应在总体标准指导下制定并与总体标准保持一致,所有各主要技术单元和应用实体都与总体标准具有相关性并在总体标准的指导下进行设计和实施。智慧场段总体性标准应包括智慧场段术语和定义、智慧场段总体架构、智慧场段评估指标和方法。

(2)基础标准

基础标准是信息获取、传输和处理相关的基本技术标准,这部分以采标为主,标准应与现有标准全方位对接，除了有特殊要求，一般直接采用现行的国际标准、国家标准或信息通信行业标准。基础标准主要包括以下几个方面：

①感知技术标准：主要包括传感器、图像和音视频采集标准。

②有线和无线通信技术标准：主要包括近距离无线通信、广域无线通信、IP 承载和互联网、接入和传输标准。

③数据存储和处理标准：主要包括网络存储标准和云计算标准。

④基础软件标准：主要包括系统软件标准和基础软件中间件标准。

(3)应用标准

应用标准是智慧场段各种应用相关的标准，以智慧场段的应用需求为主，包括以下几个方面：

①支撑平台标准主要包括平台需求、架构、接口及终端设备管理标准。

②应用中间件标准主要包括智慧场段应用数据描述和交换、事件描述和交换、数据活化标准。

③基础信息系统标准主要包括智慧场段数据采集系统的各种数据库相关技术标准。

④应用及相关技术标准包括智慧场段各种应用的相关技术及标准。

(4)安全标准

安全标准是为保障智慧场段中的各网络和信息系统安全而制定的安全技术标准、安全管理标准、安全评测标准，主要包括以下几个方面：

①安全技术标准：主要包括智慧场段安全参考架构和技术要求、数据加解密、安全认证、安全传输、密钥管理、网络身份管理和信息标识标准。

②安全管理标准：主要包括智慧场段安全等级防护、安全管理制度、安全管理机构、人员管理、建设管理、运行维护管理标准。

③安全评测标准：主要包括网络安全评测标准和信息安全评测标准。

2. 智能运维

车辆基地主要以车辆的运维为主，城市轨道交通车辆基地智能运维体系涉及整个城市轨道交通产业链中从设计制造到后期运维中所有相关单位的信息化。通过对整个系统进行全寿命周期管理，采用智能运维体系将大幅提高生产和运维效率，降低整个产业链的成本。智能运维体系在地铁公司内涉及车辆中心、乘务部、运行控制中心、车辆段调度指挥中心、维修车间、检修车间；在地铁公司外涉及车辆设计制造厂商、主要部件供应商、科研院所等。这些部门和单位都是大平台中重要的一部分。车辆基地智能运维体系总体架构如图 5-9 所示。

车辆基地智能运维体系融合智能感知、互联网、大数据分析等技术，围绕行业发展态势、用户运维需求及出行服务需求，结合地面配套的一体化信息平台和技术服务一体化平台，通过自感知、自诊断、自决策、自学习等技术手段，大大提升列车运行安全性、可靠性，提高了运营效率和运维保障能力，提升了旅客服务品质，降低了智能运营监测技术运用、维护、检修成本。其中，智能运营监测技术的技术框架主要由状态感知、数据传输、数据处理及应用三大部分组成，如图5-10所示。

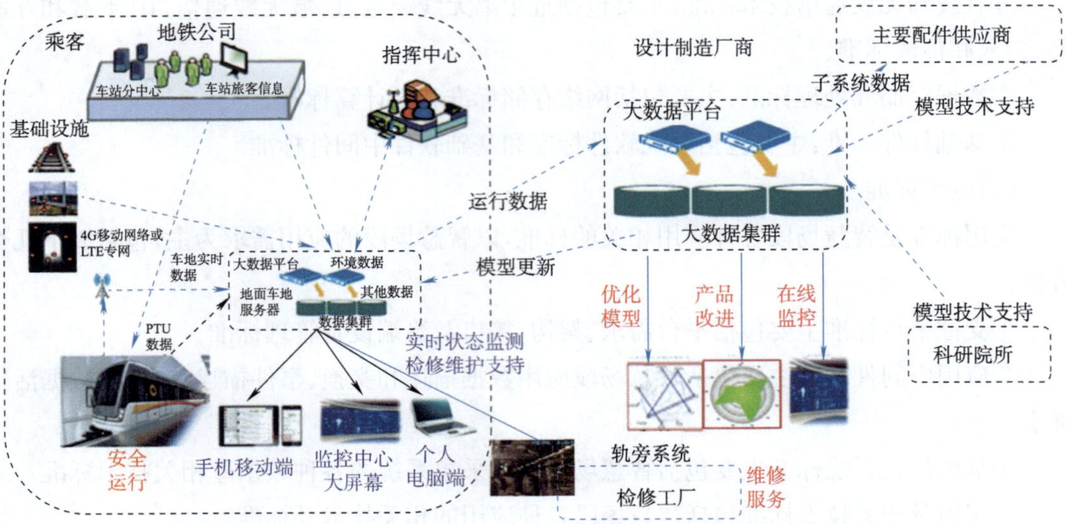

图5-9 车辆基地智能运维体系总体架构

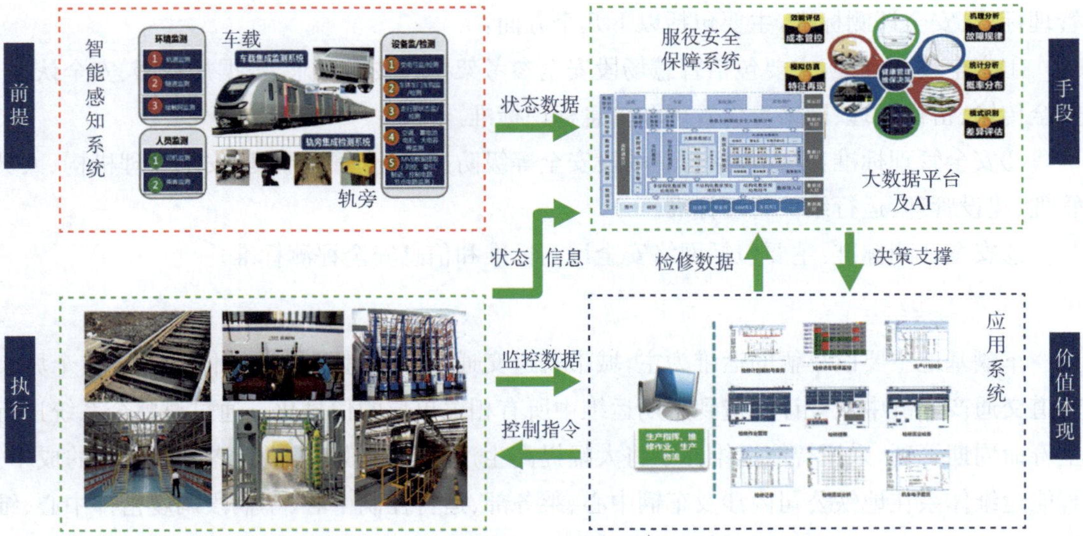

图5-10 智能运营监测技术

(1)状态感知

状态感知是指通过各种方式获取车辆各系统和部件的状态信息。状态感知设计系统设置涵盖所有关键系统的各类传感器和状态反馈器件，实时监控项点预计约2 000余项，且采用MVB、以太网等进行监视数据传输。状态感知设计系统如图5-11所示。

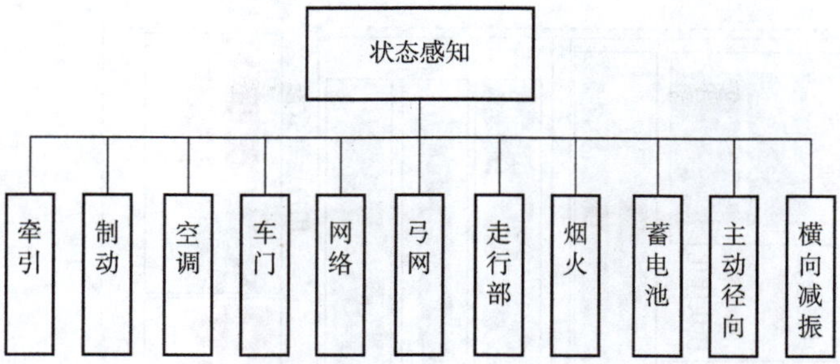

图 5-11　状态感知设计系统

(2)数据传输

建立车-地、地-地、网络等一体化数据传输平台,实现海量异构数据的采集、传输,为数据分析挖掘提供数据基础。

①车-地传输:列车上采集的各种状态感知数据由车载车地无线装置通过 5G 或 Wi-Fi 或 LTE 传输到地面的大数据中心。

②地-地传输:企业信息系统数据(如 BMS、MRO、ERP、地面 PIDS 的设计、物流、运营等数据)通过地面网络发送到地面大数据中心。

③网络传输:包括用户反馈内容、互联网数据等通过地面网络发送到地面大数据中心。

(3)数据处理及应用

①平台构架

建成智能运维大数据平台进行数据治理、融合,形成基础数据集,从不同维度对数据进行分层存储,以备数据分析挖掘。大数据平台技术架构主要由 IaaS 层、PaaS 层、SaaS 层组成,如图 5-12 所示。各层之间相互协作,贯穿数据的产生、聚集、分析和应用各个阶段。技术架构还包括安全与运维体系,用于规范化数据处理流程和提供安全可靠的访问机制。

②应用功能

智能运维大数据平台的主要应用功能分为状态监测、数据分析、检修计划、资源管理、维护管理、故障管理及后台管理等方面,如图 5-13 所示。

3. 智能工装

基于车辆智能运维及智能化工装设备,建立智能轨旁车辆综合检测系统、智能检修设备、智能物料管理系统、智慧照明系统等,创新运维体制,提升运维效率,降低运维成本,使车辆基地检修维护、运营管理更加智能化、便捷化、人性化。

(1)轨旁综合监测系统

通过在车辆段入库端轨道旁安装基于机器视觉、红外线、激光、超声探伤、声学等传感技术的检测装置,车辆经过时自动检测车辆的外表故障、磨耗件尺寸、走行部温度及车体外观等,如图 5-14 所示。通过在轨旁综合检测设备与运用库辅助边跨服务器机房设置网络接口

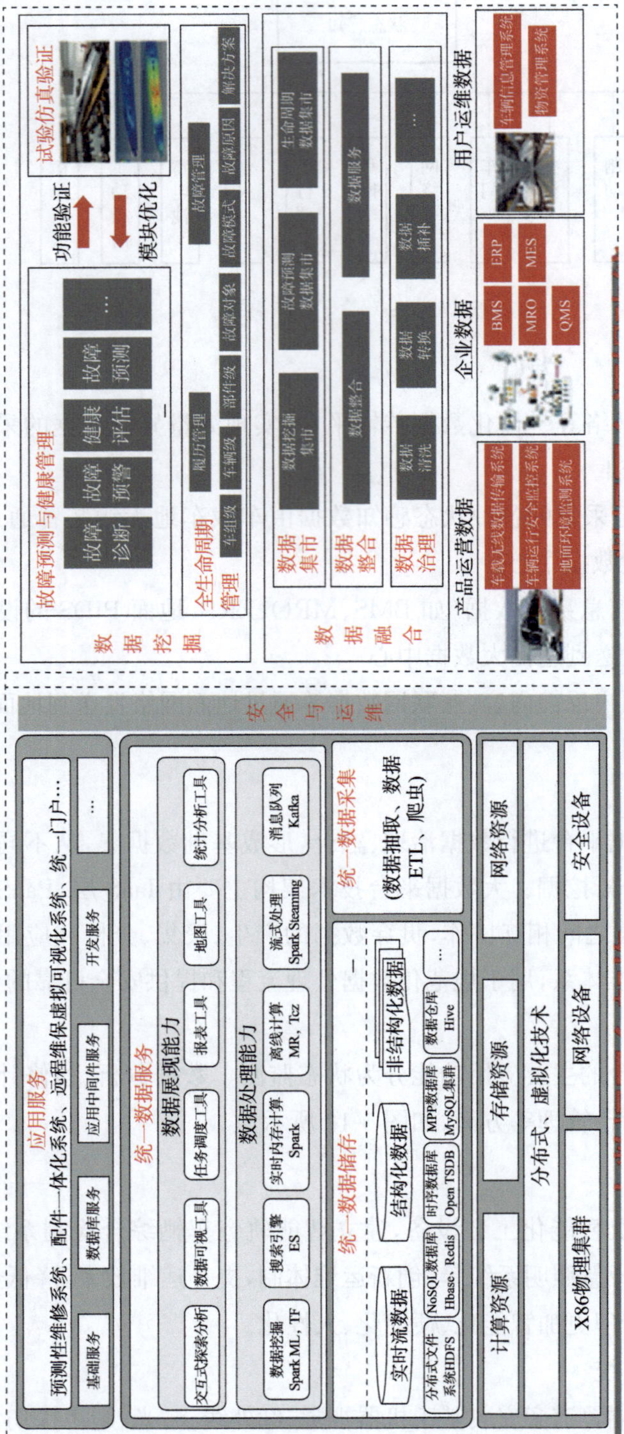

图 5-12 智能运维大数据平台技术架构

实现检测数据传输，最终发送到监控室监控大屏，实现故障自动识别，提高检修效率，有效支持车辆列检作业。

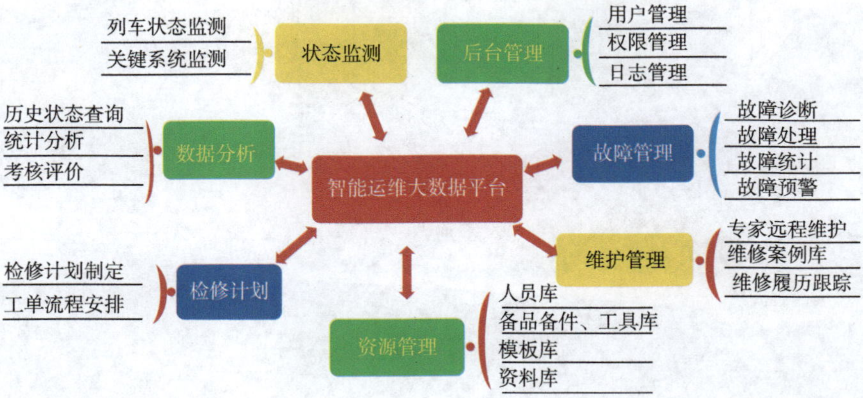

图 5-13　智能运维大数据平台功能结构

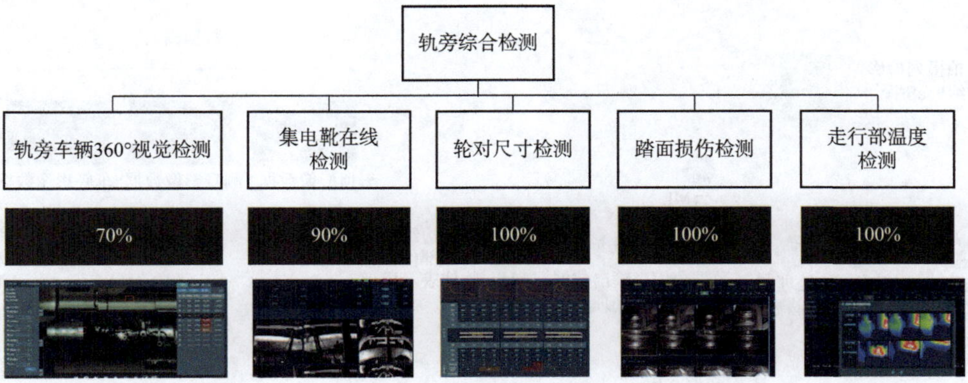

图 5-14　轨旁综合监测系统示意

(2)智能运维系统专家平台

在车辆段辅助边跨设置相应数据中心服务器机房及远程监控室，实现智能运维数据存储、分析及展示功能，方便地面人员掌握列车状态信息，以便快速做出应对措施，如图 5-15 所示。

(3)飞行列检装置

飞行列检装置是一种全新的列检手段，主要由检修无人机、数据处理中心、存放柜三部分组成。检修无人机可实现在库内沿车辆方向自动飞行，通过所搭载的视觉传感器对车底、车顶、车侧待检位置进行扫描、精准复拍，即对检修车辆进行视觉检测，包括变形、缺失、紧固件松动、异物入侵等，将所生成的 3D 点云和 2D 高清图像，传送至数据中心处理后，将结果反馈给检修人员。飞行列检装置工作原理示意如图 5-16 所示。飞行列检装置具有高精度定位、多航点飞行、多方位避障、精准复拍等特点，大幅提高列检效率。

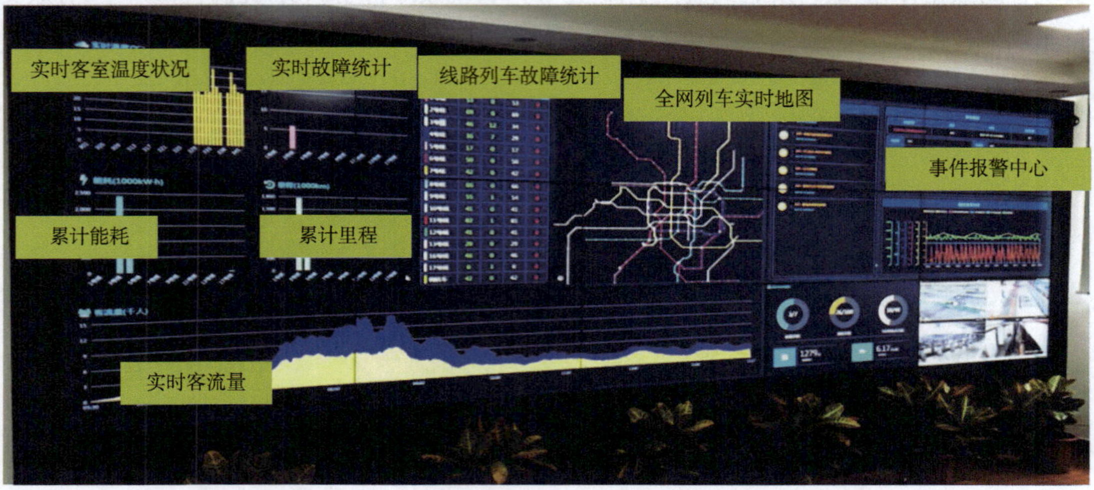

图 5-15　智能运维专家平台界面

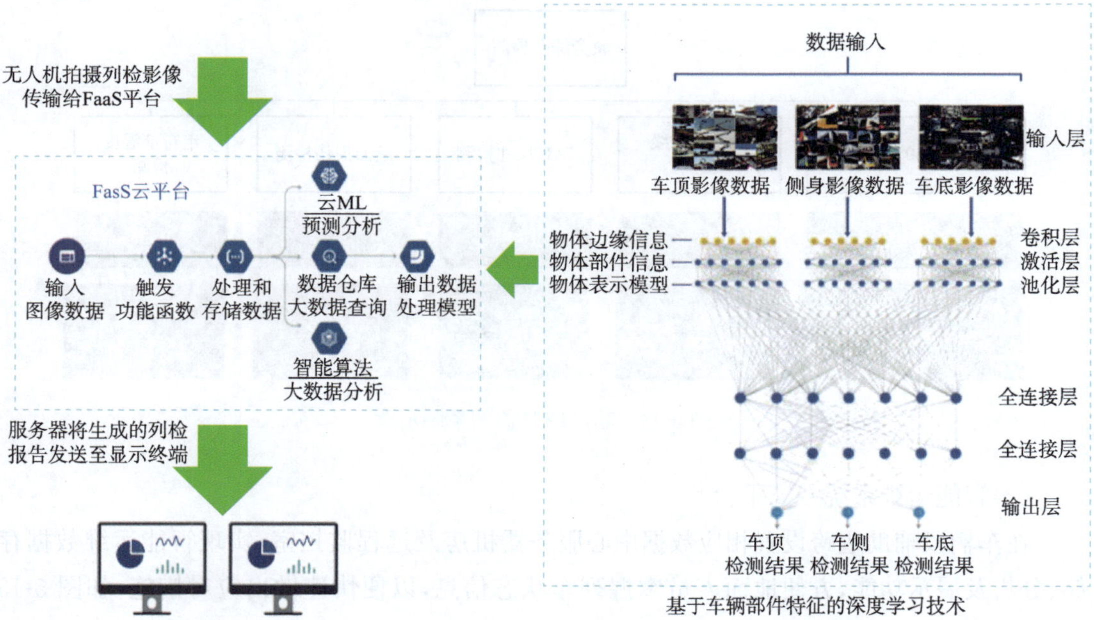

图 5-16　飞行列检装置工作原理示意

(4)车辆段智能检修系统

车辆段智能检修系统实现从计划管理、物料管理、生产执行、质量管理、设备管理、人员管理、工艺管理、设备管理以及全程可视化等方面对车辆检修任务进行深入的分析和应用。对现场的检修、人员、设备、物料、备件、车辆履历等相关信息进行实时采集与控制，实现对车辆段检修作业的全程可视化管控；通过大数据专家分析技术得到相关结论应用于现场作业指导、工艺优化、决策分析，达到控制检修成本、提高检修效率、保证检修质量的目的。智能检修信息管理系统界面如图 5-17 所示。

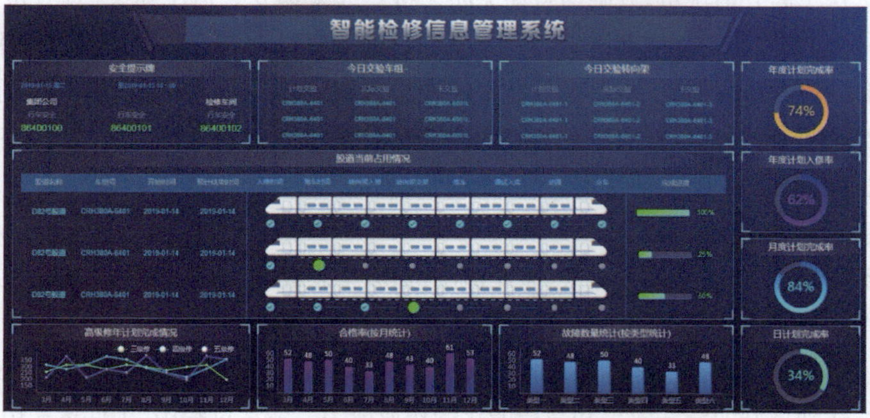

图 5-17　智能检修信息管理系统界面

智能检修系统通过在库内进行基础网络建设，保证车间的网络全覆盖和充足的信号强度。通过无线网络传输，实现车间内手持终端、信息化终端、可移动式试验设备等与服务端的实时互联，将车库内的业务信息、检修信息、试验信息等数据传输到服务器进行处理，实现业务的便捷性。

(5)转向架(构架)智能清洗设备

转向架(构架)智能清洗设备是一套基于机器人技术、机器视觉技术及自动导引技术的全自动化构架智能清洗设备，如图 5-18 所示。该设备主要用于地铁车辆转向架拆解后对构架表面的清洗。

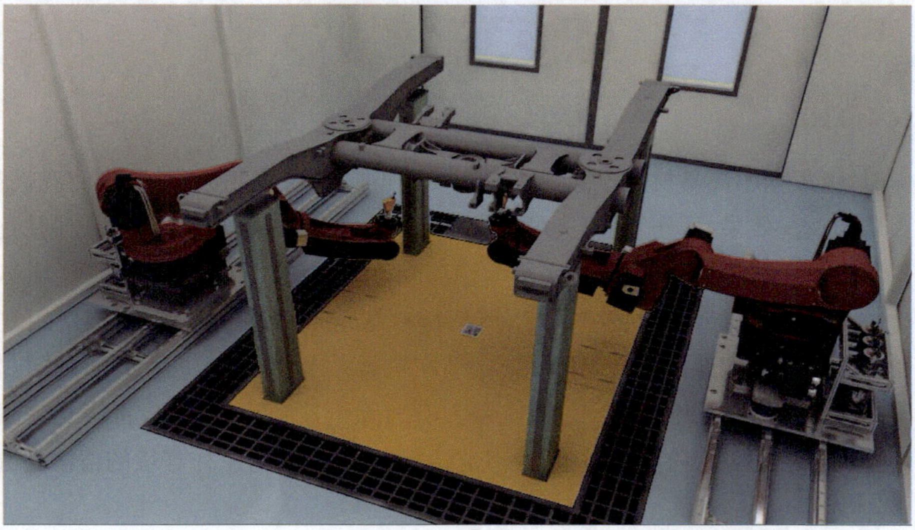

图 5-18　转向架(构架)智能清洗设备

清洗作业开始前先用吊车将构架放到运送车上，由运送车运送至清洗室内，放置在支撑立柱上，运送车离开清洗室，升降门自动关闭。机器人末端安装清洗喷头(具有仿形构架结构特点)，对构架采用清洗液和清水两种介质分别进行清洗和漂洗。在清洗过程中，设备使用工业相机对构架进行基于机器视觉技术的自检，判断构架是否被清洗、漂洗干净，如果没有清洗、漂洗干净，则由机器人进行第二次或多次清洗，直至清洗干净。清洗完毕后，运送车进入清洗室取下构架，运出清洗室。

(6)智能激光清洗设备

智能激光清洗设备主要由机架、激光清洗机、除尘装置、智能移动装置、电气控制系统等组成，如图 5-19 所示。该设备用于轨道交通工具的检修行业，对构架、轮对等工件表面的油漆、锈斑进行自动化智能清洗。该设备综合运用机器视觉技术、机器人智能控制技术、激光清洗技术，达到良好的清洗效果和高智能化的作业能力。清洗过程中，工件运送由智能移动机器人完成，清洗产生的粉尘由设备自带的净化装置收集处理，符合环境标准。

图 5-19　智能激光清洗设备

操作时，可根据不同基材及不同锈层厚度或者不同漆层厚度，选择激光清洗机参数，即可达到预期的清洗效果，不伤基体，又可节省能源和效率。设备采用机器人控制清洗轨迹，机器人吊装在机架线性滑轨上，具备水平横移功能，用于切换不同的清洗位置，横移动作平稳顺畅。机器人根据点云提供的空间坐标信息，规划清洗头清洗路径，提前使用复杂的算法，进行空间避障，智能运行。激光清洗头安装在机器人末端，借助机器人的动作机构，完成立体多面的清洗位置和清洗角度。设备配备强有力除尘器和除尘管道，将激光除漆过程中产生的烟尘和掉落物吸入除尘设备中，经过滤达标后排放，保持工作环境的清洁与健康。

5.2.5　信　号

信号系统是行车控制的“中枢与神经”，是列车安全与高效运行的保障系统。随着信息技术、网络技术、通信技术的快速发展，城市轨道交通信号系统在“车-车”通信、智能行车调度指挥、互联互通、智能运维、灵活编组控制等新概念、新技术研发方面也已经取得阶段性进展，为未来城市轨道交通系统提高运输服务质量，实现提质增效、节能减排，助力“双碳”目标实现夯实基础。

1. 基于“车-车”通信的全自主运行技术

近年来，信号系统列控技术的发展方向是基于“车-车”通信的列控系统，即列车自主运行系统。TACS 是以列车为核心，基于“车-车”通信，采用资源管理的理念，以信号车辆深度融合为特征，实现列车运行方式由自动化向自主化转变的一种全新系统制式。

TACS 变革了当前 CBTC 系统普遍采用的以地面设备为核心、列车通过“车-地-车”信息交互模式实现移动闭塞的传统模式，采用以车载控制为中心的列车间隔、自主感知设备和道岔/进路控制技术，取消传统联锁和区域控制系统，将列车间隔控制逻辑从地面分散到每个列车上，列车基于自身位置、前行列车的位置和运行环境态势等信息综合感知，通过高可信、低时延无线通信技术实现“车-车”直接数据交互，自主做出运行决策，自主控制列车间隔。TACS 架构如图 5-20 所示。

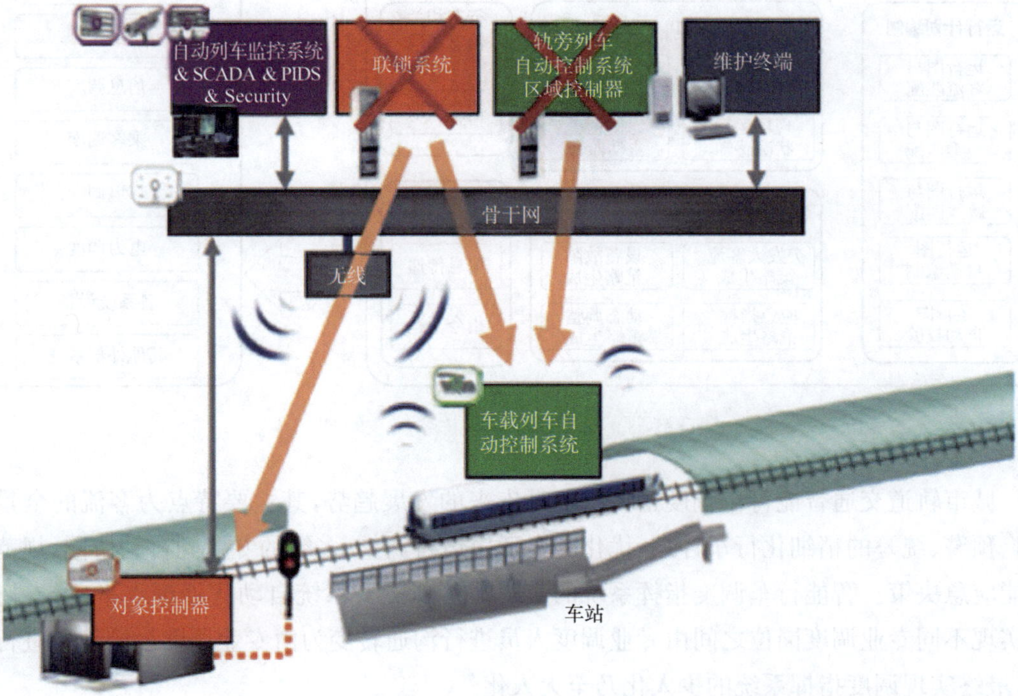

图 5-20　TACS 架构

目前，中国城市轨道交通行业相关单位正在积极开展基于“车-车”通信的全自主运行相关技术研发和应用。2017 年，青岛地铁牵头向国家发展和改革委员会申报“列车自主运行控制系统示范工程”，并获得批复，以青岛地铁 6 号线作为国家 TACS 示范工程开展研究，计划于 2024 年底试运营；2021 年 12 月，采用“车-车”通信全自动运行系统的深圳地铁 20 号线开通试运行，这是国内第一个 TACS 载客运营项目；截至 2023 年 12 月，采用 TACS 的上海地铁 3、4 号线改造项目，正在实施中；太原、成都等新建地铁项目也正在开展对 TACS 的应用研究。

2. 智能行车调度指挥

智能行车调度指挥系统是以提升乘客服务水平、节能降碳、增效和提高调度指挥精准度、可靠度为导向，基于运筹学理论及专家系统、大数据、物联网和人工智能等技术，对列车运行及关联系统进行智能化指挥控制管理，在列车运行计划编制、行车态势感知、列车运行调整、相关系统协同应急调度指挥等方面进一步提高自动化、智能化程度，实现车辆、轨道、人员等资源优化配置，运力运量动态匹配，应急处置决策能力提升的新一代行车调度指挥系统。智能行车调度指挥系统逻辑架构如图 5-21 所示。

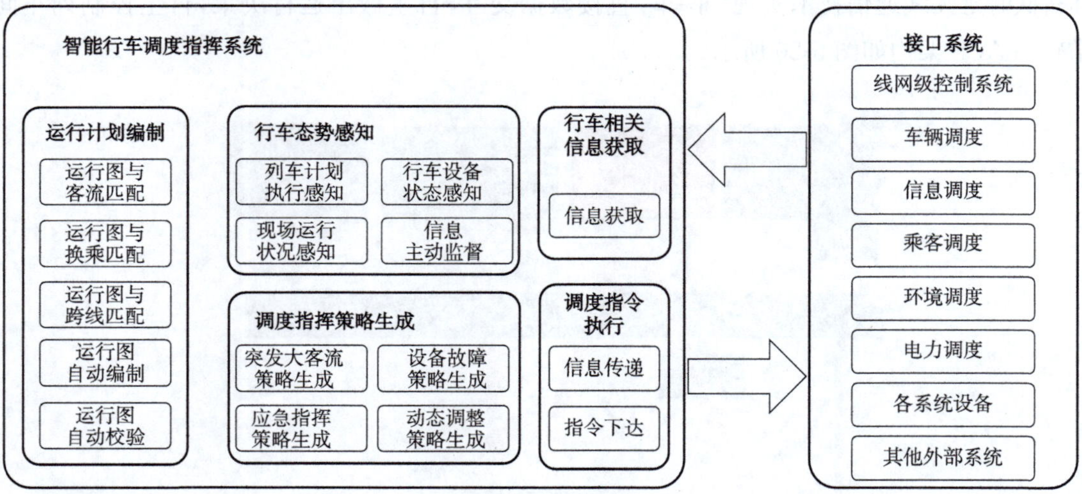

图 5-21　智能行车调度指挥系统逻辑架构

城市轨道交通智能行车调度指挥系统是未来的发展趋势，其主要特点为客流的全景化前瞻预警、统筹的精细化行车计划、优化的自适应运行调整、多维的专业间自动协同、规范的智能应急决策。智能行车调度指挥系统的实现需不断提升系统自动化处理水平，可支持分步实现不同专业调度岗位之间由专业调度人员进行沟通转变为由专业调度系统设备进行沟通，最终实现调度指挥系统的少人化乃至无人化。

3. 互联互通技术

我国城市轨道交通在由线向网的发展过程中，网络化特征愈发凸显。然而，线网运力资源共享程度、客流强度、客流出行通达性等指标总体仍然偏低，未来城市轨道交通线网将从“形态网络化”向“功能网络化”转变。《交通强国建设纲要》和《中华人民共和国国民经济和社会发展第十四个五年规划和 2035 年远景目标纲要》相继发布，对建设干线铁路、城际铁路、市域(郊)铁路、城市轨道交通“四网融合”的综合立体交通网络也提出了客观要求。实现层次化信号系统互联互通是实现这些目标的关键环节之一，主要包括以下两个方面:

(1)CBTC 系统互联互通

城市轨道交通线网内信号 CBTC 系统的互联互通，主要是指装载不同信号设备的列车跨线、共线运行，即线网内相同闭塞模式下不同信号供货商的系统之间的互联互通。互联互通可通过加载多套信号车载或地面设备、采用通用的信号车载设备、基于统一规范标准的信号系统互联互通接口等方式实现。为实现完全兼容的互联互通，应对信号系统需求和系统架构、通信方式与接口通信协议兼容技术进行统一标准，采用满足互联互通需求的列车安全防护和精确控制技术、不同地面设备控制下的列车平稳切换技术，统一共线、跨线运营组织与管理模式等。

实现城市轨道交通信号系统互联互通是多年来行业发展的热点和难点。2015 年，国家发展和改革委员会将重庆环线、4 号线、5 号线、10 号线建设为国家互联互通示范工程，规划“单线运营、共线运营、跨线运营”3 个建设阶段，相互衔接，一体化推进。2018 年以来，在借鉴重庆 CBTC 互联互通工程经验基础上，北京地铁牵头组织相关行业单位，依托北京地铁 3 号、12 号、17 号和 19 号线开展了互联互通 GoA4 级全自动运行系统的开发和示范工程，中国城市轨道交通协会发布了全自动运行系统系列标准规范，技术研发也已经取得阶段性进展。

(2)CBTC 与 CTCS 互联互通

随着我国将建设干线铁路、城际铁路、市域(郊)铁路、城市轨道交通“四网融合”综合交通网络上升为国家战略，面对我国干线铁路、城际铁路采用的信号制式为 CTCS 技术体系，城市轨道交通采用的信号制式为 CBTC 技术体系，两者互不兼容的现状，研究 CBTC 与 CTCS 的互联互通成为近年来业内的研究方向。

2021 年，中国城市轨道交通协会发布的《城市轨道交通发展战略与“十四五”发展思路研究报告》中指出，将研究“新一代智能地铁列车多系统融合控制方案”及“跨制式通用列车控制系统” 纳入重点任务。

4. 智能运维技术

传统城市轨道交通信号系统大多配置有监测维护系统，但数据获取、处理功能相对单一，维修模式大多仍局限于计划性检修和故障应急维修。近年来，基于云平台、大数据及人工智能的信号系统智能运维技术逐步得到应用，信号系统整合实现了设备监测自动化、数据分析智能化、应急处置网络化、生产管理综合化等核心功能。信号系统通过对运营环境，在线设备的状态、性能进行多层级(系统级、子系统级、设备级、模块及板卡级)的实时感知，将监测数据实时清洗、存储、解析，实时形成报警输出、健康趋势预测以及应急处置流程等运维指导建议，实现“数据驱动维保”，如图 5-22 所示。

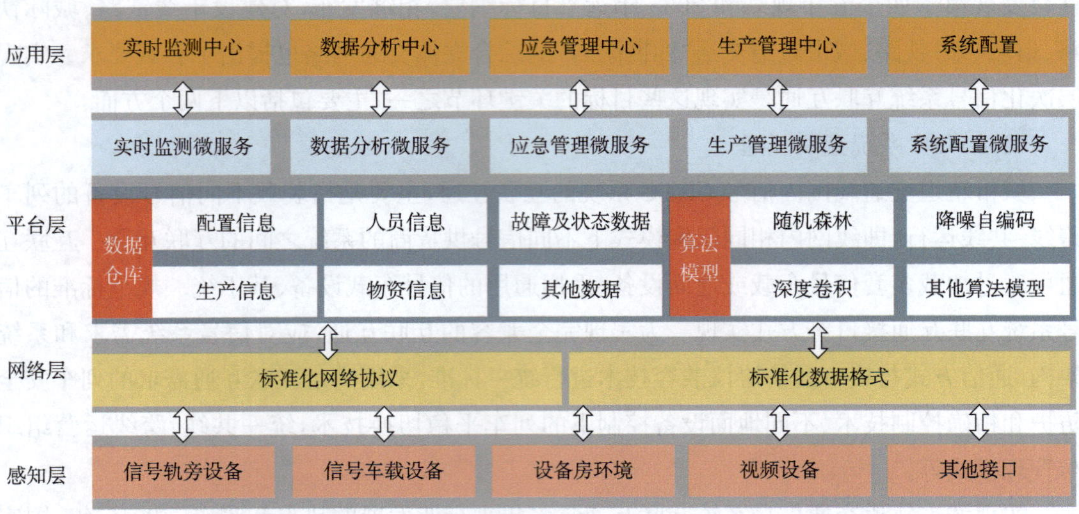

图5-22　城市轨道交通信号智能运维系统框

面向全系统模块、全业务流程、智能运维技术的广泛应用，将推动信号系统维修模式由“故障修”向“状态修”转型升级，可在显著提升系统运维质量和故障处置效率的同时，持续降低系统全生命周期成本。

5. 灵活编组控制技术

采用列车灵活编组控制技术，即根据客流情况在线动态调整列车编组方式，可实现车辆等资源的高效利用和客流-车流的精确匹配，是实现城市轨道交通节能降碳增效的重要手段，能够提供更优质的运输服务，是提升城市轨道交通出行占比的重要支撑，已成为轨道交通新一代列控技术发展方向。

列车在线灵活编组包括在线重联、编组运行和在线摘解等过程。根据上述过程划分，列车灵活编组控制包括重联过程的控制、编组后运行过程的控制和摘解过程的控制等。《北京轨道交通列车灵活编组控制技术》将列车灵活编组控制自动化等级划分为GoC0～GoC4共5个等级，见表5-1。

表5-1　列车灵活编组控制的自动化等级(编组等级)

灵活编组过程	基本控制功能	人工机械编组	半自动机械编组	全自动机械编组	动态全自动虚拟编组	动态全自动贯通编组
		GoC0	GoC1	GoC2	GoC3	GoC4
列车重联	列车重联驾驶安全防护	人工	系统	系统	系统①	系统①
	列车重联驾驶控制	人工	系统	系统	系统	系统
	列车重联的联结防护及控制	人工	人工	系统	系统	系统

续上表

灵活编组过程	基本控制功能	人工机械编组	半自动机械编组	全自动机械编组	动态全自动虚拟编组	动态全自动贯通编组
		GoC0	GoC1	GoC2	GoC3	GoC4
编组运行	编组内列车安全防护	不需要	不需要	不需要	系统①	系统②
	编组内列车追踪控制	不需要	不需要	不需要	系统	系统②
列车摘解	列车间联结断开控制	人工	人工	系统	系统	系统
列车贯通	贯通控制及防护	不需要	不需要	不需要	不需要	系统②

①需要基于相对制动距离原则实现列车安全防护，从而使相邻列车单元间距足够小。

②需要进一步提高自动化系统控制精度以及对实现乘客贯通穿行相关机械装置的控制，使乘客可在重联后的不同列车单元间自由穿行。

《中国城市轨道交通智慧城轨发展纲要》中将“采用灵活编组和协同编队技术，用以提升运行效率和运营灵活度”作为智慧城轨的建设重点和解决客流-车流问题的重要手段，目前国内各城市也正在开展灵活编组技术相关研究。

5.2.6 综合监控

综合监控系统的发展核心方向是为处理接口问题进行数据统一转换，为调度指挥统一风格一致的人机接口（人机界面或者人设备交互的控制开关），为信息共享和再利用（主要方向是与ERP集成）提供便利。而综合监控技术将成为地铁行业的核心技术，为信号、电力、AFC、防灾系统等核心系统服务，为地铁运营提供整体的全局性数据，支持领导层和调度科学决策，节约人力，降低运营成本。

1. 综合监控系统多平台一体化演进

智慧车站软件，以电力、机电、环控、能源等数据为基础，融合视频、物联传感、AFC（客流）、通信系统、车辆等各专业的数据，利用三维可视化、智能视频分析、移动计算、大数据分析等新技术，建立起具备场景化、智能化、人性化的综合运管智慧车站平台，为中心调度、车站运营、客运服务、设备综合维修等各级运营工班人员提供化繁为简的管家式、场景化应用功能，从而提高运营、客服和全线设备维保的效率，提升线路的安全性和高效性。

随着轨道交通综合监控系统建设的不断成熟和完善，降本增效必然成为发展趋势，结合安防集成平台、智慧车站平台和综合监控平台的多平台一体化融合将成为下个阶段的发展方向。安防集成平台、智慧车站平台与综合监控平台不再是互联关系，而是从属关系。

随着云平台技术的应用，融合后的综合监控多平台一体化方案将部署于云上，服务器根据业务应用采用虚拟化技术对资源进行弹性分配与部署。业务应用结合大数据优化客运组织并提升乘客服务能力，使用节能算法降低车站能耗水平，通过机器学习提升设备运维能力并使系统具备设备运管监测和远控能力。

融合后的大平台信息实现各系统数据统一监管、协同和联动。将调度、安防、消防、智慧、能耗系统与运营生产系统共同建立在一个融合平台之上,有利于智能化、自动化、整体化的应急操作和处置。

2. 地下区间隧道的多场景监测发展

16 号线作为西北地区第一条同时采用区间极早期探测隧道感温光纤系统和区间水位监测系统的综合监控智能联动的线路,为后期线路建设提供了指引方向。下阶段的地下区间探测将向侵限、火灾、水患等多场景多功能方向发展。综合监控系统结合监测信息与列车实时位置信息,联动区间应急疏散指示、区间广播和列车内 PIS 屏紧急文本信息、列车内广播,指导乘客利用列车首尾端头的逃生门下至轨面,并借助联络通道门洞上至疏散平台有序疏散。

3. 向无人化车站发展

随着人工智能、物联网、大数据等技术的不断发展,无人化车站将实现更高级别的自动化和智能化。通过深度学习算法,无人化车站实现自动化控制和智能化管理,将大幅度提升运营效率。减少了人工干预,车站的列车调度、乘客服务、设备维护等各个环节都将更加高效和精准。这将有助于缓解交通拥堵,提高运输能力,为乘客提供更加便捷、舒适的出行体验。同时,无人化车站将更加注重乘客的个性化需求。通过大数据分析,车站可以了解乘客的出行习惯、偏好等信息,为乘客提供定制化的服务。

然而,无人化车站的发展也面临一些挑战,如技术安全性的保障、法律法规的完善、乘客隐私保护等问题。因此,在推进无人化车站建设的过程中,需要充分考虑这些因素,确保技术的健康发展和社会效益的最大化。

综上,无人化车站作为未来交通发展的重要方向,具有广阔的应用前景和巨大的发展潜力。随着技术的不断进步和应用场景的不断拓展,无人化车站将为乘客提供更加智能、高效、安全、舒适的出行体验。

5.2.7 通　信

行业革命往往由通信技术和设计创新拉开序幕。通信系统线网规划将实现资源共享和功能的最大化。通信系统是智慧城轨智能系统落地的重要方向,更是一种可以用场景来定义的能力。通信技术和设计革新将为线网运营下的轨道交通智慧化转型提供基础能力。通信系统在智慧城轨建设的作用除了对轨道交通各个系统实现功能优化完善外,更重要的是,以需求为牵引,进一步实现各类创新场景的落地,并最终推动设备和管理架构体系的革新。

1. 5G

随着智慧城市的发展,互联网、大数据、物联网等新技术的广泛应用,新一代信息技术驱动下的智慧轨道交通运营将成为智慧城市的主要标志之一。基于 5G 网络高带宽技术,打破现有车地通信鸿沟,建立“车-地、车-车、人-车”之间的高速通路,实时采集地铁列车监控和视频数据，将数据分析和计算能力推送到地铁列车，为地铁线路全专业智能运维、地铁列车无人驾驶等创新应用提供支持。

2. 智慧地铁

未来智慧城市的构建，其关键要素必然包括一个智慧高效的交通运输系统。随着5G的应用，精准定位、海量数据协同、实时智能分析等支撑能力成为可能，基于5G技术的城市轨道交通智慧运营服务体系，将在传统地铁到智慧地铁发展过程中，为智慧出行和智慧运营提供越来越多的价值应用，帮助地铁实现人员的一岗多能和减员增效，打破瓶颈，助力轨道交通行业的可持续发展。未来智慧城市发展路径如图5-23所示。

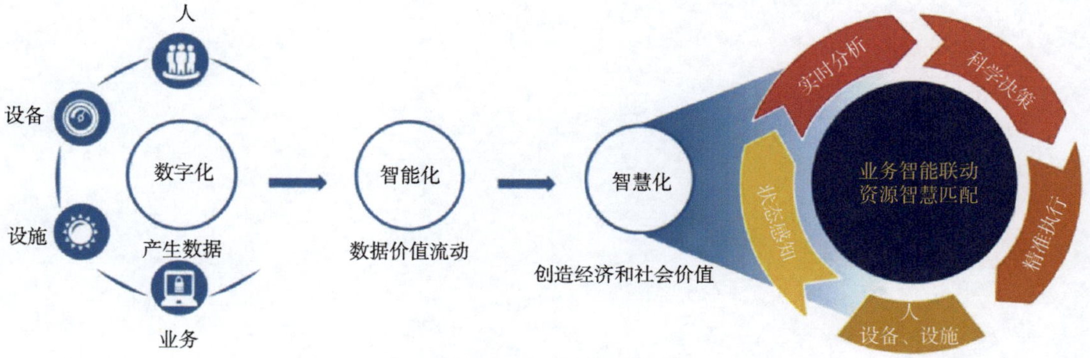

图5-23　未来智慧城市发展路径

未来的地铁运营与服务，将从实现多源数据采集与自由流转的数字化，逐渐升级到数据价值流动的智能化及进一步创造经济和社会价值的智慧化的“三化”升级路线，最终实现新技术、新生态合作共筑下的业务智能联动、资源智慧匹配。

3. 弱电系统整合UPS

目前地铁弱电系统UPS供电领域，多采用分散设置UPS形式，为弱电系统在车站、车辆段、停车场、控制中心各自设置UPS设备。在后期线路建设中，可基于整合UPS方案，结合云平台方案，优化车站弱电设备用房布局，优化运维制度及工班设置，达到降低建设成本、提高运维效率的最终目的。

随着技术的不断进步，UPS系统稳定性日益提高，地铁领域采用整合UPS建设方案的案例也逐渐增多，该方案在技术先进性、维护便捷性、经济性上都具有显著优势。随着地铁信息化程度的不断提高，各弱电系统互相促进、最终融合，是智慧地铁发展的大势所趋。

5.2.8　站台门

16号线站台门的间隙探测防护系统为红外激光探测方式。该方案的投资较小，在轨道交通站台门行业应用较为广泛，但其受车辆动态包络线限制，只能探测动态包络线至站台门立柱之间的空间，对于车体轮廓至车辆动态包络线间的空间是无法探测的。另外，由于震动和轨行区环境造成的对位不准、异物遮挡等，间隙探测防护系统容易发生误报或者故障。因此，对于全自动运行系统而言，间隙探测防护系统的精度和可靠性还需进一步提高。后续线路中应采用更先进的探测方式，如激光雷达等。

参考文献

[1] 中铁第一勘察设计院集团有限公司．全自动驾驶模式下地铁车辆段工艺设计关键技术研究报告[R]. 2020.

[2] 中铁第一勘察设计院集团有限公司．城市轨道交通智慧场段设计技术及发展方向研究报告[R]. 2020.

[3] 中铁第一勘察设计院集团有限公司．城市轨道交通车辆基地智能运维框架体系研究报告[R]. 2021.

[4] 中铁第一勘察设计院集团有限公司．西安地铁16号线一期工程(沣东小镇～能源三路)智慧地铁专题设计[R]. 2020.

[5] 中铁第一勘察设计院集团有限公司．西安地铁16号线一期工程(沣东小镇～能源三路)全自动运行系统专题设计[R]. 2020.

[6] 中铁第一勘察设计院集团有限公司．西安地铁16号线一期工程(沣东小镇～能源三路)总体设计报告[R]. 2020.

[7] 中铁第一勘察设计院集团有限公司．西安地铁16号线一期工程(沣东小镇～能源三路)可行性研究报告[R]. 2019.

[8] 中铁第一勘察设计院集团有限公司．西安地铁16号线一期工程(沣东小镇～能源三路)初步设计报告[R]. 2020.

[9] 中华人民共和国住房和城乡建设部，中华人民共和国国家质量监督检验检疫总局．地铁设计规范：GB 50157—2013 [S]. 北京：中国建筑工业出版社，2014.

[10] 祝锐．西安地铁16号线沙河滩车辆基地设计特点及创新性研究[J]．工程技术研究，2021，6(13)：221-222.

[11] 赵有明，方鸣，刘潍清．欧洲轨道交通技术类研究项目综述[J]. 现代城市轨道交通，2014(1)：1-6.

[12] 张艳兵，王道敏，肖衍．城市轨道交通全自动驾驶的发展与思考[J]. 铁道运输与经济，2015，37(9)：70-74.

[13] 张邦力．轨道交通生态智能车辆基地设计探讨及创新[J]．铁道标准设计，2022，66(9)：166-170.

[14] 施仲衡．地下铁道设计与施工[M]. 西安：陕西科学技术出版社，1997.

[15] 沈增涛．西安地铁16号线线位方案优化[J]．城市轨道交通研究，2020，23(11)：100-104.

[16] 上海市经济和信息化委员会，上海申通地铁集团有限公司，中国电信股份有限公司上海分公司．5G＋智慧地铁白皮书[R]. 2019.

[17] 邱绍峰，缪东．城市轨道交通车辆基地设计与创新[M]．北京：人民交通出版社股份有限公司，2018.

[18] 李文慧，李珂豫．西安地铁16号线全自动运行系统设计研究[J]．铁道通信信号，2023，59(10)：50-56.

[19] 姜磊．西安地铁16号线应对突发大客流的前期设计研究[J]．城市轨道交通研究，2021，24(10)：26-30.

[20] 轨道交通运行控制系统国家工程研究中心，北京协同创新轨道交通研究院有限公司．城市轨道交通

智能行车调度指挥系统设计导则[R]. 2022.

[21] 轨道交通运行控制系统国家工程研究中心，北京协同创新轨道交通研究院有限公司．北京轨道交通列车灵活编组控制技术[R]. 2022.

[22] 郜洪民，李克．双碳战略驱动下城市轨道交通信号技术创新实践[J]．现代城市轨道交通，2022(8)：12-18.

[23] 郜春海，王伟，李凯，等．全自动运行系统发展趋势及建议[J]. 都市快轨交通，2018，31(1)：51-57.

[24] 城市轨道交通列车通信与运行控制国家工程实验室，城市轨道交通全自动运行系统与安全监控北京市重点实验室．城市轨道交通全自动运行系统建设指南[R]. 2017.

[25] RT 轨道交通．92 条线路，2832. 35 km！2023 年城轨全自动运行线路最新统计[EB/OL]．(2024-01-23)[2024-01-23]．https：//mp. weixin. qq. com/s/rDvGYmFsYYzJ_0WJom_q-g.